아산재단 연구총서 제420집

글로벌 시대의 사회통합

세계적 추세와 한국의 위상

아산재단 연구총서 제420집

글로벌 시대의 사회통합

세계적 추세와 한국의 위상

장용석 · 박명호 · 오완근 · 김보경 · 조희진 · 유미현 · 박찬열

집문당

장용석(張容碩) 연세대학교 행정학과 교수
박명호(朴明浩) 한국외국어대학교 경제학과 교수
오완근(吳完根) 한국외국어대학교 경제학과 교수
김보경(金寶暻) 서울시립대학교 객원교수 / 연세대학교 공공문제연구소 전문연구원
조희진(趙熙眞) 연세대학교 공공문제연구소 전문연구원 /
한국고등교육재단 사회적기업연구소 연구원
유미현(柳美鉉) 연세대학교 행정학과 박사 수료
박찬열(朴贊烈) (주)PPS Company 연구기획팀장

아산재단 연구총서 제420집

글로벌 시대의 사회통합

세계적 추세와 한국의 위상

2017년 9월 30일 1판 1쇄

저 자 | 장용석 · 박명호 · 오완근 · 김보경 · 조희진 · 유미현 · 박찬열
발행인 | 임동규
발행처 | **집문당**
등 록 | 1971. 3. 23. 제300-2012-69호
영업부 | 10881 경기도 파주시 광인사길 85(파주출판도시)
(02)743-3192~3 팩스(02)742-4657
전자우편 | sale@jipmoon.co.kr
편집부 | 03134 서울시 종로구 돈화문로 82 집문당빌딩 5층
(02)743-3096~7 팩스(02)743-0227
전자우편 | edit@jipmoon.co.kr
홈페이지 | www.jipmoon.co.kr

편 집 | 이현정
디자인 | 임용우

ISBN 978-89-303-1771-9 94330
978-89-303-1500-5(세트)

가격 18,000원

이 도서의 국립중앙도서관 출판시도서목록(CIP)은 e-CIP홈페이지(http://www.nl.go.kr/ecip)와 국가자료공동목록시스템(http://www.nl.go.kr/kolisnet)에서 이용하실 수 있습니다.
(CIP제어번호: CIP2017022381)

머리말

한국은 2~30년이라는 짧은 시간 동안, 압축적인 경제성장과 함께 세계화, 민주화, 정보화의 과정을 겪으면서 다양한 유형의 사회 갈등을 경험해 왔습니다. 최근 들어서는 경제적 이해관계에 따른 계층 간 갈등뿐 아니라 가치관의 차이에 따른 지역, 성별, 이념, 문화, 세대, 종교 갈등이 동시다발적으로 발생하고 있습니다. 한국은 2009년부터 2013년까지의 평균 사회갈등지수가 OECD 29개 국가 중 7위를 차지할 정도로 사회갈등 수준이 높은 국가에 해당합니다. 또한 2014년 삼성경제연구소에서 추산한 바에 따르면, 사회 갈등을 해결하는 데 연간 투입되는 경제적 비용이 최소 82조 원에 달한다고 합니다. 그 심각성을 인지하여, 현재 문재인 정부에서도 계층, 이념, 세대 갈등 등 사회 갈등을 극복하기 위한 '국민대통합', '사회통합'을 강조하고 관련 정책들을 수립해 나가고 있습니다.

사회통합을 실현하기 위한 정부의 노력은 비단 어제오늘 일이 아닙니다. 그럼에도 관련 정책들이 큰 효과를 거두지 못하여 정권이 바뀔 때마다 사회통합이 주요 정책 과제로 제시되어 왔습니다. 사회통합의 속성이나 구성 요건을 종합적으로 파악하는 학술적, 실무적 논의가 부족하다 보니 관련 정책의 실효성이나 지속성을 확보하기 어려웠습니다. 사회통합이 뒷받침되지 않으면 저성장, 고실업 문제로 몸살을 앓고 있는 한국이 지속가능발전 국가로 나아가는 길은 더욱 요원해질 것입니다.

따라서 본 연구는 사회통합의 개념을 구체화하고 이의 다양한 속성들을 포괄하는 통섭적 관점을 바탕으로 적실성 높은 정책적 대안들을 제안하고자 하는 노력을 담았습니다. 이를 위해 첫째, 공동체에의 소속감, 국민적 결집력 등 국내 사회로 한정 지어 논의하던 사회통합의 개념을 국제적 수준으로 확장시켜 '개인 보호', '공동체 건설', '국제사회 기여'로 구성하여 통합사회 개념을 재정의하였습니다. 둘째, 국가비교분석을 통해 한국의 통합사회 위상을 거시적으로 조망하는 한편 통합사회의 핵심가치체계인 개인주의, 공동체주의, 국가주의, 세계시민주의가 행복, 포용성, 사회체제 신뢰에 미치는 영향에 대해서도 살펴보았습니다. 셋째, 사회적 자본 구축 및 사회 갈등 해소와 관련된 국내 정책들을 분석하여 통합사회 실현을 위한 정책적 시사점을 구체적으로 도출하였습니다.

본 연구 결과에 의하면, 한국의 통합사회 수준은 OECD 회원국과 비OECD 회원국을 포함한 총 39개 국가의 평균에 비해 낮았고, 사회 갈등 해소를 위한 정책도 일부 영역에 편중되어 있어 제반 문제를 모두 해결하기에는 역부족이었습니다. 이제 경제 성장만으로는 국가 발전을 견인하기 어려운 시대로 접어들었습니다. 국민들도 경제적으로 안정된 삶뿐 아니라, 심리적으로 평안한 삶, 행복한 삶을 희망하고 있습니다. 이를 충족시키기 위해서는 효율성, 형평성, 책임성, 투명성, 공공성 등 다양한 공공가치의 실현으로 행복한 개인, 포용적 사회, 국제사회의 일원으로서 책임 있는 국가의 모습을 갖춰 통합사회, 더 나아가서는 선진일류사회로 거듭나야 할 것입니다. 본 연구가 이러한 변화에 조금이나마 보탬이 될 수 있기를 기대합니다.

본 연구는 다수의 저서와 학술논문이 산출한 이론적 정책적 논의에 기반을 두었으며, 본 연구진이 발표한 여러 연구업적물의 활용을 통해 완성되었습니다. 이 분야를 선도해 주신 연구자분들에게 진심 어린 존경을 표하며 본문에 인용 및 출처 표기를 통해 감사의 마음을 전합니다.

본 연구는 2010년부터 본 연구진이 진행하던 통합사회와 관련된 다양한 학술적 논의들을 2012년부터 2014년까지 아산사회복지재단의 지원을 받아 발전시킨 결과물입니다. 아산사회복지재단의 지원에 감사드립니다.

2017년 8월

장용석 외 저자 일동

| 차 례 |

머리말 / v

제1장 서 문 · 1

제2장 통합사회의 국가 간 비교 및 한국의 위상 · 17

1. 사회통합에 대한 기존 이론 ······ 19
2. 통합사회의 개념 ······ 31
3. 데이터 특성 및 측정 ······ 36
4. 통합사회 지수의 구성 체계 ······ 39
5. 지표 내용 설명 ······ 41
가. 개인 보호 ······ 41
나. 공동체 건설 ······ 46
다. 국제사회 기여 ······ 53
6. 통합사회의 국가 간 비교 ······ 56
가. 영역별 분석 ······ 56
나. 변동계수 및 분포 분석 ······ 60
다. OECD와 non-OECD 비교 ······ 64
7. 한국의 통합사회 변화 분석 ······ 68
가. 한국 통합사회 지수 평균 및 변화율 분석 ······ 69

나. 한국 통합사회 지수 수준별 순위 현황 및 그룹핑 ··· 75
8. 소결 ··· 81

제3장 글로벌 시대의 통합사회 핵심가치 · 83

1. 통합사회 핵심가치에 대한 이론적 배경 ··· 88
가. 다원화된 사회의 사회통합 ··· 88
나. 다원적 정체성과 통합사회 ··· 97
2. 통합사회의 핵심가치 실증 분석을 위한 연구 방법 ··· 103
가. 자료 및 표본 ··· 103
나. 종속변수: 신뢰, 포용성, 행복 ··· 103
다. 독립변수: 개인주의, 공동체주의, 국가주의, 세계시민주의 · 105
3. 통합사회의 핵심가치 국가 간 비교 분석 결과 ··· 109
4. 소결 ··· 115

제4장 통합사회 실현을 위한 한국의 정책 분석 · 119

1. 이론적 논의 ··· 124
2. 분석 대상 및 방법 ··· 128
3. 통합사회 실현을 위한 사회적 자본 구축 정책 분석 ··· 130
가. 정책의 편향성: 제도 및 상태 개선 중심의 정책, 의식 전환을 위한 정책의 부족 ··· 130
나. 기업, 시민 대상의 정책 부족: 국가 간 비교를 통한 의식 개선 정책의 중요성 ··· 136
4. 통합사회 실현을 위한 사회 갈등 해소 정책 분석 ··· 146
가. '성장'과 '분배'에 대한 이분법적인 사고로 인한 분절적 정책 시행 ··· 149
나. 소통, 다양성, 행복을 추구하는 전 세계적 패러다임에

조응하지 못하는 한계 153
다. 국제사회에의 기여가 중요, 그러나 한국은 미흡 160
라. 사회통합위원회의 기존 정책 분석 결과 163
5. 소결 174

제5장 결 론 · 177

부 록
부표 A. 통합사회 지표의 1990년과 2008년의 상-중-하위권 그룹 비교 191
부표 B. 통합사회 지표의 1990년과 2008년의 상-중-하위권 국가별 변화 205
부표 C. 통합사회 지표의 국가별 중분류 지수 수준 및 변화율 213
부표 D. 통합사회 지표의 국가별 소분류 지표 수준 및 변화율 223
부표 E. 통합사회 지수 집락분석 결과 246
부표 F. 한국의 통합사회 발전 순위 변화—아시아 및 중동 국가 포함 250
부표 G. 국가별 사회통합 요소 표준화 지수 290

참고문헌 293

| 표 차례 |

〈표 2-1〉 OECD의 「Society at a Glance」 중 사회통합 관련 지표 ······· 23
〈표 2-2〉 유럽연합의 사회통합과 사회적 보호 지표 ······· 24
〈표 2-3〉 유럽연합의 사회적 배제 지표 ······· 25
〈표 2-4〉 Robinson and Oppenheim(1998)의 사회적 배제 지표 ······· 26
〈표 2-5〉 Bradshaw et al.(1999)의 사회적 배제 지표 ······· 27
〈표 2-6〉 문진영(2008)의 사회권 지표 ······· 28~29
〈표 2-7〉 노대명 외(2009)의 사회통합 지표 ······· 29
〈표 2-8〉 '통합사회'의 개념과 특징 ······· 32
〈표 2-9〉 '통합사회' 세부지표 특성 및 출처 ······· 37
〈표 2-10〉 '통합사회' 지수의 구성체계 ······· 40
〈표 2-11〉 세계가치관조사 중 '타인에 대한 관용' 설문 내용 ······· 48
〈표 2-12〉 세계가치관조사 중 '일반인에 대한 신뢰' 설문 내용 ······· 50
〈표 2-13〉 세계가치관조사 중 '기관에 대한 신뢰' 설문 내용 ······· 51
〈표 2-14〉 세계가치관조사 중 '사회단체 참여정도' 설문 내용 ······· 52
〈표 2-15〉 전체평균 및 변화율 추이 ······· 58
〈표 2-16〉 OECD와 non-OECD의 지수별 성장속도 ······· 64
〈표 2-17〉 OECD와 non-OECD의 지수별 격차 변화 ······· 65
〈표 2-18〉 한국의 통합사회 지수 연평균 변화율(1990~2008) ······· 69
〈표 2-19〉 한국의 위상 ······· 76
〈표 2-20〉 한국의 지표 수준별 순위 변화 ······· 79
〈표 3-1〉 사회적 특성에 따른 통합사회 구성요소 ······· 95
〈표 3-2〉 변수의 개념 및 측정 ······· 107
〈표 3-3〉 변수의 기술통계량 ······· 108
〈표 3-4〉 상관관계 분석 결과 ······· 110
〈표 3-5〉 분석 결과 ······· 112
〈표 4-1〉 사회적 자본 구축을 위한 정책 방향 및 주요 실천 과제 ······· 129

〈표 4-2〉 사회적 자본 확충과 관련된 정부 부처의 추진 정책 131
〈표 4-3〉 주관부처별 사회적 자본 확충 정책의 영역별 비교 132
〈표 4-4〉 사회적 자본 확충과 관련된 정부 정책명 134
〈표 4-5〉 OECD 국가들의 성별에 따른 정치 리더 적합성에 관한 인식 수준 순위 138
〈표 4-6〉 OECD 국가들의 인권의 중요성에 관한 인식 수준 순위 141
〈표 4-7〉 OECD 국가들의 외국인 근로자에 대한 정부의 역할 인식 수준 순위 142
〈표 4-8〉 OECD 국가들의 대기업에 대한 신뢰 수준 순위 145
〈표 4-9〉 OECD 국가들의 사회적 형평성 관련 지표 비교(2010년) 150
〈표 4-10〉 연도별 기초생활수급자 수 151
〈표 4-11〉 남녀 성별 격차와 성별 고등교육 수혜의 중요성에 대한 인식 비교 155
〈표 4-12〉 일반인에 대한 신뢰 수준 비교 158
〈표 4-13〉 일반인 및 외국인에 대한 신뢰 수준 비교(2005~2007) 159
〈표 4-14〉 한국의 국제사회 기여 순위 연도별 추이 162
〈표 4-15〉 사회통합위원회에서 시행해 온 정책의 예 163
〈표 4-16〉 2012년 사회통합위원회의 시행 정책 .... 164~165
〈표 4-17〉 사회 갈등 유형에 따른 갈등 해결 방식 172
〈표 4-18〉 해결 방식에 따른 갈등의 평균 지속일 173

| 그림 차례 |

〈그림 2-1〉 글로벌 평균의 추이 ······ 59
〈그림 2-2〉 변동계수 추이 ······ 61
〈그림 2-3〉 1인당 GDP의 분포 ······ 62
〈그림 2-4〉 통합사회 지수의 분포 ······ 63
〈그림 2-5〉 통합사회2 지수의 분포 ······ 63
〈그림 2-6〉 개인 보호 지수의 분포 ······ 63
〈그림 2-7〉 개인 보호2 지수의 분포 ······ 63
〈그림 2-8〉 공동체 건설 지수의 분포 ······ 63
〈그림 2-9〉 국제사회 기여 지수의 분포 ······ 63
〈그림 2-10〉 1인당 GDP 지수의 OECD와 non-OECD 평균 비교 ······ 65
〈그림 2-11〉 통합사회2 지수의 OECD와 non-OECD 평균 비교 ······ 66
〈그림 2-12〉 개인 보호2 지수의 OECD와 non-OECD 평균 비교 ······ 66
〈그림 2-13〉 공동체 건설 지수의 OECD와 non-OECD 평균 비교 ······ 67
〈그림 2-14〉 국제사회 기여 지수의 OECD와 non-OECD 평균 비교 ······ 67
〈그림 2-15〉 통합사회 지수와 1인당 GDP 지수 변화 추세 비교 (1990~2008) ······ 74
〈그림 4-1〉 1인당 GDP(PPP)와 외국인 근로자에 대한 인식 수준 비교 (2005~2007) ······ 143
〈그림 4-2〉 사회 갈등지수의 국가 간 비교(2005년과 2010년) ······ 148

| 부표 차례 |

〈부표 A-1〉 통합사회 지표의 1990년과 2008년의 상-중-하위권 그룹 비교—대분류1 ···· 191~192

〈부표 A-2〉 통합사회 지표의 1990년과 2008년의 상-중-하위권 그룹 비교—대분류2 ···· 192~193

〈부표 A-3〉 통합사회 지표의 1990년과 2008년의 상-중-하위권 그룹 비교—개인 보호(중분류) ···· 193~194

〈부표 A-4〉 통합사회 지표의 1990년과 2008년의 상-중-하위권 그룹 비교—공동체 건설(중분류) ···· 195~196

〈부표 A-5〉 통합사회 지표의 1990년과 2008년의 상-중-하위권 그룹 비교—국제사회 기여(중분류) ···· 196~197

〈부표 A-6〉 통합사회 지표의 1990년과 2008년의 상-중-하위권 그룹 비교—'개인 보호' 중 '자유와 민주'의 소분류 지표 ···· 197~198

〈부표 A-7〉 통합사회 지표의 1990년과 2008년의 상-중-하위권 그룹 비교—'개인 보호' 중 '안전과 보호'의 소분류 지표 ···· 199~200

〈부표 A-8〉 통합사회 지표의 1990년과 2008년의 상-중-하위권 그룹 비교—'공동체 건설' 중 '다양성과 관용'의 소분류 지표 · 200~201

〈부표 A-9〉 통합사회 지표의 1990년과 2008년의 상-중-하위권 그룹 비교—'공동체 건설' 중 '신뢰와 참여'의 소분류 지표 ··· 201~202

〈부표 A-10〉 통합사회 지표의 1990년과 2008년의 상-중-하위권 그룹 비교—'국제사회 기여' 중 '국제사회 참여'와 '국제협력'의 소분류 지표 ···· 203~204

〈부표 B-1〉 통합사회 지표의 1990년과 2008년의 상-중-하위권 국가별 변화—대분류 ···· 205~206

〈부표 B-2〉 통합사회 지표의 1990년과 2008년의 상-중-하위권 국가별 변화—중분류 ···· 206~207

〈부표 B-3〉 통합사회 지표의 1990년과 2008년의 상-중-하위권 국가별 변화–'개인 보호' 중 소분류 지표 ······ 208~209
〈부표 B-4〉 통합사회 지표의 1990년과 2008년의 상-중-하위권 국가별 변화–'공동체 건설' 중 소분류 지표 ······ 209~210
〈부표 B-5〉 통합사회 지표의 1990년과 2008년의 상-중-하위권 국가별 변화–'국제사회 기여' 중 소분류 지표 ······ 210~212
〈부표 C-1〉 통합사회 지표의 국가별 중분류 지수 수준 및 변화율 –자유와 민주 ······ 213~214
〈부표 C-2〉 통합사회 지표의 국가별 중분류 지수 수준 및 변화율 –안전과 보호 ······ 214~215
〈부표 C-3〉 통합사회 지표의 국가별 중분류 지수 수준 및 변화율 –안전과 보호2 ······ 216~217
〈부표 C-4〉 통합사회 지표의 국가별 중분류 지수 수준 및 변화율 –다양성과 관용 ······ 217~218
〈부표 C-5〉 통합사회 지표의 국가별 중분류 지수 수준 및 변화율 –신뢰와 참여 ······ 218~220
〈부표 C-6〉 통합사회 지표의 국가별 중분류 지수 수준 및 변화율 –국제사회 참여 ······ 220~221
〈부표 C-7〉 통합사회 지표의 국가별 중분류 지수 수준 및 변화율 –국제협력 ······ 221~222
〈부표 D-1〉 통합사회 지표의 국가별 소분류 지표 수준 및 변화율 –경제적 자유 ······ 223~224
〈부표 D-2〉 통합사회 지표의 국가별 소분류 지표 수준 및 변화율 –정치적 자유 ······ 224~225
〈부표 D-3〉 통합사회 지표의 국가별 소분류 지표 수준 및 변화율 –언론의 자유 ······ 226~227
〈부표 D-4〉 통합사회 지표의 국가별 소분류 지표 수준 및 변화율 –경제적 안전 ······ 227~228
〈부표 D-5〉 통합사회 지표의 국가별 소분류 지표 수준 및 변화율 –사회적 보호 ······ 228~230

〈부표 D-6〉 통합사회 지표의 국가별 소분류 지표 수준 및 변화율 —사회보장 ··· 230~231
〈부표 D-7〉 통합사회 지표의 국가별 소분류 지표 수준 및 변화율 —양성평등 ··· 231~232
〈부표 D-8〉 통합사회 지표의 국가별 소분류 지표 수준 및 변화율 —장애인 배려 ··· 233~234
〈부표 D-9〉 통합사회 지표의 국가별 소분류 지표 수준 및 변화율 —타인에 대한 관용 ··· 234~235
〈부표 D-10〉 통합사회 지표의 국가별 소분류 지표 수준 및 변화율 —외국인 비율 ··· 235~237
〈부표 D-11〉 통합사회 지표의 국가별 소분류 지표 수준 및 변화율 —일반인에 대한 신뢰 ··· 237~238
〈부표 D-12〉 통합사회 지표의 국가별 소분류 지표 수준 및 변화율 —기관에 대한 신뢰 ··· 238~239
〈부표 D-13〉 통합사회 지표의 국가별 소분류 지표 수준 및 변화율 —사회단체 참여정도 ··· 240~241
〈부표 D-14〉 통합사회 지표의 국가별 소분류 지표 수준 및 변화율 —국제정부기구 참여 ··· 241~242
〈부표 D-15〉 통합사회 지표의 국가별 소분류 지표 수준 및 변화율 —공적개발원조 ··· 242~244
〈부표 D-16〉 통합사회 지표의 국가별 소분류 지표 수준 및 변화율 —평화유지활동 ··· 244~245
〈부표 E-1〉 개인 보호 지수 집락분석 결과 ··· 246
〈부표 E-2〉 개인 보호2 지수 집락분석 결과 ··· 247
〈부표 E-3〉 공동체 건설 지수 집락분석 결과 ··· 248
〈부표 E-4〉 국제사회 기여 지수 집락분석 결과 ··· 249
〈부표 F-1〉 1995년 경제적 자유 지수 순위와 지표값 ··· 251
〈부표 F-2〉 2009년 경제적 자유 지수 순위와 지표값 ··· 252
〈부표 F-3〉 경제적 자유 순위와 지표값—1995년과 2009년 ··· 252~253
〈부표 F-4〉 1990년 정치적 자유 지수 순위와 지표값 ··· 254
〈부표 F-5〉 2008년 정치적 자유 지수 순위와 지표값 ··· 254

〈부표 F-6〉 정치적 자유 순위와 지표값–1990년과 2008년 ········ 255~256
〈부표 F-7〉 2004년 언론 자유 지수 순위와 지표값 ······························ 256
〈부표 F-8〉 2009년 언론 자유 지수 순위와 지표값 ······························ 257
〈부표 F-9〉 언론 자유 순위와 지표값–2004년과 2009년 ··········· 257~258
〈부표 F-10〉 1990년 경제적 안전(실업률) 지수 순위와 지표값 ··············· 259
〈부표 F-11〉 2004년 경제적 안전(실업률) 지수 순위와 지표값 ··············· 259
〈부표 F-12〉 경제적 안전(실업률) 순위와 지표값
–1990년과 2004년 ·· 260~261
〈부표 F-13〉 1990년 사회적 보호(인구 10만 명당 범죄건수) 순위와
지표값 ··· 261
〈부표 F-14〉 2004년 사회적 보호(인구 10만 명당 범죄건수) 순위와
지표값 ··· 262
〈부표 F-15〉 사회적 보호(인구 10만 명당 범죄건수) 순위와
지표값–1990년과 2004년 ······································· 262~263
〈부표 F-16〉 1990년 사회보장 지수 순위와 지표값 ······························ 264
〈부표 F-17〉 2005년 사회보장 지수 순위와 지표값 ······························ 264
〈부표 F-18〉 사회보장 순위와 지표값–1990년과 2005년 ············· 265~266
〈부표 F-19〉 2006년 양성평등 지수 순위와 지표값 ······························ 266
〈부표 F-20〉 2009년 양성평등 지수 순위와 지표값 ······························ 267
〈부표 F-21〉 양성평등 순위와 지표값–2006년과 2009년 ············· 267~268
〈부표 F-22〉 1990년 장애인 배려 지수 순위와 지표값 ························· 269
〈부표 F-23〉 2009년 장애인 배려 지수 순위와 지표값 ························· 269
〈부표 F-24〉 장애인 배려 순위와 지표값–1990년과 2009년 ········ 270~271
〈부표 F-25〉 1990년 타인에 대한 관용 지수 순위와 지표값 ·················· 271
〈부표 F-26〉 2005~2008년 타인에 대한 관용 지수 순위와 지표값 ········ 272
〈부표 F-27〉 타인에 대한 관용 순위와 지표값
–1990년과 2005~2008년 ······································ 272~273
〈부표 F-28〉 1990년 외국인 비율 지수 순위와 지표값 ························· 273
〈부표 F-29〉 2005년 외국인 비율 지수 순위와 지표값 ························· 274
〈부표 F-30〉 외국인 비율 순위와 지표값–1990년과 2005년 ········ 274~275
〈부표 F-31〉 1990년 일반인에 대한 신뢰 지수 순위와 지표값 ··············· 276

〈부표 F-32〉 2005~2008년 일반인에 대한 신뢰 지수 순위와 지표값 ····· 276
〈부표 F-33〉 일반인에 대한 신뢰 순위와 지표값
－1990년과 2005~2008년 ···· 277
〈부표 F-34〉 1990년 기관에 대한 신뢰 지수 순위와 지표값 ···· 278
〈부표 F-35〉 2005~2008년 기관에 대한 신뢰 지수 순위와 지표값 ········ 278
〈부표 F-36〉 기관에 대한 신뢰 순위와 지표값
－1990년과 2005~2008년 ···· 279
〈부표 F-37〉 1990년 사회단체 참여정도 지수 순위와 지표값 ···· 280
〈부표 F-38〉 2005~2008년 사회단체 참여정도 지수 순위와 지표값 ······· 280
〈부표 F-39〉 사회단체 참여 정도 순위와 지표값
－1990년과 2005~2008년 ···· 281
〈부표 F-40〉 1990년 국제정부기구 참여 지수 순위와 지표값 ···· 282
〈부표 F-41〉 2000년 국제정부기구 참여 지수 순위와 지표값 ···· 282
〈부표 F-42〉 국제정부기구 참여 순위와 지표값
－1990년과 2000년 ···· 283~284
〈부표 F-43〉 1990년 공적재발원조(GNI 대비 ODA 공여액 비율) 지수
순위와 지표값 ···· 284
〈부표 F-44〉 2009년 공적재발원조(GNI 대비 ODA 공여액 비율) 지수
순위와 지표값 ···· 285
〈부표 F-45〉 공적개발원조 순위와 지표값－1990년과 2009년 ······· 285~286
〈부표 F-46〉 2000년 평화유지활동 지수 순위와 지표값 ···· 287
〈부표 F-47〉 2009년 평화유지활동 지수 순위와 지표값 ···· 287
〈부표 F-48〉 평화유지활동 순위와 지표값－2000년과 2009년 ······· 288~289
〈부표 G-1〉 국가별 사회통합 요소 표준화 지수 ···· 290~291

제1장

서 문

제1장 서 문

세계화가 급속하게 심화되면서 사회통합(social cohesion)은 중요한 정책적 화두가 되었다. 세계화로 인해 국가 간 경계가 느슨해지고 지구촌이 형성됨과 동시에 지역·인종·남녀·계층 간 격차가 심화되는 모순적 결과가 나타났다. 이를 해결하기 위해서는 임시방편의 갈등관리를 넘어서는 실질적 사회통합이 필요하다는 문제의식이 형성되었다. 그뿐만 아니라 사회통합은 개인의 삶의 질을 높이고 사회 전체의 지속가능한 발전을 가능하게 한다는 점에서, 경제성장 및 정치안정과 더불어서 국가발전의 핵심 조건으로 재조명되고 있다. 따라서 사회통합의 증진이 세계 여러 국가들의 주요 정책 이슈로 부상하기 시작했다. 하지만 이러한 중요성에도 불구하고 사회통합의 종합적인 개념화와 그 구성요건에 대한 합의는 학문적으로나 실무적으로 아직 명확히 정리되지 못한 실정이다.

사회통합은 일반적으로 '다양한 특성을 가진 구성원들이 공동체에 대한 소속감을 갖고 공동의 비전을 공유하며 긍정적인 관계를 유지하는 국민적 결집력'으로 정의된다(장용석 외, 2010). 이에 이 책에서는 사회통합의 일반적 정의를 좀 더 구체화하고 다양한 속성을 포괄하는 본질적 의미를 반영하여 '통합사회'의 개념을 제시하고자 한다. 사회통합은 개인, 사회, 국가, 국제사회 모두의 발전과 연계되어야 한다는 관점에서, 이 책은 행복한 개인, 더불어 사는 공동체, 책임 있는 국가, 국제사회의 균형과 발전을 통해 사회통합이 이루어진다고 보고 있다(장용석 외, 2011b). 이 책에서 제시하는 통합사회란 '개인의 행복과 삶의 질이 보장되고 평등과 배려, 신뢰와 참여로 건설된 공동체 및 국가의 선진화된 통치역량을 바탕으로 국제사회에 기여하는 사회'를 의미한다. 통합사회를 구성하는 개인의 자유, 공생하는 공동체, 책임 있는 국가, 국제사회로의 개방적 유대의 요소들은 개인주의·공동체주의·국가주의·세계시민주의라는 핵심가치 체계의 유기적 균형을 통해 완성된다.

이에 이 책은 통합사회의 개념을 새롭게 재구성하고 통합사회의 다면적 속성에 주목하여 이에 관한 국가 간 비교를 통해 한국의 위상을 실증적으로 분석하는 것을 목적으로 한다. 이를 바탕으로 통합사회의 발전 양상을 확인하고 선진적인 통합사회를 실현하기 위해 필요한 핵심가치들이 어떠한 균형을 이루어야 하는지 고찰한다. 또한 통합사회를 실현하기 위한 사회적 자본 구축 및 사회 갈등 해소와 관련된 한국 정책들의 내용을 분석하여 향후 정책에 대한 대안을 제시한다. 이 책은 한국 내의 경제적 여건과 지표를 중심으로 사회통합을 연구하던 기존의 논의에서 한 걸음 더 나아가 사회통합의 개념을 확대하고 국가 간 비교분석을 통해 한국에 주는 시사점을 도출한다는 점에서 차별성을 갖는다.

현대 사회에서는 개개인의 이해(interest)를 반영하여 다양한 가치와 이익을 표출하는 것이 일반화되어 있다. 특히, 21세기 글로벌 사회에서는 물적 자원, 인적 자원, 정보의 교류가 늘어나고 국가의 경계가 느슨해지며 다양한 문화, 인종의 유입이 증가한다(최현실, 2009). 이처럼 다원화되고 이질적인 사회에서는 사회적 갈등이 빈번하게 발생할 수밖에 없다. 사회 갈등의 발생은 국가의 발전을 저해하는 주요 요인으로 작용하므로 지속가능한 국가 발전을 위해서는 다양한 가치를 지닌 이질적 집단을 어떻게 통합시켜 나갈 것인지가 핵심 사안이 된다.

사회통합에 대하여 Powers(1981)는 사회의 다양한 단위들이 안정된 사회적 관계를 형성하게 되는 역동적 과정으로 설명하였고, 이진숙(2005)은 다양한 사회 집단의 조화로운 관계나 안정된 관계의 형성 과정으로 정의했다. 이처럼 이질적 행위자와 가치체계를 포용하고 이의 안정된 관계를 보장할 때 사회통합을 달성할 수 있다. 즉, 사회통합이 사회 갈등을 줄이고 국가의 새로운 발전 동력으로 작용하기 위해서는 폐쇄적인 소집단주의적 연대에서 개방적인 보편적 연대로 전환될 필요가 있다. 폐쇄적인 소집단주의적 연대는 특정 집단에게만 기회를 제공하는 연고주의로 전락하여 구성원들 간의 불신을 야기할 수 있다(김우식, 2002). 따라서 다양한 이질적 요소들을 포함하는 개방적인 보편적 연대를 바탕으로 사회통합을 달성해야 한다. 이는 사회 전체의 공정성, 개방성, 투명성 등 중요한 가치의 실현을 의미하므로 지속가능한 국가 발전에 도움이 된다.

국가의 지속가능한 발전 전략으로써 사회통합을 제시하기 위해서는 이를 구성하는 다양한 요소와 가치들을 포함시켜야 하며 단편적인 현상 분석에 그치는 것이 아니라 통섭적 접근을 바탕으로 거시적으로 조망하는 것이 필요하다. 사회통합의 중요성을 인지하기 시작하면서 OECD, UN과 같은 국제기구 및 국내외 학자들은 사회통합, 사회적 배제, 사회적 보호 등의 개념을 사용하여 연구하기 시작하였다. 그러나 사회통합과 관련된 기존의 연구들은 대부분 사회통합의 지표개발에 초점을 두었고(Robinson & Oppenheim, 1998; Bradshaw, 2000; 문진영,

2004; 노대명·이현주 외, 2009; 장용석 외, 2010; 박명호 외, 2010; 장용석 외, 2011b) 사회통합의 다양한 속성 및 내용들을 포함하기보다는 소득, 실업률, 불평등 정도와 같은 경제 상태를 주요 변수로 사용하여 사회통합의 정도를 측정하였다(Robinson & Oppenheim, 1998; Bradshaw, 2000; European Union Social Protection Committee, 2001; Council of Europe, 2005; European Commission, 2006; European Union Commission, 2007).

이와 같은 기존 연구들의 한계는 사회통합의 개념에서도 나타나고 있다. 사회통합을 경제적 영역으로 한정된 불평등과 복지를 중심으로 설명하려 했기 때문에 공동체 건설을 구축하기 위해 필요한 사회적 자본에 대한 고려는 충분하지 않았다. 더욱이 기존의 연구들은 개인들 간의 관계, 사회에 대한 개인의 주관적 의지와 태도, 소속감, 공동체 수준 등의 내용들을 포함하기보다는 개인의 객관적 상태를 중심으로 사회통합을 분석하려는 한계를 갖고 있다(EFILWC, 2004). 집단 내 구성원들 간의 관계에 의해 형성되는 사회적 자본은 개인, 집단, 조직, 사회, 국가의 발전 및 사회적 통합, 정치적 안정을 좌우한다(박희봉 외, 2010; 한준 외, 2011). 따라서 사회통합을 논의하기 위해서는 신뢰와 연대, 참여를 바탕으로 형성되는 사회적 자본에 대한 논의가 필히 수반되어야 한다.

또한 세계화의 진전으로 사회의 영역이 국가의 수준을 넘어 '세계사회(world society)'로 확대되고 있는 현 실태를 기존의 연구들에서는 반영하지 못하고 있다(Burchardt et al., 1999; 문진영, 2004; 노대명·이현주 외, 2009). 즉, 사회통합의 의미를 국제사회가 배제된 상태의 국내로 그 범위를 한정하여 사용하고 있다. 사회통합에 관한 기존의 연구들은 대체로 지표 중심의 연구로 편향되었으며 사회통합의 개념을 단편적으로 사용하였고 실증 분석을 통한 국가 간 비교 연구가 거의 이루어지지 않아 한국사회의 위치를 객관적으로 조망할 수 있는 기회가 매우 부족하였다.

이 책은 이러한 기존 연구들의 한계를 보완하여 사회통합의 발전적 개념으로 다양한 요소 및 가치를 포함하는 '통합사회'의 개념을 제시하고자 한다. 이는 개인의 삶의 질을 높이고 사회 전체의 발전을 위한다는 점에서 기존의 부정적인 측면을 내포한 사회적 배제와 달리 '긍정적'인 개념이며, '국제사회 기여'를 포함시킴으로써 사회통합의 범위를 국내적 수준에서 국제적 수준으로 끌어 올렸다는 점에서 의의를 지닌다. 또한 경제지표 위주로 분석하였던 기존의 관점을 보완하여 개인의 삶의 질, 다양성, 관용 등의 사회적 요소들을 포함시켰다는 점, 최근 표면화되고 있는 갈등사회·위험사회 문제를 극복하는 새로운 국가발전 동력으로서의 역할을 제시한다는 점에서 의의를 지닌다. 통합사회를 구성하는 개인, 공동체, 국가, 국제사회의 다차원적 요소를 검토하고, 국가주의, 개인주의, 공동체주의, 세계시민주의의 가치체계에 관한 실증 분석을 통해 경제적 차원에 더하여 사회적 차원의 선진국 조건을 제시할 수 있다. 즉 국가 간 비교를 통하여 한국의 위상을 객관적으로 평가함으로써 국가발전 정책 전략과 연계시킬 수 있다. 따라서 통합사회를 구성하는 개인, 공동체, 국가, 국제사회 수준에 대한 개별적인 분석, 시계열적인 변화, 사회통합과 경제성장 등 타 영역 간의 관계 분석을 통해 국가발전의 흥미로운 발전양상을 보여줄 수 있으며 이를 바탕으로 국가발전의 대내적 노력, 대외적 위상 및 경쟁력 강화에 필요한 정책 전략을 제공할 수 있을 것으로 기대한다.

먼저 이 책에서는 '통합사회'의 개념을 재구성하고 그 핵심요소로 행복한 개인, 더불어 사는 공동체, 국제사회 기여라는 다차원적인 내용을 제시한다. 이를 바탕으로 세계국가들의 시계열 변화 및 영역 간 관계의 실증 분석을 통하여 국가 간 비교·분석한다. 또한 통합사회의 발전 양상을 확인하고 선진적인 통합사회 실현을 위해 핵심가치들이 어떻게 균형을 이루고 있는지 고찰함으로써 한국의 통합사회 위상을 밝히고 이를 실현할 수 있는 구체적인 전략적 방안을 제시하고자 한다. 마지막으로 한국의 통합사회 실현을 위한 정책을 내용 분석함으로써 향후 정책 시행을 위한 대안을 제시한다. 이에 이 책은 크게 다음의 세 가지의 내용을 담고 있다.

1) 통합사회의 다차원적 구성요소 제시 및 국가 간 비교 분석

이 책의 첫 번째 주제는 '통합사회'를 개념화하고 이의 구성요소들을 탐색하여 국가 간 비교 분석을 실시함으로써 국제사회에서의 한국의 위치를 객관적으로 조망하는 것이다. 먼저 기존에 제시되어 온 사회적 배제, 사회적 보호 등의 관련 개념(OECD, 2006; EU, 2004; Robinson & Oppenheim, 1998; 문진영, 2004; 노대명 외, 2009; 장용석 외, 2010; 박명호 외, 2010; 장용석 외, 2011b)을 검토하여 좀 더 다차원적인 개념으로 사회통합의 의미를 제시하고자 한다. 이 책에서 사회통합은 이질적인 구성요소들을 포용함으로써 달성할 수 있으며 개인, 공동체, 국가의 발전이 상호 연계되어야 이루어질 수 있다고 본다. 또한 사회통합의 범위를 국내에 한정하지 않고 국제사회까지 확장한(장용석 외, 2010; 장용석 외, 2011b) 개념으로 '통합사회'를 제시한다. 통합사회란 '개인의 행복과 삶의 질이 보장되고 평등과 배려, 신뢰와 참여로 건설된 공동체 및 국가의 선진화된 통치역량을 바탕으로 국제사회에 기여하는 사회'를 의미한다. 이러한 통합사회는 다음의 세 가지 핵심 요소로 구성된다.

첫째, 개인적인 수준에서의 행복과 삶에 대한 만족이다. 개인은 사회를 구성하는 가장 작은 단위이므로 진정한 사회통합을 위해서는 이들의 행복, 삶의 질 수준이 뒷받침되어야 한다(Gregory, 1988; 장용석 외, 2010; 박명호 외, 2010). 이는 단지 개인의 문제만이 아니라 사회구조적인 문제와 연관되므로 개인과 사회발전을 분리시킬 수 없다. 개인의 행복과 삶에 대한 만족 수준이 높아질수록 사회적 참여와 공존의 가능성이 높아지므로 이는 사회통합을 위한 기본조건이 된다.

두 번째 요소는 사회적인 수준에서의 더불어 사는 공동체이다. 이에 대한 논의는 경제성장 이후 발생한 개인주의의 확대, 공동체의 붕괴, 민족·국가 정체성의 위축 등 원자화된 사회의 문제점이 나타나게 됨에 따라 제기되었다. 공동체는 매우 유동적인 개념으로 좁게는 개인을 둘러싼 가족에서부터 넓게는 지구촌 전체로도 확장할 수 있으며 공통의 연대의식과 호혜적 관계, 정서적 연결망, 사회적 연결망, 기능적 효과 등의 결합으로 이루어진다(최종렬, 2004; 이종수, 2008). 이처럼 더불어 사는 공동체는 사회적 자본을 통해 발현되고 유지되는 것으로(Putnam, 1993) 개인에게 귀속되는 자본이 아닌 개인 간 관계에 귀속되는 사회적 자본을 구축함으로써 실현할 수 있다. 사회적 자본은 신뢰, 집단 내의 의무, 규범, 제재, 긍정적인 정서 등을 포함하며(Coleman, 1998), 이러한 사회적 자본의 구축정도는 사회적 갈등을 줄이는 데 긍정적인 영향을 미치게 된다(장용석 외, 2009). 이와 같이 사회통합을 위해서는 정치·경제·사회적으로 다원적이고 자유로운 참여를 바탕으로 한 신뢰와 소통의 장이 형성되어야 한다. 위험사회, 원자화된 사회에서 발생하는 사회적 갈등과 분열을 감소시키고 사회통합을 실현하기 위해서는 타인 및 소수자에 대한 배려, 신뢰와 참여가 이루어져야 하는 것이다. 그리고 이러한 더불어 사는 공동체 건설은 국가 및 사회 발전으로 이어지게 된다.

세 번째 요소는 국제사회의 기여이다. 세계화 시대의 국가는 내치(內治)뿐 아니라 외치(外治)에도 주력해야 한다. 20세기 후반에 급속도로 이루어진 세계화로 인해 국가 경쟁력, 국제 협력 등에 대한 관심이 높아지고 있다. 이러한 상황에서 전세계적으로 이슈화되고 있는 환경, 빈곤, 인권, 교육 등에 대해 각 국가, 사회, 개인들은 세계사회(world society) 속에서 자발적이거나 규범적 압력을 통해 협력하고 있다(Meyer et al., 1997; Meyer & Jepperson, 2000). 국제사회에 대한 물질적·비물질적 기여와 참여는 한 국가의 위상을 나타낼 뿐만 아니라 글로벌 시민으로서의 미덕으로 여겨진다. 이렇듯 세계사회는 협력과 신뢰의 증진을 바탕으로 세계 평화 구축에 이바지하며 복잡한 사회문제를 해결하고 네트워크의 의사소통 및 구조의 변화를 촉진시키므로 통합사회의 범위 및 구성요소에 포함되어야 한다.

위에서 설명하였던 세 가지 차원의 구성요소로 개념화된 통합사회가 세계적으로 어떠한 추세를 보이는지 시계열 분석 및 각 요소의 개별 분석을 통해 알아본다. 또한 경제, 정치 등 타 영역과의 관계도 함께 분석하여 통합사회의 영향을 확인하도록 한다. 이를 바탕으로 국제사회에서 한국의 사회통합 수준이 어느 정도인지, 그리고 지금까지 한국의 사회통합이 시기별로 어떻게 다르게 나타나는지를 살펴본다.

통합사회의 국가 간 비교 분석을 위해 위의 핵심개념을 중심으로 2010년 1월 기준 OECD의 31개 회원국과 G20 국가를 포함하는 총 39개 국가를 대상으로 1990년에서 2008년까지의 패널 통계를 사용하여 통합사회의 세계적 추세를 분석한다. OECD 31개 회원국과

G20 국가는 21세기를 선도하는 국가들로 2010년을 기준으로 한 GDP와 인구 규모가 각각 전 세계의 84% 및 65.1%에 해당하며 경제적 · 사회적으로 상당히 높은 수준을 차지한다. 따라서 한국의 통합사회 수준을 조망하고 선진적 통합사회 실현 전략을 제시하는 데 있어 분석 대상 국가들로부터 많은 시사점을 도출할 수 있다.

2) 글로벌 시대의 통합사회 실현을 위한 핵심 가치 도출

이 책의 두 번째 주제는 통합사회를 구성하는 다원적 가치체계를 탐색하고, 통합사회에 영향을 미치는 구성요소를 도출하는 것이다. 한 국가의 사회통합은 개인, 공동체, 국가, 국제사회의 네 영역이 상생함으로써 사회통합의 집합적 역량(collective capacity)을 구축하여 이루어지는데 이를 실현하기 위한 개인주의, 공동체주의, 국가주의, 세계시민주의에 해당하는 각각의 가치체계들이 균형을 이룰 때 사회통합 및 지속가능한 발전을 이룰 수 있다. 이를 밝히기 위해 통합사회에 미치는 가치체계의 영향 분석 및 핵심가치들의 국가 간 비교를 시행한다. 통합사회에 영향을 미치는 각각의 가치체계들은 다음과 같다.

첫째, 국가주의란 행위자로서의 개인이 자신의 정체성을 주권국가와 동일시하거나 정체성의 기반을 국적 혹은 시민권에 두고 있는 것을 의미한다. 국가주의는 각 개인들이 특정 근대국가의 구성원으로써 동등한 자격을 부여받을 수 있는 권리를 주장하면서 형성되기 시작하였다(Held, 1989). 여기에서의 국가는 동일한 영토와 행정체제 내에서는 동질적이나 다른 국가와는 뚜렷하게 구분되는 이질성을 지닌다. 이러한 이질성을 바탕으로 국가주의는 전통문화에 대한 옹호, 민족정신과 민족문화의 발양, 도덕의 붕괴에 대한 우려, 유기체 사회에 대한 긍정, 동서양 문화의 조화를 통한 신문화 건설 지향 등의 모습을 보인다(손승희, 2008). 이처럼 국가주의는 유기체 사회 및 조화를 중시한다는 점에서 통합사회에 필요한 중요한 담론들을 담고 있다. 하지만 국가주의가 형성되는 과정에서 나타났던 갈등의 완화, 사회적 통합·조화의 모습은 매우 표면적이었으며 사회통합을 달성하기 위해 강제적인 수단이 동원되었다는 점에서 사회통합에 대한 국가주의의 역할은 제한적이었다. 특히, 19세기 후반 이후 마르크스주의와 파시즘 등과 같은 혁명적 국가주의의 등장으로 인하여 갈등과 파괴가 양산되면서 발전적인 사회통합으로 나아가기 위한 새로운 가치체계가 더욱 필요해졌다.

이를 보완하는 것이 개인주의라 할 수 있는데, 이는 자신의 정체성을 '인격체'인 개인에게 부여하는 가치관을 의미한다. 개인주의는 국가주의로 인한 강제적인 사회통합 시도로부터 벗어나 개인의 자발적인 관용과 비-배타성에 기반을 둔 사회통합을 추구한다는 점에서 국가주의의 대안적인 가치관이라 할 수 있다. 그러나 지나친 개인주의는 이기주의로 전락할 우려가 있기 때문에 국가주의를 완벽하게 대체하기는 어렵다. 따라서 이의 대안으로 국가주의처럼 '비-인격체'에 정체성을 부여하나 상대적으로 사회통합을 구현하기 위한 자발성이 높은 공동체주의와 세계시민주의를 또 다른 가치체계로 제시한다.

공동체주의는 개인이 자신의 정체성을 자신이 소속되어 있거나 활동 중인 공식·비공식 집단 혹은 지역에 기반을 둔 가치관을 의미한다. 이는 비-인격체인 공동체에 개인의 정체성을 부여한다는 점에서 국가주의와 공통분모를 지니지만 상대적으로 자율성이 높다는 측면에서 차이가 있다. 본 연구에서는 공동체주의를 개인주의와 구별하기 위해 지연과 혈연을 넘어 상대적으로 유동적이면서 연결의 강도가 약한 공동체로 그 대상을 제한한다. 공동체주의는 사회통합의 새로운 가치에 긍정적인 효과를 지니기도 하지만 밀도가 높고 구속력이 강한 사회적 관계는 오히려 배타성을 높여 사회 갈등의 심화를 초래할 수 있다(장용석 외, 2009). 이에 이 책에서는 자발적이면서도 이해관계가 개입될 여지가 상대적으로 낮은 세계시민주의를 사회통합 실현을 위한 또 다른 가치체계로 제시한다.

세계시민주의는 개인이 자신을 세계시민사회의 일원으로 여기며 자기 정체성의 기반을 세계 사회(world society)에 두는 가치체계로 정의할 수 있다. 이는 국가를 넘어선 가장 넓은 인간사회를 대상으로 형성된 가치체계이며, 인권이나 평화 등과 같은 보편화된 가치를 추구하므로 이를 지향하는 사람들은 사회통합의 가능성이 높다. 또한 이들은 국제사회의 활동이나 세계문화를 통해 보편화된 가치가 과거보다 개선될 수 있다고 믿기 때문에 사회체제에 대한 신뢰 수준 역시 높으므로 사회통합의 가능성도 높아진다.

이상의 다양한 가치체계가 어떠한 조합으로 균형을 이루며 통합사회의 다면적 속성에 영향을 미치는지 파악한다. 사회 구성원들이 느끼는 통합사회의 의식적 요소들을 신뢰, 포용성, 행복으로 나누어 살펴보고 개인주의, 공동체주의, 국가주의, 세계시민주의가 미치는 영향을 실증적으로 탐색한다. 이를 위하여 세계가치관 조사(World Value Survey)의 5차 자료인 2005~2008년 웨이브 자료를 이용한다. 5차 세계가치관조사 자료는 전 세계 57개국의 약 80,000명을 대상으로 사회문화적 가치관에 대한 설문정보를 제공하기 때문에 국가별 가치체계 분석이 가능하다. 분석 결과를 바탕으로 다원화된 사회에서 통합사회를 구현하기 위해서 개별 구성요소 간의 균형과 이를 구현하는 가치체계 간의 정합성과 공존이 요구됨을 제시한다.

다만 두 번째 주제에서 담고 있는 통합사회의 개념은 실증 분석을 위한 연구 설계상 첫 번째 주제에서 다루고 있는 통합사회의 개념과 다소 상이하게 구성한다. 첫 번째 주제에서는 통합사회를 구성하는 요소들을 개인, 사회, 국가, 국제의 차원으로 나누며, 이를 국가 간에 비교·분석하기 위하여 통합사회와 관련된 다양한 지표들을 포괄적으로 검토한다. 두 번째 주제에서는 통합사회를 구성하는 인식적 요소와 개인주의, 공동체주의, 국가주의, 세계시민주의의 다원적 가치체계 간의 관계를 조명하기 위하여 설문자료를 중심으로 통합사회의 개념을 재구성한다.

3) 통합사회 실현을 위한 한국의 정책 분석

이 책의 세 번째 주제는 통합사회 실현을 위한 한국의 사회적 자본 구축 및 사회 갈등 해소와 관련된 기존 정책들을 분석하여 앞으로 나아가야 할 방향을 제시하는 것이다. 사회 갈등을 해소하고 경제 성장을 넘어 사회 발전을 이끄는 통합사회를 실현하는 것이 선진일류국가로 도약하기 위한 한국의 최우선 과제임을 인지하고, 이와 관련된 정책들이 어떻게 시행되고 있는지 살펴본다.

한국은 OECD 국가들 중에서도 사회 갈등의 정도가 높은 국가로 인식되고 있다. 급속한 경제 성장 과정을 거치면서 경제적 양극화 현상이 심화됨에 따라 계층 간 갈등의 정도도 극심해졌다. 또한 1980년대 후반부터 1990년대에 세계화, 정보화, 민주화의 과정을 동시에 겪으면서 다양한 가치체계가 공존하게 됨에 따라 이념·지역·세대 차이에 따른 사회 갈등의 정도도 심각해졌다. 이에 정부는 사회 구성원들 간의 결속력을 다지고, 사회 갈등을 해소하기 위한 다양한 정책들을 시행하고 있다.

특히, 통합사회의 실현을 위해서는 공동체 건설을 통해 사회 협력을 촉진시키는 사회적 자본의 역할도 중요하다. 개인의 자유나 권리 보호뿐 아니라 공동체적 가치를 중시하는 통합사회를 구현하기 위해서는 사회적 책임, 배려, 관용 등을 실천하여 사회 갈등을 줄이고 사회 구성원들 간의 공감대를 형성하여 사회적 신뢰를 구축하는 것이 우선되어야 하기 때문이다(김세원 외, 2011; 장용석 외, 2011b). 이러한 사회적 자본은 사회 구성원 모두가 공평한 대우를 받고 균등한 기회를 보장받는 등 기존에 행해지던 각종 불공정 관행이 개선될 때 더욱 공고해 질 수 있다. '출발은 물론 경쟁 과정을 공평히 함으로써 경쟁자들이 그 결과에 대해 공감하고 스스로 책임지는 사회, 즉, 부패가 없고 균등한 기회가 보장되며, 약자를 배려해 그들이 다시 일어설 수 있도록 뒷받침하는 사회'가 될 때, 사회 구성원 개개인의 권익과 가치가 높아지고 그들 간의 신뢰와 협력, 관용을 바탕으로 공동체를 건설할 수 있는 것이다.

이렇듯, 통합사회의 실현을 위해서는 공정성에 기초한 사회적 자본의 구축 및 사회 갈등 해소가 필수적이기에, 이와 관련된 기존 정부 정책들의 한계를 살펴보고 앞으로의 정책 방향을 제시하고자 한다. 구체적으로, 사회적 자본 구축과 관련된 기존 정책들의 경우에는 공정성의 개념이 특히 강조되었던 이명박 정부의 2009년부터 2011년까지로 한정하여 살펴보고, 사회 갈등 해소와 관련해서는 국가 간 비교 분석 결과 및 2012년 사회통합위원회에서 시행되었던 정책들을 중심으로 살펴보고자 한다.

이 책의 구성은 다음과 같다. 제2장에서는 통합사회 논의가 등장하게 된 배경과 관련 선행연구들을 고찰하여 통합사회를 개념화하고 이의 수준을 측정하기 위해 구성된 각 지표체계들에 대해 설명한다. 이를 바탕으로 통합사회의 전 세계적 추세를 파악하고 한국의 위상을 점검한다. 제3장에서는 통합사회에 영향을 미치는 '개인주의', '공동체주의', '국가주의', '세계시민주의'의 네 가지 가치체계를 중심으로 살펴보고 통합사회 구현에 필요한 핵심 가치 및 조건을 도출한다. 제4장에서는 제2, 3장의 분석결과를 한국의 상황에 맞게 구체화하여 통합사회 실현을 위한 사회적 자본 및 사회 갈등 해소와 관련된 정책 사례들을 살펴봄으로써 실질적인 정책적 함의를 이끌어낸다. 제5장에서는 전체 분석 결과를 바탕으로 통합사회로 나아가기 위한 큰 방향들을 제시한다.

제2장

통합사회의 국가 간 비교 및 한국의 위상

제2장 통합사회의 국가 간 비교 및 한국의 위상[1)]

1. 사회통합에 대한 기존 이론

국가와 사회의 지속 발전 가능성에 대한 관심이 높아지면서 '공생적 사회질서의 전제조건'이자 '국가정책의 핵심 목표'로서 사회통합이 주목받고 있다. 사회통합은 위험과 불확실, 갈등과 불안 그리고 불평등으로 가득 찬 시대를 살아가는 개인에게 인간다운 삶의 기초를 제공할 뿐만 아니라 사회 전체의 유지와 발전을 위해 요청되는 필수조건으로서 부각되기 시작하였다. 2009년 12월, 사회통합위원회가 대통령직속기구로 출범하여 초기부터 활발한 활동을 벌이고 있는 것도 이러한 흐름 속에서 이해될 수 있다.

사회통합(social cohesion)의 일반적 정의는 '다양한 특성을 가진 구성원들이 공동체에 대한 소속감을 갖고 공동의 비전을 공유하며 긍정적

---

1) 본 장은 장용석, 박명호, 오완근(2011)의 「국제 · 지역연구」 20권, 제4호에 게재된 '지표를 통한 한국의 사회통합 분석: 국제사회와의 비교를 중심으로'와 장용석 외(2010)의 경제인문사회연구회 미래사회협동연구 총서10-01-02(3) '한국 경제 · 사회 선진화의 조건(II): 통합사회지표' 연구 결과를 기반으로 발전된 논의를 재구성한 것이다.

인 관계를 유지하는 국민적 결집력'으로 통용된다. 유사개념으로 'social inclusion', 'social integration'도 쓰이고 있으나 엄밀한 의미에서 각각은 중요한 차이점을 보이므로 서로 구별하여 사용하려는 시도가 이어지고 있다. 먼저 'social inclusion'은 개인이나 집단이 자신의 삶의 수준 증진 기회를 막는 제도적 제약들을 제거한 상태를 가리킨다. 흔히 사회적 배제(social exclusion)의 대립 개념으로, 모든 국민에 대한 빈곤과 실업을 포함한 사회적 위험으로부터의 보호를 제시한다(사회통합위원회 홈페이지). 즉, 좁은 의미에서는 사회보장제도의 적용을 받지 못하는 사람들에 대한 보호, 넓은 의미에서는 모든 국민에 대한 빈곤과 실업을 포함한 사회적 위험으로부터의 보호를 의미한다는 점에서 이 개념은 사회통합이라는 표현보다 '사회적 포용'이라는 개념에 가까운 것으로 이해할 수 있다(노대명 외, 2009). 다음으로 'social integration'은 사회를 구성하는 다양한 집단들이 각각의 다양성을 유지하면서 조화롭게 살도록 하는 것을 지칭하기 때문에 일견 일반적인 의미의 사회통합과 잘 구별되지 않아 보인다. 하지만 그 이면에는 개인이 사회적 규범을 수용해야 한다는 주장을 내포함으로써 사회 내부의 유기적 통합보다는 강제성 또는 획일성을 강요하는 부정적 의미로 인식될 수 있다는 점에서 실제적 의미와 사용범위에 제한을 받는다.

이러한 사회통합 논의는 기존에 정치적, 경제적, 문화적 측면에서 일원적으로 다뤄져 왔던 '통합' 접근과도 구분된다. 탈냉전 시대를 맞아 자유주의와 사회주의, 진보와 보수 등 이념적 균열의 봉합을 꾀하기 위하여 정치적 통합 이슈가 제기된 바 있으며, 뒤이어 경제적 불평등을 완화하기 위해 소득 분배 중심으로 통합의제가 등장하기도 했다. 최근에는 정보통신기술의 발달로 국가 혹은 사회 간 인적·물적 교류가 증대되면서 문화적 다양성을 배양하고자 하는 차원에서 다문화 통합이 정책의제로 다뤄지기도 했다. 이에 반해 사회통합은 이러한 분야를 모두 아우르는 포괄적인 측면에서 국가·사회 내부적 격차를 해소하려는 종합적 시도로 이해되어야 한다는 특징을 가진다. European Union(2004)에서는 사회통합을 이루는 네 가지 주요 구성요소로, 자원에 대한 공평한 접근(Fair and equal access to resources), 개인 및 공동체에 대한 존엄성 부여(Individual and collective dignity), 개인의 자율성 보장(Autonomy of the individual), 공동체에 대한 참여(Participation in community life)를 들면서 사회통합의 궁극적인 지향점은 사회적·경제적·문화적·정치적 통합과 지속가능성을 추구하는 것이라 역설한 바 있다.

사실 사회통합이 정책적인 화두로 등장하게 된 중요한 계기는 급속히 심화되는 세계화와 맞물려 있다고 볼 수 있다. 그간 대다수 정책 결정자들과 학자들의 관심은 세계화에 따라 정치적·경제적·사회적·문화적 분야에서 국가(nation states) 간 경계가 약화되고 그에 따라 이른바 지구촌(global society)이 형성되는 거시적 흐름 그 자체에 쏠려 있었다. 그러나 세계화의 진행에 따라 그 이면에 국가 간 통합의 반대급부로서 지역 간, 남녀 간, 인종 간, 계층 간 격차 심화가 놓여 있다는 문제의식이 점차 확산됨에 따라, 이제는 단순히 세계 사회의 표면적인 통합 현상에 주목하기보다는 내부적 사회통합의 필요성과 그 제도적 추진 방안에 역점을 둘 필요가 있다는 주장에 힘이 실리게 되었다. 이러한 맥락에서 최근 사회통합의 실체를 진단하기 위한 다양한 연구와 정책실험이 이루어지고 있으며 이를 토대로 국가별로 다양한 전략적 선택이 필요하다는 인식 또한 보편화되고 있다(노대명 외, 2009).

그러한 인식적 확산에 공통적으로 전제되고 있는 것은 사회통합으로부터 얻을 수 있는 효과에 대한 기대라고 할 수 있다. 그중 가장 강조되고 있는 것은 사회통합이 경제성장에 긍정적인 효과를 가져다줄 수 있다는 점이다. 앞서 언급한 바와 같이, 지속가능한 발전을 가능케 하는 성장과 분배의 선순환 구조를 제도화하려면 소득재분배를 통해 성장을 촉진하는 소위 '사회통합적 경제성장'을 지향해야 한다는 주장이 점차 설득력을 얻고 있다. 이에 더해 사회통합이 국민들의 총체적인 삶의 질 향상으로 이어질 수 있다는 주장도 사회통합 추진의 당위적 토대를 강화해 준다. 사회통합(social cohesion)은 다양성 요구를 충족하면서도 사회의 통합성(integrity)을 유지할 수 있는 집합적 역량(collective capacity)을 구축함으로써 사회적 자본 형성에 기여하고 궁극적으로 국민들의 삶의 질을 제고할 수 있다는 점에서 그러하다.

이처럼 사회통합이 중요한 정책의제로 부상하게 되었음에도 불구하고 아직 사회통합의 구체적인 개념과 그 구성요건에 대한 합의는 학문적으로나 실무적으로나 정립되지 못한 실정이다. 가장 큰 이유 중 하나는 저마다 다르게 나타나는 세계 각국의 정치 · 사회 · 경제적 여건이 사회통합의 보편적 가치 실현을 가로막고 있다는 것이다. 이러한 점을 인식한 각국 정부와 국제기구를 중심으로 각 사회가 처한 사회통합의 실태를 객관적으로 확인하고 사회통합을 제도적으로 정착시키기 위한 정책방향과 구체적 전략을 설계하는 데 필요한 기초자료로서 포괄적인 '사회통합지표체계'를 마련하기 위한 노력이 이루어지고 있다(노대명 · 이태진 외, 2009). 그러나 이러한 노력은 아직 시작 단계에 있기 때문에 사회통합 관련 지표들이 개별화된 지표의 형태로 남아 있어 영역별 지수(index)나 전체 사회통합 지수로 발전하지는 못한 상황이다(노대명 · 이현주 외, 2009). 그러므로 한 사회의 통합 정도를 나타내는 총괄지표(composite index)를 생성하는 것은 국가적으로 중요한 정책적 관심사가 된다.

이러한 사회통합 및 관련 개념들로부터 개발된 총괄지표들은 어떻게 구성되어 있으며 어떤 요소들을 중요한 발전지표로 보았는지 선행 연구를 살펴보고자 한다.

국제기구 중 OECD는 그동안 사회현상을 나타내던 사회지표로부터 사회통합지표를 도출하여 제시하고 있다. 여기에서 말하는 사회지표는 사회의 제 측면을 포괄하는 지표로 사망률, 이민, 난민을 포함한 고용, 노령기 소득, 사회지출, 기대수명 등 보건, 자살이나 범죄, 투표 등을 포괄하는 사회적 유대까지 다루고 있다. 사회지표의 구성은 '사회적 압력-현상-대응(pressure-state- response: PSR)'의 틀로 구성되어 있다. OECD에서 발간하는 보고서 중 「Society at a Glance」에 의하면 사회통합에 관한 지표는 좁은 의미의 사회적 배제와 유사한 내용으로서 사회적 현황과 사회적 대응으로 구분된다.

EU는 회원국들에 공통적으로 적용될 수 있는 사회통합(social inclusion)과 사회적 보호(social protection)에 관한 지표를 개발하였다. 이를 바탕으로 회원국의 사회적 보호와 통합의 전략을 보고할 때 가이드라인으로 활용하고 있다. 그리고 이에 더하여 빈곤 및 사회적 배제의 개념을 내세워 경제, 실업, 근로, 교육, 건강 등 5개 평가영역별로 사회적 배제 지표를 제시하고 있다.

〈표 2-1〉 OECD의 「Society at a Glance」 중 사회통합 관련 지표

사회적 현황	Overall well-being(life satisfaction) Societal dysfunctions(suicide, work accidents) Social conflict(strikes) Political participation(voting and trust)
사회적 대응	Number of prisoners

〈표 2-2〉 유럽연합의 사회통합과 사회적 보호 지표

구분	주요 영역	정의와 구분
1a	빈곤위험	중위소득 60% 이하 가구에 사는 사람의 비율 - 연령: 0~17, 18~64, 65세 이상
1b	빈곤위험	빈곤선 이하 구성원의 균등화된 중위소득과 기준선(중위소득 60%)의 차이. 빈곤선 대비 비율로 표현 - 연령: 0~17, 18~64, 65세 이상
2	소득불평등	소득배율(S80/S20): 상위20% 대비 하위20%의 소득점유율
3	건강불평등	출생 시, 45세, 65세의 사람이 건강한 상태로 살 것으로 기대하는 연수(가칭 disability가 없는 기대수명) - 성별
4	교육결과와 인적자본형성	중등학교만 마쳤고 4주의 교육이나 훈련을 받지 않은 18~24세의 인구비율 - 성별
5	노동시장접근성	직업이 없는 가구주와 함께 사는 사람들의 비율 - 연령별, 성별
6	사회보호기제의 재정적 안정성	공적사회지출의 연령별 투입, 지출의 GDP대비 수준, GDP대비 변화 추계치
7	연금적정성a	0~64세 대비 65세 이상 연령의 균등화된 소득 대비율
	연금적정성b	50~59세 대비 64~74세의 연금비율(각종 사회적 급여 제외)
8	보건에 대한 접근불평등	논의 중
9	경제성장으로부터 결과된 삶의 수준 개선	빈곤선 이하의 사람들의 소득분, 각 연도 물가상승 반영 - 연령별, 성별
10	노령층 고용	동 연령의 전체 인구 대비 55~59세와 60~64세 고용된 사람 비율 - 성별
11	근로빈곤	피고용자로 분류된 개인이면서 빈곤위험에 있는 사람들 - 성별
12	노동시장참여	15~64세 인구 중 실업과 고용자 비율 - 연령별, 성별
13	지역유대	가중된 국가 평균으로 나눈 지역고용의 분산 연령: 15~64세
14	건강증진	미정

자료: Social Protection Committee(2001).

〈표 2-3〉 유럽연합의 사회적 배제 지표

구분	영역	지표
1차적 지표 (Primary Indicators)	소득	1. 빈곤율
		2. 소득분포
		3. 빈곤지속성
		4. 상대적 빈곤 격차
	지역적 결속	5. 지역(NUTS 2)차원의 고용률
	실직	6. 장기실직
		7. 무직 가구원 수
	교육	8. 조기 교육기회 상실
	수명	9. 평균 기대 수명
	건강	10. 소득수준별 자각 건강 상태
2차적 지표 (Secondary Indicators)	빈곤	1. 빈곤 산포(dispersion)
		2. 특정 시점 빈곤율 변화
		3. 소득이전 전의 빈곤율
		4. 지속 빈곤율
	소득분배	5. 지니계수
	실직	6. 장기 실직자 비율
		7. 초창기 실직자 비율
	교육	8. 저학력 비율

주: NUTS는 유럽의 지역을 나누는 단위.
자료: Bardone and Stanton(2003) Annex.

한편, 국외학자에 의한 관련 연구에서는 '사회적 배제'의 개념을 내세워 경제적 및 사회적 차원에서의 이탈과 배제 등을 제시하고 있다. Robinson and Oppenheim(1998)의 연구에서는 사회적 배제 지표의 영역을 소득, 실업, 교육, 건강으로 두었으며 Bradshaw et al.(1999)의 연구에서는 수입 및 자원, 노동시장, 서비스, 사회적 관계에 따라 지표 구성요소를 달리 두고 있다.

〈표 2-4〉 Robinson and Oppenheim(1998)의 사회적 배제 지표

영역	지표
소득	1. 빈곤(평균 소득의 50% 이하의 가구) 추이 2. 10분위 소득점유 추이 3. 인종집단별 5분위 소득점유 추이 4. 소득지원(공공부조) 수혜 기간
실업	1. 장기실직률(2년 이상) 추이 2. 실업, 비고용(non-employment), 비근로(workless) 가구 추이 3. 비근로 가구(workless households)의 인적구성 및 비율
교육	1. GCSE 평점 추이 2. 성별, 인종별, GCSE 평점별 취득 비율 3. 16세의 주요 소속별, GCSE 평점별 취득 비율 4. 근로연령에 있는 사람의 최고 교육자격 취득률 추이
건강	1. 사망률 2. 신생아 평균체중과 저체중 신생아 비율

주: Robinson and Oppenheim(1998), 문진영(2004) 재인용.

국내 연구에서는 주로 '사회통합'으로 개념화하여 관련 지표가 개발되어 오고 있다. 국가인권위원회의 의뢰를 받아 진행된 문진영(2008)의 연구에서는 사회권(social rights) 지표개발 작업의 결과물로 총 5개 영역에 걸쳐 다양한 지표를 제안하였다. 유럽의 사회적 배제 지표와 유사하게 소득보장, 건강, 주거, 노동, 교육 등의 영역으로 구성하였으며 영역별로 하위 차원을 두고 제1~3수준 지표 등으로 구성하여 우선순위를 부여하였다. 노대명 외(2009)의 연구에서는 사회통합지표 선정의 원칙을 제시하고 이에 근거하여 보다 체계적으로 사회통합 지표를 개발하였다. 소득, 고용, 금융, 교육, 건강, 주거, 가족/연계망 등으로 영역을 구분하고 이를 다시 사회통합 핵심지수와 사회통합 총괄지수로 구분하였는데, 전자는 분기단위로 데이터 생성 및 신속한 대응이 가능한 지표들로 구성되었으며 후자는 연간단위로 데이터 생성 및 종합적인 정책대응이 필요한 지수로 구성되었다. 이러한 지표를 근간으로 하여 OECD 회원국 중 24개 국가의 2003~2006년 데이

터를 분석하여 사회통합지수 및 각 영역별 지수, 순위를 제시하고 한국의 상대적 수준을 비교하였다.

〈표 2-5〉 Bradshaw et al.(1999)의 사회적 배제 지표

사회적 배제 분류	구성요소	측정 지표	사회적으로 배제된 비율(%)
수입/자원	저소득	중위소득의 60% 이하	19
	사회적 필수품의 결여	2~3개의 품목이 부족할 때	26
	주관적 빈곤	주관적으로 선정한 필수 생활비와 실제 수입을 비교	20
노동 시장	실직 상태	퇴직과 학생을 제외한 실직상태	11
서비스	기본적인 서비스 접근의 결여 (전기, 수도, 교통수단, 물품구매, 금융서비스 등)	3개 이상의 기본적인 서비스를 받지 못할 경우	13
사회적 관계	사회적 활동에 비참여	사회적으로 필요한 활동 중 3개 이상을 하지 못할 경우	20
	소외	매일 접하는 가족이나 친구의 부재	12
	지원	조사에 제시된 가사 및 정서적 지원 (7개 상당)에서 4가지 지원의 부재	23
	이탈	지난 3년간 모든 조직 활동에 참여하지 않음	10
		선거만 참여하고 모든 활동에 참여하지 않음	28
	사회적 활동의 제한 (confinement)	여러 개인적 여건상 사회활동을 할 수 없음	29
		어둠 등 공포로 인한 제한	30

주: Bradshaw et al.(1999), 문진영(2004) 참고.

〈표 2-6〉 문진영(2008)의 사회권 지표

영역	차원	지표구성		
		제1수준	제2수준	제3수준
소득 보장 (20)	빈곤	-빈곤율(상대) -빈곤율(절대) -빈곤갭	-장기빈곤율 -근로빈곤율	
	소득 불평등	-5분위분배율	-지니계수	
	공적연금 공공부조	-공적연금수혜율 -공적연금가입률 -공공부조수혜율		
	기타 소득보장		-고용보험가입률 -산재보험가입률 -산전후휴가이용률 -상병급여수혜율	-육아휴직급여이용률 -폐질・장해급여수혜율
	재분배 효과			-빈곤감소율 -빈곤갭감소율 -지니계수개선율 -5분위배율개선율
건강 (19)	최선의 의료 서비스	-건강보장 사각지대 인구비율 -건보본인부담률 -과부담 의료비 지출 가구비율 -소아예방접종률	-의료급여대상자본인부담률 -활동의사 수 -노인인플루엔자 예방접종률 -자궁경부암검진율 -국민의료비 중 공공의료비 비중	-이주민/이주노동자의료시설 확보율
	안전작업 생활환경	-식품미보장률 -상수도보급률		
	건강수준	-출생 시 기대수명 -총사망률 -영아사망률	-주요질환에 의한 사망률 -저체중아출생 -자가보고 건강수준	-조기사망
주거 (12)	주택의 적정성	-최저주거기준 미달 가구 수 -주거비 부담정도	-공공임대주택 거주가구비율	-노인 및 장애인 편의시설 설치가구비율
	점유의 안정성	-홈리스 수 -강제퇴거가구 수	-비닐하우스 거주가구 수 -쪽방거주 인구 수	-비자발적 이주가구 수
	주거권 실현과정	-개발사업의 영향을 받는 주민에 대한 주거보장	-주거권 침해에 대한 정보 및 자문 제공 제도 여부	-지자체 주택분쟁조정위원회 설치비율
노동 (20)*	노동시장 / 전체고용	-고용률	-비경제활동인구비율	-여성고용률 -25~34세 여성고용률 -여성비경활인구비율 -25~34세 여성비경활비율 -혼인, 임신, 출산전후 탈락률

	경활인구	-실업률 -취업률	-비임금근로자비중 -성별청년층실업률	-자영업과무급가족 종사비율
	비정규인구	-한시적근로자비율	-전체비정규직비율 -저임금근로자비율	-임시, 일용, 호출근로, 시간제, 파견, 용역, 사내하청
	노사관계	-전체노조조직률	-고용형태별 조직률	-단협적용률 -고용형태별 단협적용률
교육(13)	중등교육	-중등교육탈락률	-연령별 탈락률	-계층 간 사교육비 비중
	평생교육	-평생학급참여비율	-저소득층참여율	-고용형태별 비율 -성별 비율
	소득격차	-연령집단별 소득격차 -학력별 소득격차	-수도권과 지방대 졸업생 간 소득격차	-성별 소득격차 -고용형태별 소득격차 -학력별 소득격차

주: 영역의 ( ) 안은 지표의 수를 의미.
자료: 문진영(2008).

〈표 2-7〉 노대명 외(2009)의 사회통합 지표

영역	사회통합 핵심지표	사회통합 총괄지표
소득	- 빈곤율 - 5분위 소득배율	- 빈곤율 - 5분위 소득배율 - 지니계수(√)
고용	- 실업률 - 임시일용직 비율	- 고용률(√) - 실업률 - 임시일용직 비율
금융	- 가계대출 연체율	- 가계대출 금리 - 가계대출 연체율 - 신용불량자 비율(√)
교육	- 교육비 지출비중	- 교육비 지출비중 - 학력별 임금격차 - 중도탈락률(√)
건강	- 의료비 과부담가구율	- 의료소외계층 비율 - 주요질환별 사망률(√) - 의료비 과부담가구율
주거	- 주거비 과부담가구율	- 5분위 재산배율(√) - 주택전세가격 지수 - 주거비 과부담가구율
가족/연계망		- 이혼율 - 자살률(√) - 사회적 연계망(√)

주: 총괄지표 중 (√) 처리된 지표는 현재 활용에 어려움이 있는 지표.
자료: 노대명 외(2009).

이 같은 선행연구들을 살펴본 결과 다음과 같은 경향을 찾아볼 수 있다. 첫째, 사회통합의 주요 가치를 자율성과 형평성에 두고 있다. European Union(2004)에서 정의한 '사회통합'은 "격차를 최소화하고 양극화를 예방함으로써 사회 구성원 모두의 복지를 보장할 사회적 역량"을 의미하며 '통합적 사회'란 "민주적 수단을 통해 공통의 목표를 추구하는 자유로운 개인들로 구성된 상조적 공동체"를 지칭한다. 그 외의 연구들에서도 사회적 위험에 직면한 취약계층의 보호, 경제적 소외 등에 초점을 두고 지표를 제시하였다.

둘째, 각 지표들은 개인의 객관적 상태를 측정하는 데에 중점을 두었다. 일반적으로 사회통합은 "다양한 특성을 가진 구성원들이 공동체에 대한 소속감을 갖고 공동의 비전을 공유하며 긍정적인 관계를 유지하는 상태"로 정의되지만 지표구성에서는 개인의 객관적 상태를 진단하다 보니 개인들 간의 관계, 사회에 대한 개인의 주관적 의지와 태도, 소속감, 공동체 수준 등은 포함하지 못하고 있다. 개인의 자율성과 복지 수준이 곧 사회통합에 영향을 미칠 것이라고 전제하지만 사실 '개인의 자율성과 복지 수준이 곧 사회통합 수준이다'라고 말할 수는 없다.

셋째, 측정영역은 주로 경제, 복지, 교육, 건강 수준 등에 한정되어 있다. 이는 사회통합에 대한 요구가 경제적 격차의 심화, 복지 불평등으로부터 비롯되었기 때문이다. 또한 앞서 지적한대로 '개인의 자율성과 형평성 확보'가 곧 사회통합이라고 동일시되는 관점 때문이기도 하다. 경제적 의미의 자본과 복지를 넘어 공동체 건설, 통합적 사회를 구축하기 위한 사회·문화적 자본에 대한 고려는 제외되어 있다.

넷째, 사회통합 또는 사회적 배제의 개념상으로는 다양한 구성원들을 아우르는 것으로 나타나지만 측정지표 구성을 보면 현대사회의 다원적 특성을 반영하지는 못하고 있다. 사회 구성원들의 특징이 다양해지고 교류가 활발해짐에 따라 문화적 다양성과 관용, 신뢰수준이 사회통합의 요소가 될 수 있다. 과거에는 사회적 갈등이 주로 경제적 격차, 계층 간 격차로부터 비롯되었으나 최근에는 점차 사회문화적 갈등으로 확산되고 있기 때문이다.

다섯째, 사회통합의 범위를 주로 국내적 수준에 두고 있다. 국내외 연구를 막론하고 사회통합 공동체의 범위를 한 국가의 국내적 수준, 국민적 결집력으로 보고 있는 것이다. 세계화가 진행될수록 개인 및 공동체는 지구촌 사회와 직접 교류하며 개별 국가 역시 세계 사회(world society)에 적극적으로 편입되고자 노력하고 있다. 따라서 사회통합 및 공동체의 범위를 국제사회로 확장시킬 필요가 있다.

2. 통합사회의 개념

사회통합에 대한 관심과 그 중요성에 대한 인식이 전 세계적으로 확대되고 있음에도 불구하고 아직 사회통합에 대한 구체적인 개념 및 구성요건에 대한 합의가 학문적·실무적으로 명확히 정립되지 못한 실정이다. 그 원인으로 국가별 정치·사회·경제적 특성의 차이를 들 수 있다. 사회통합의 개념 및 구성요건에 대한 합의는 개별 사회의 실태를 파악하고 실효성 있는 사회통합 정책을 설정할 수 있게 한다. 때문에 사회통합 정도를 나타내는 총괄지표(composite index)의 마련은 중요한 정책적 관심사이다. 이러한 맥락에서 각국 정부와 국제기구를 중심으로 각 사회가 처한 사회통합의 실태를 객관적으로 확인하고 사회통합을 제도적으로 정착시키기 위한 정책방향과 구체적 전략을 설계하는 데 필요한 기초자료로서 포괄적인 '사회통합지표체계'를 마련하기 위한 노력이 이루어지고 있다(노대명 · 이태진 외, 2009). 하지만 이러한 노력은 아직 시작 단계에 있기 때문에 사회통합 관련 지표들이 개별화된 지표의 형태로 남아 있고, 영역별 지수(index)나 전체 사회통합 지수로 발전하지는 못한 상황이다(노대명 외, 2009).

본 장에서는 '국가경제사회발전의 바람직한 모습, 목표, 방향, 이상향'의 의미로 '통합사회'라는 개념을 사용하고자 한다. 통합사회 개념은 최근 대두되고 있는 갈등사회, 위험사회라는 개념에 대비되는 긍정적인 사회모습의 의미도 내포한다. 그뿐만 아니라 개념상으로도 선행연구에서 제시된 사회통합의 범위와 영역을 넘어선다.

통합사회의 개념과 특징을 기존 연구에서 제시되었던 사회통합(사회적 포섭)과 비교하면 〈표 2-8〉과 같다. 통합사회는 첫째, 자율성과

〈표 2-8〉 '통합사회'의 개념과 특징

명칭	사회통합 또는 사회적 배제	통합사회
주요 가치	자율성, 형평성	자율성, 형평성, 다양성, 관용, 신뢰, 참여 등
관심대상	개인 자체의 객관적 상태	개인 자체의 객관적 상태, 개인들 간의 관계, 사회에 대한 개인의 주관적 의지와 태도, 소속감, 공동체 수준
주된 측정영역	경제, 복지, 교육, 건강	경제적 자율성, 형평적 복지, 사회구성원 다양성, 관용성, 신뢰, 참여, 협력 등
다원화된 사회 반영 정도	반영 수준 낮음	반영 수준 높음
'사회'의 범위	국내적 수준	국내적 수준+국제사회
'통합사회'란, 개인의 자유와 안전이 보장되고 관용과 신뢰를 바탕으로 건설된 공동체이며 국제사회에 기여하는 사회		

형평성에 더하여 다양성, 관용, 신뢰, 참여 등의 수준이 높은 사회이다. 둘째, 개인 간의 관계, 사회에 대한 개인의 태도, 소속감 등 사회 공동체적 특징을 관심의 대상으로 둔다. 셋째, 통합사회의 역량은 경제적 자본을 넘어서 사회문화적 자본의 달성 수준을 포함한다. 넷째, 다원화된 사회의 특징을 반영한다. 다섯째, 사회의 범위를 확장하여 국내적 수준을 넘어 국제사회로의 통합과 노력을 다하는 사회이다. 이러한 통합사회의 특징은 유럽사회통합위원회(2004)에서 제시한 바인 사회・경제・문화・정치적 통합 및 지속가능성, 공동체 참여, 사회적 역량의 의미와 맥락을 같이하고 있다. 통합사회는 다양한 특성을 가진 구성원들이 공동체에 대한 소속감을 갖고 비전을 공유하며 긍정적인 관계를 유지하는 국민적 결집력을 통해 가능하다.

완성 또는 성숙된 통합사회는 오늘날 또 다른 의미의 선진국으로 평가될 수 있다. 개인-사회-국가의 발전은 독립된 개별적 사안이 아니라 상호 연계되어 있기 때문이다. 세계 속의 국가, 국가 속의 사회, 사회 속의 개인 차원을 아우르는 통합사회에 대한 논의는 개인 보호, 공동체 건설, 국제사회 기여가 모두 고려되는 포괄적 특성을 지닌다. 과거에 국가의 지향점이 부국강병이었다면 오늘날 선진국은 '개인은 행복하고 사회는 관용하고 소통하며 국가는 지구촌 공동체의 일원으로서의 권리와 책무를 다하는 모습'으로 그려질 수 있다. 이를 통합사회에 적용해 보면, 사회적 위험을 줄이고 사회 갈등을 극복하기 위해 국가는 개인을 보호하며 공동체를 건설하고 국제사회에 기여해야 한다. 인간의 기본권으로서 자유, 민주적 권리, 안전을 보장받고 위험으로부터 보호받는 개인은 타인에 관용적이고 사회를 신뢰하고 사회에 참여할 수 있다. 이러한 사회와 문화를 지닌 국가야말로 자발적으로 국제사회에 참여하여 국제 문제를 협력적으로 해결할 의지와 역량을 지니게 되는 것이다.

위와 같은 국가발전 관점에 더하여, 통합사회가 갈등사회의 대안적 모습이라는 차원에서도 개인, 공동체, 국제사회의 다차원이 동시에 고려되어야 한다. 한 사회의 갈등은 국내적 상황 또는 경제적 여건에만 치우쳐져 있는 것이 아니다. 개인의 갈등, 사회의 갈등, 국가적 갈등, 세계적 갈등이 개별적으로 움직이는 것이 아니라 서로 연계되어 있다. 또한 갈등은 그 자체로서만 문제되는 것이 아니라 사회에 부정적 외부효과를 낳게 된다. 일상화된 갈등, 제도화된 갈등은 개인적 차원의 문제로부터 세계적 차원의 문제에 이르기까지 갈등의 악순환으로 빚어진 결과물이라고 할 수 있다.

이상의 논의를 종합하면, '통합사회'란 '개인의 자유와 안전이 보장되고 관용과 신뢰를 바탕으로 건설된 공동체이며 국제사회에 기여하는 사회'이다. 이러한 정의는 '개인 보호', '공동체 건설', '국제사회 기여'라는 세 가지 요소를 근간으로 하는데 그 논리는 '개인-사회 관계'의 역사적 변천으로부터도 찾아볼 수 있다.

'개인의 가치와 존엄성'에 대한 갈망과 제도적 반응은 16~17세기 근대적 의미의 국가주의 발현, 18세기 프랑스 혁명, 19세기 후반 혁명적 국가주의의 등장과 그 한계를 겪으며 확산되었다. 비인격적인 국가에 부여되던 정체성이 인격체인 개인으로 이동한 것이다. 역사적 투쟁 속에 인간은 인간으로서의 기본권, 소수의 폭압으로부터의 해방, 경제적 자유를 쟁취하였다. 개인의 자율성에 대한 담론은 이후 정치적 민주주의, 사회적 평등으로 전이되었다. 과거의 국가가 정치와 조세라는 공권력으로 개인을 국가에 흡수시키는 강압적 존재였다면, 20세기 중반 이후에 들어서면서 국가는 개인의 자유와 민주적 권리를 보장하고 경제사회적 위험으로부터 개인을 안전하게 보호해야 하는 존재가 되었다.

한편 경제성장 이후 지나친 개인주의, 탈사회화, 탈국가화 현상 등 원자화된 사회의 문제점이 나타나게 됨에 따라 공동체 건설에 대한 논의가 부각되기 시작했다. 공동체는 매우 신축적 개념으로서 작게는 개인을 둘러싼 가족에서부터 크게는 지구촌 전체로도 확장 가능하다. 이는 공통의 연대의식과 호혜적 관계, 정서적 연결망, 사회적 연결망, 기능적 효과 등의 결합으로 이루어진다(최종렬, 2004; 이종수, 2008). 또한 인간성의 고양, 사회통합의 메시지, 삶의 질적 개선을 담기 때문에 국가 및 사회 발전으로도 연계된다. 이러한 공동체는 사회적 자본을 통해 발현되고 유지된다(Putnam, 1993). 개인에게 귀속되는 자본이 아니라 개인 간 관계에 귀속되는 자본 즉 사회적 자본으로 초점이 옮겨지는 것이다. 사회적 자본은 신뢰, 집단 내의 의무, 규범, 제재, 긍정적인 정서 등을 포함하는(Coleman, 1988), 사회통합의 새로운 가치이다. 사회적 자본의 구축 수준은 다원적 사회의 갈등 정도에 영향을 미치며, 더 나아가 사회발전 수준의 정도를 측정하는 변수가 될 수 있다(장용석 외, 2009).

개인의 정체성, 공동체 건설에 대한 논의는 20세기 후반 빠른 세계화 과정을 거치며 세계사회 논의로 확장되고 있다. 고대 그리스와 13세기 유럽에서 세계시민 혹은 세계시민사회라는 개념이 존재해 왔으며(김상준, 2007), 칸트에 의하면 세계시민사회는 공공성의 발현이며 기존의 공동체주의를 넘어서 초국가적 관점으로의 확장, 개인 수준에서 가장 이타적인 정체성의 실현으로 여겨진다. 2차 세계대전 이후 식민지 국가들이 주권국가로서의 독립을 경험하며 빠른 속도로 세계화 과정에 편입되면서 국제사회에서 요구되는 다양한 공공성 구현 과정에 참여할 수 있는 주요 행위자로서의 지위(empowered actorhood)가 부여되었다(Meyer et al., 1997). 또한 전 세계적으로 이슈화되고 있는 환경, 빈곤, 인권, 교육 등의 문제를 해결하기 위해 많은 국가들이 협력하고 있다. 국제사회에 대한 물질적·비물질적 기여와 참여가 한 국가의 위상일 뿐만 아니라 글로벌 시민으로서의 미덕으로 여겨지고 있다. 이러한 세계사회에의 기여는 협력과 신뢰의 증진을 통한 세계 평화 구축과 세계 공통의 사회 문제 해결을 의미하기 때문에 통합사회의 구성요소로서 포함되는 것이 타당하다.

3. 데이터 특성 및 측정

본 장에서 사용하고 있는 통계자료는 2010년 1월 기준 OECD의 31개 회원국을 대상으로 한 1990년에서 2008년까지 19년 동안의 패널 통계 자료이다. 본 장에서 활용한 통계 형태는 크게 세 가지이다. 시간 추세가 있는 통계, 설문조사(composite index) 통계, 지수 형태의 통계이다. 일부 국가에서는 통계가 누락된 경우도 있었는데, 이 경우 시간 추세가 있는 통계는 외삽법(extrapolation)이나 내삽법(interpolation)을 이용하여 채워 넣었으며, 설문조사 통계의 경우 계단 함수(step function)로 처리하였다. 그리고 지수의 통계 수치가 빠져 있는 경우, 만약 동 지수가 설문조사 통계를 포함하고 있다면 계단 함수로 처리하고 설문조사 통계를 포함하지 않고 시간 추세가 있는 경우는 외삽법이나 내삽법을 이용하여 처리하였다.

특정 변수에 대한 통계가 존재하지 않거나 전체 시기에 대해 특정 국가에 대한 통계가 없는 경우는 해당 지수 및 연관된 지수를 만들거나 순위를 정할 때 동 수치들을 제외하고 계산하였다. 그러므로 세부 지표 관련 자료를 구하지 못한 국가는 분석 자체에서 제외되었다. 지표 체계에 상응하는 자료의 출처 및 특성, 그리고 국가별 결측치에 대한 내용은 〈표 2-9〉에 정리된 바와 같다.

〈표 2-9〉 '통합사회' 세부지표 특성 및 출처

대분류	중분류	소분류	지표 특성	출처	결측국가	추정 함수
개인 보호	자유와 민주	경제적 자유	Hard & Survey	Heritage Foundation		linear
		정치적 자유	Survey	Freedom House		step
		언론의 자유	Survey	Freedom House		step
	안전과 보호	경제적 안전	Hard	WDI (World Bank)		linear
		사회적 보호	Hard	UNODC	브라질	linear
		사회보장	Hard	OECD	칠레, 비OECD 국가	linear
공동체 건설	다양성과 관용	양성평등	Hard	WEF		linear
		장애인 배려	Hard	ILO		-
		타인에 대한 관용	Survey	World Values Survey		step
		외국인 비율	Hard	WDI (World Bank)		linear
	신뢰와 참여	일반인에 대한 신뢰	Survey	World Values Survey		step
		기관에 대한 신뢰	Survey			step
		사회단체 참여정도	Survey		사우디아라비아	step
국제 사회 기여	국제사회 참여	국제정부기구 참여	Hard	COW		linear
	국제 협력	공적개발원조	Hard	OECD		-
		평화유지활동	Hard	UN	멕시코, 사우디아라비아	linear

본 장에서 활용한 데이터 분석 방법은 다음과 같다. 먼저, 통합사회 수준과 발전정도를 비교하기 위해 각 지표를 표준화한 후 시계열적 변화를 살펴보았다. 이는 패널 자료를 활용하여 지난 19년 간 OECD와 G20 국가 39개국을 대상으로 한 세계적 추세의 궤적을 그려 보는 작업이다. 다음으로 국가군의 차이에 기인한 특정한 패턴이 존재하는지를 살펴보았다. 이때 개별국가들에 대한 추세를 살펴보기 이전에 1990년대, 2000년대 그리고 전 기간으로 구분하여 시기별로 전체적 통합사회 지수, 개인 보호, 공동체 건설, 국제사회 기여, 1인당 GDP 각각에 대해 전체 평균과 그 변화율 추이를 살펴보았다. 이와 더불어 현재 한국의 통합사회 발전과정에서의 위상을 확인해 보고자 하였다. 지수값 그 자체의 현재 및 과거수준, 그 변화율을 비교하는 한편, 지수순위 변화추이를 시계열로 분석하였다.

본 장에서는 통합사회 지수를 산출하기 위해 Osberg and Sharpe (2005)의 표준화 방법을 원용하였다. 이 방식은 기본적으로는 HDI의 표준화 방식을 활용하였지만 아래와 같이 최댓값과 최솟값을 각각 'Max=global Max+|global Max*10%|, Min=global Min−|global Min*10%|'로 하였다.

LSM 표준화 지수=(Value−Min)/(Max−Min)
(여기서, Max=global Max+|global Max*10%|,
Min=global Min−|global Min*10%|)

이러한 표준화는 각각의 수치를 〔0, 1〕 사이로 선형화 시키는 것으로서 국가 간 비교뿐만 아니라 일국 내 변화율도 비교 가능토록 한다. LSM 지수는 표준화에서 흔히 나타나는 평균 수렴 현상을 배제시킨다는 점에서 유용한 지수이기도 하지만 과도한 움직임을 나타내는 특정 변수의 영향력이 크게 반영될 수 있는 문제점을 안고 있다. 그러므로 본 장에서는 이런 방식을 극복하기 위해 LSM으로 표준화한 지수를 표준편차로 나누어서 특정 변수의 과도한 영향력을 축소시키는 방식을 시도하였다. 그러나 기존 LSM 방식으로 계산한 지수 값과 표준편차로 조정한 방식으로 계산한 지수 값 사이에 별 차이가 없는 것으로 나타났다. 즉, 기존 LSM 방식에서는 특정 변수의 영향력이 다소 과장적으로 나타나기는 하지만 그 영향력 정도가 미미하여 순위에는 별다른 효과를 발휘하지 않는 것으로 조사되었다.

그리고 단일 지수 사용의 편리성을 위해 가중치를 부여하여 지수를 만들어 분석하였으며 가중치는 다른 특별한 대안이 없다는 점에서 균등 배분(equal weight)하였다.

4. 통합사회 지수의 구성 체계

이 책의 '통합사회' 지수는 앞서 제시한 개념과 세 가지 구성요소에 따라 '개인 보호', '공동체 건설', '국제사회 기여'를 대분류로 두고 각각에 중분류와 소분류로 지표를 구성하고자 한다. 대분류 영역별 균형을 맞추기 위해 대분류 하위에는 각각 2개의 중분류를 두었다. 개념의 적정성, 측정의 대표성, 자료 구득 가능성을 고려하여 소분류에는 1~4개의 지표를 선정하였다. 통합사회 지수의 구성 체계는 〈표 2-10〉과 같다.

우선 대분류 영역인 '개인 보호' 지수는 '자유와 민주', '안전과 보

〈표 2-10〉 '통합사회' 지수의 구성체계

대분류	중분류	소분류	지표 세부 내용
개인 보호	자유와 민주	경제적 자유	Index of Economic Freedom
		정치적 자유	Freedom in the World
		언론의 자유	Freedom of the Press
	안전과 보호	경제적 안전	실업률
		사회적 보호	범죄율
		사회보장	GDP 대비 정부지출 비중－사회
공동체 건설	다양성과 관용	양성평등	성격차 지수
		장애인 배려	장애인관련 법률 수
		타인에 대한 관용	세계가치관조사 관용 지수
		외국인 비율	WDI (World Bank) 자료
	신뢰와 참여	일반인에 대한 신뢰	세계가치관조사 일반인 신뢰 문항
		기관에 대한 신뢰	세계가치관조사 기관신뢰 문항
		사회단체 참여 정도	세계가치관조사 단체참여 문항
국제사회 기여	국제사회 참여	국제정부기구 참여	가입되어 있는 국제정부기구 수
	국제협력	공적개발원조	GNI대비 ODA 공여액
		평화유지활동	평화유지활동 기여(물적/인적)

호'라는 2개의 중분류 지수로 구성된다. 중분류 중 하나인 '자유와 민주'는 사회 속 개인의 자율성과 권리 보장 수준을 측정한다는 점에서 경제적 자유, 정치적 자유, 언론의 자유 등 3개의 소분류로 구성하였다. '개인 보호'의 또 다른 분류인 '안전과 보호'는 경제사회적 위험으로부터 안전을 보장받는 개인이 통합사회의 일원으로 참여할 수 있다는 점에서 경제적 안전, 사회적 보호, 사회보장 등 3개의 소분류를 측정하였다.

대분류 '공동체 건설' 지수는 '다양성과 관용'과 '신뢰와 참여'라는 2개의 중분류지수로 구성된다. 중분류 중 하나인 '다양성과 관용'은 다원적 사회에서의 공존, 사회적 약자에 대한 배려를 반영하고 개방적 사회가 곧 통합사회가 될 수 있다는 점에서 양성평등, 장애인 배려, 타인에 대한 관용, 외국인 비율 등 4개의 소분류로 측정하였다. 또한 중분류로서 '신뢰와 참여'는 사회 갈등을 극복하고 공동체로 나아가기 위한 기제로서 사회적 자본이 얼마나 구축되어 있는지 보기 위해 일반인에 대한 신뢰, 기관에 대한 신뢰, 사회단체 참여 정도 등 3개의 인지적 지표로 구성하였다.

마지막으로 대분류 '국제사회 기여' 지수는 '국제사회 참여'와 '국제협력'이라는 2개의 중분류 지수로 구성된다. '국제사회 참여'는 국제사회에 얼마나 적극적으로 진입하여 활동하는지 보기 위해 한 국가가 몇 개의 국제정부기구에 가입하였는지 측정하였다. 또 다른 중분류로서 '국제협력'은 한 국가가 글로벌 시민으로서 세계 사회에 기여하는 정도를 보기 위해 공적개발원조와 평화유지활동 정도를 포함하였다.

5. 지표 내용 설명

가. 개인 보호

(1) 자유와 민주

① 경제적 자유

각국의 경제적 자유를 측정하기 위하여 1995년부터 월스트리트저널(The Wall Street Journal)과 헤리티지재단(The Heritage Foundation)이 매년 183개국을 대상으로 산출한 경제자유지수(Index of Economic Freedom)를 사용하였다. 본 지표상에서 '경제적 자유'라 함은 인간이 스스로 자신의 노동과 재산을 통제 및 사용할 수 있는 가장 근본적인 권리를 의미한다. 구체적으로는 경제적으로 자유로운 사회, 일·생산·소비에 자유로운 개인, 투자의 자율성, 국가에 의해 통제받지 않는 경제적 자유, 국가로부터 보호받는 경제적 자유, 노동·자본·재화의 자유로운 이동 등의 의미를 포함하고 있다. 즉, 경제자유지수의 하위 영역은 기업자유, 무역자유, 재정자유, 정부규모, 통화자유, 투자자유, 금융자유, 재산권, 부패로부터의 자유, 노동자유 등으로 세분될 수 있다. 본 지표는 산출방법에 있어 위에서 정의한 경제적 자유와 관련한 10개 세부 영역에 대하여 0~100점으로 측정한 값의 평균을 이용하였다. 이때 경제자유지수가 높을수록 해당 국가의 경제적 자유가 높은 것을 의미한다.[2)]

② 정치적 자유

한 국가의 정치적 자유를 측정하기 위한 지표로써 Freedom House가 1972년부터 매년 발표하는 Freedom Index 중 Freedom in the World 지수를 사용하였다. 본 지표는 7점 척도로 측정되었다. 1이면 완벽한 자유국가를 의미하고 7이면 비자유국가를 의미하는데, 여기에서 자유국가와 비자유국가에 관한 기본적인 정의는 다음과 같다. '자유국가'란 정치적 경쟁이 활발하게 이루어지고, 시민적 자유가 존중되며, 유의미한 독립적 시민활동과 독립적 언론활동이 보장되는 나라로 정의된다. 반면, '비자유국가'는 기본적인 정치적 권리나 시민권이

2) http://www.heritage.org/Issues/Economic-Freedom/Index-of-Economic-Freedom

존재하지 않는 나라를 의미한다. 또한 자유국가와 비자유국가 사이에 위치하고 있는 '부분적 자유국가'는 정치적 권리나 시민자유에 대한 제한이 존재하고, 부패나 법치의 부족으로 인해 인종적 · 종교적 갈등이 상존하며, 단일 정당이 지배하여 실질적인 다원주의가 이루어지지 않는 나라를 가리킨다고 볼 수 있다.[3)]

③ 언론의 자유

각국의 언론의 자유는 Freedom House가 발표하는 Freedom Index 중 Freedom of the Press 지수로 측정되었다. 본 지표는 민주성, 책임성, 좋은 정부, 경제발전 등을 간접적으로 보여준다는 의의가 있다. 이는 1980년부터 195개 국가의 언론독립성을 측정한 자료이다. 단, 2003년 이전 자료는 유료화되어 있어 본 연구의 분석에는 2004~2009년 자료만 포함하였다. 본 지표에서 언론이라 함은 출판, 방송, 인터넷 자유 등을 가리키는데, 이러한 언론과 관련된 법적 환경(0~30점), 언론발표에 영향을 주는 정치적 압력(0~40점), 경제적 요소(0~40점) 등을 측정 · 합산한 후 언론의 독립성, 자유 수준에 따라 국가를 순위화 · 등급화하여 산출한 지수이다. 이때 총점이 100점에 가까울수록 언론자유의 수준이 낮고, 0점에 가까울수록 언론자유 수준이 높은 것으로 해석할 수 있다. 언론자유 점수에 따라 국가를 등급화할 경우 "Free(0~30점)", "Partly Free(31~60점)", "Not Free(61~100점)"로 분류되기도 한다. 1994년 이후부터 계량점수와 등급을 같이 발표하였으며 이전 자료는 등급만 발표되었다.[4)] 따라서 본 연구의 분석에서는

---

3) http://www.freedomhouse.org/template.cfm?page=15
4) http://www.freedomhouse.org/template.cfm?page=16

Freedom of the Press 지수의 자료구득가능 최초연도인 2004년도 수치로써 1990~2003년 결측치를 일괄적으로 대체하는 방식으로 데이터셋(dataset)을 보완하였다.

(2) 안전과 보호

① 경제적 안전

본 지표는 World Bank에서 발표하는 WDI(World Development Index) 중 실업률 자료를 사용하였다.[5] 실업률은 실업의 정도를 나타내는 가장 보편적인 지표이다. 이는 실업률 상승은 국가의 GDP 산출량을 감소시킬 뿐 아니라 개인에게 심리적 · 정신적 고통을 야기하며 사회적으로 범죄 · 자살 등을 증가시키는 등의 부정적인 영향을 미치기 때문에 사회경제적 안정성을 측정하는 주요한 변수로 사용되어 왔다.

실업률=(실업자 / 경제활동인구)

본 실업률 지표는 위와 같은 산식으로 도출되었는데, 여기서 경제활동인구라 함은 취업을 하였거나, 취업은 하지 않았지만 일을 할 수 있는 능력이 있고, 일을 할 의사가 있어 활발한 구직활동을 하는 자를 가리킨다. 한편, 실업자란 이러한 경제활동인구 중 취업을 하지 않은 자를 의미한다. 따라서 주부, 군인, 환자 등과 같이 취업할 의사나 능력이 없는 경우 또는 구직활동을 포기한 실망노동자 역시 실업

5) http://data.worldbank.org/indicator

자에 포함되지 않는다.

② 사회적 보호

각국의 사회적 보호 수준을 가늠하기 위해 UN 마약 및 범죄국 (UNODC: United States Office of Drug and Crime)에서 발표한 인구 10만 명당 범죄 발생건수 자료를 사용하였다. UNODC는 정기적인 '유엔 범죄추세 및 사법정의 시스템 작동에 대한 조사'를 통해 UN 회원국들의 범죄 자료를 수집·배포하고 있다. 본 지표는 각종 범죄 유형 및 형량을 포괄적으로 측정하고 있는 것으로 평가되고 있다. 여기서 고려된 범죄 유형은 고의적 살인 또는 미수, 폭행, 강간, 절도, 사기, 횡령, 마약, 뇌물수수, 납치 등의 혐의를 모두 포함한다. 또한 형량의 경우 단순용의자에서부터 기소, 벌금, 교정, 보호감찰, 구류 등의 형을 받은 범죄자를 모두 포함하는 포괄적인 방식을 취했다.[6]

한 국가의 범죄율은 해당 사회 내에서 개인이 위험에 대한 불안을 느끼지 않고 신체적·정신적으로 안정적인 삶을 영위하는 정도를 보여주는 대표적인 지표이다. 더욱이 기본적인 치안 확립 수준은 각국의 법치·사법 체계가 탄탄한지 여부를 가늠할 수 있도록 해 준다는 점에서 국가 비교 분석의 의의를 더해준다고 볼 수 있다.

③ 사회보장

국가의 사회보장 수준은 GDP 대비 사회부문 정부지출 비중으로 측정될 수 있다. 단, 이 책에서는 구득성 문제로 부득이하게 사회보장 수준에 대한 국가비교분석에 OECD 제공 통계를 사용하여

---

6) http://www.unodc.org/unodc/en/data-and-analysis

OECD 30개 회원국만을 분석 대상으로 하고 있다. 다시 말해, 2010년에 회원국이 된 칠레와 OECD 비회원국들의 노령자의 사회지출 자료가 없으므로 칠레를 제외한 OECD 회원국 30국을 대상으로 통합사회 지수를 구성하였다.7)

본 지표가 측정한 정부의 사회지출은 일반적으로 사회를 유지하는데 기본적으로 요구되는 개인의 사회, 경제, 교육, 의료 등의 필요를 충족시키기 위하여 국가가 제공하는 서비스 비용을 가리킨다. 즉, 정부가 국가 재정 자원 중 사회보장에 할애하는 비중을 나타냄으로써 개인이 누릴 수 있는 사회보장의 수준을 대략적으로 보여준다는 의의를 가진다.

나. 공동체 건설

(1) 다양성과 관용

① 양성평등

본 지표는 세계경제포럼(WEF: World Economic Forum)에서 발표하는 성 격차 지수(Global Gender Gap)를 사용한 것이다. 본 지수는 2006년부터 매년 115개국을 대상으로 0~1의 척도로 측정되는데, 1점에 가까울수록 남녀평등 수준이 높고 0점에 가까울수록 남녀평등 수준이 낮음을 의미한다.8)

한 사회 내에서 성 격차는 그 사회의 통합 수준을 가늠하는 중요

7) http://stats.oecd.org/index.aspx
8) http://www.weforum.org/en/Communities/Women%20Leaders%20and%20Gender%20Parity

한 척도이다. 일반적으로 남녀 간의 조화와 상생은 개인적 인권 보호 차원을 넘어 공동체 형성에도 중요한 영향을 미치며, 나아가 인적자원의 효과적 활용을 가능케 한다는 점에서 매우 중요한 가치를 지니고 있는 지표이다.

② 장애인 배려

본 지표는 국가에서 제정한 장애인 관련 법률, 조례 등의 법 현황 자료를 사용하였다.[9] 국제노동기구(ILO: International Labor Organization)는 전 세계 국가를 대상으로 각국 장애인 관련 법률명, 제정연도 등의 현황을 해당 홈페이지에 게시하고 있는데, 이를 참고하여 연도별 현재 장애인 관련 법령의 개수를 산출하였다. 단, 1990년 이전에 제정된 법률은 1990년도에 누적도수로써 코딩하였다.

일반적으로 장애인 관련 법령들은 국가나 사회 속의 장애인들의 권리를 인정하고 그들의 보다 편안한 삶을 보장하기 위하여 법적·제도적 장치를 마련한 것이라 할 수 있다. 자칫 법적 보호의 대표적인 사각 지대로 여겨질 수 있는 장애인 배려 부문을 반영함으로써 공동체 내에서의 다양성과 관용의 가치를 새롭게 인식할 수 있도록 한다는 데서 의의를 찾을 수 있다.

③ 타인에 대한 관용

본 지표는 세계가치관조사(WVS: World Values Survey) 문항을 활용한 것이다. 여기에 사용된 설문문항은 자살, 이혼, 낙태, 안락사, 매

9) http://www.ilo.org/dyn/natlex/natlex_browse.subject?p_lang=en&p_classification=08.01

〈표 2-11〉 세계가치관조사 중 '타인에 대한 관용' 설문 내용

설문문항내용	설문문항번호
정부에 부당이익 요구 행위(claiming government benefits)	(V198)
대중교통 요금 납부 거부 행위(avoiding a fare on public transport)	(V199)
탈세 행위(cheating on taxes)	(V200)
뇌물수수자(someone accepting a bribe)	(V201)
동성애(homosexuality)	(V202)
매춘(prostitution)	(V203)/(F119)
낙태(abortion)	(V204)/(F120)
이혼(divorce)	(V205)/(F121)
안락사(euthanasia)	(V206)/(F122)
자살(suicide)	(V207)/(F123)

춘, 동성애 등의 사회 이슈에 대한 개인의 가치관을 묻고 있다. 각 세부 문항은 10점 척도로 조사되었으며 관용지수는 이를 평균한 값으로 산출되었다. 이때 관용지수가 높을수록 타인의 행위에 대한 관용수준이 높음을 의미한다.[10)]

다만, 한 가지 유의할 것은 본 지표는 연도별·국가별 자료구득상태가 매우 고르지 못하다는 점이다. 본 지표는 서베이(composite index) 통계에 해당하므로 계단 함수(step function)로 처리하여 결측치(missing data)를 채워 넣었다. 아래 내용은 실제 조사에 사용된 문항인데, V198~V207(2005년 이전에는 F118~F123) 설문문항이 이에 해당된다.

※ "다음 각 항목에 대해 귀하는 그것이 항상 정당화될 수 있다고 생각하시는지, 절대 정당화될 수 없다고 생각하시는지, 아니면 그 중간인지에 대해 카드에 기재된 척도를 보고 말씀해주십시오." (Please tell me for each of the following statements whether you think it

10) http://www.worldvaluessurvey.org/

can always be justified, never be justified, or something in between, using this card.)

④ **외국인 비율**

본 지표는 세계은행(World Bank)에서 발표하는 세계개발지수(WDI: World Development Indicator) 중에서 5년 주기로 업데이트되는 '총 인구 대비 외국인 비율'을 사용하였다. WDI 지수는 800개 이상의 세부지수로 구성되어 있으며 1960년부터 현재까지 209개 국가의 시계열 자료를 제공하고 있다. 이 중 외국인 비율은 5년마다 측정된다.[11) 외국인 비율이 높을수록 한 사회 내에서의 다양성에 대해 개방적인 태도가 배양될 수 있고 나아가 공동체 형성 과정에서 갈등과 마찰을 미연에 예방하는 사회적 환경을 촉진시킬 수 있다는 의의가 있다.

(2) 신뢰와 참여

① **일반인에 대한 신뢰**

본 지표는 세계가치관조사(WVS: World Values Survey) 중 일반인에 대한 신뢰 정도를 묻는 문항을 활용하였다. 즉, "대부분의 사람들을 신뢰할 수 있다"라고 응답한 비율을 가리키는데, 신뢰지수가 높을수록 일반인에 대한 신뢰가 높다고 볼 수 있다.[12)]

다만 본 지표는 다른 세계가치관조사 자료들과 마찬가지로 연도별, 국가별 자료구득상태가 매우 고르지 못하다는 한계를 지닌다. 본 지

11) http://data.worldbank.org/indicator

12) http://www.worldvaluessurvey.org/

〈표 2-12〉 세계가치관조사 중 '일반인에 대한 신뢰' 설문 내용

Possible answers:
1. Most people can be trusted
2. Can't be too careful

표는 서베이(composite index) 통계에 해당하므로 계단 함수(step function)로 처리하여 결측치(missing data)를 채워 넣었다. 다음은 실제 조사에 사용된 문항인데 A165 설문문항이 이에 해당된다.

※ A165. "일반적으로 말해서 대부분의 사람들은 신뢰할 수 있다고 보십니까, 아니면 사람들을 대할 때 매우 조심해야 한다고 보십니까?" (Generally speaking, would you say that most people can be trusted or that you need to be very careful in dealing with people?)

② 기관에 대한 신뢰

본 지표는 세계가치관조사(WVS: World Value Survey) 중 기관에 대한 신뢰 정도를 묻는 문항을 활용한 것이다. 교회, 군대, 교육시스템, 신문, 노조, 경찰, 의회, 공무원, TV, 정부, 정당, 대기업, 환경운동, 여성운동, 사법체계 등에 대해 "매우 신뢰" 혹은 "신뢰하는 편"이라고 응답한 비율의 평균값으로써 각국의 기관신뢰 정도를 측정하였다. 이 때, 기관신뢰 지수가 높을수록 기관 신뢰 정도가 높다.[13)]

본 지표 역시 세계가치관조사 자료로, 연도별, 국가별 자료구득상태가 매우 고르지 못하다는 점에 유의해야 한다. 본 지표는 서베이(composite index) 통계에 해당하므로 계단 함수(step function)로 처리하

13) http://www.worldvaluessurvey.org/

〈표 2-13〉 세계가치관조사 중 '기관에 대한 신뢰' 설문 내용

설문문항내용	설문문항번호
교회(Churches)	(V131)
교육체계(Education System)	(V132)
언론(The Press)	(V146X)
노동조합(Labour Unions)	(V133)
경찰(The Police)	(V135)
의회(Parliament)	(V136)
공무원(The Civil Services)	(V140)
TV(Television)	(V141)
정부(The Government)	(V134)
정당(The Political Parties)	(V138)
대기업(Major Companies)	(V139)
환경운동(The Environmental Protection Movement)	(V142)
여성운동(The Women's Movement)	(V143)
사법체계(Justice System)	(V144)

여 결측치(missing data)를 채워 넣었다. 다음은 실제 조사에 사용된 문항이며, V198~V207(2005년 이전에는 F118~F123) 설문문항이 이에 해당된다.

※ "지금부터 여러 개의 조직들에 대한 귀하의 생각에 관하여 질문하겠습니다. 각각에 대해 얼마나 신뢰를 가지고 있는지 말씀해주십시오. 매우 신뢰하십니까, 신뢰하는 편입니까, 신뢰하지 않는 편입니까, 혹은 전혀 신뢰하지 않습니까?" (I am going to name a number of organisations. For each one, could you tell me how much confidence you have in them: is it a great deal of confidence, quite a lot of confidence, not very much confidence or none at all?)

③ 사회단체 참여정도

본 지표는 세계가치관조사(WVS: World Value Survey) 중 시민들의 사회단체 참여 정도를 묻는 문항을 활용하였다. 구체적으로는 노동조합, 정당, 환경단체, 전문가연합, 자선단체 등에 대해 적극적 혹은 소극적 회원이라고 응답한 사람의 비율이다. 단체참여 지수가 높을수록 사회단체 참여 수준이 높은 것으로 해석가능하다.[14)]

한 가지 밝혀둘 것은, 본 지표의 연도별·국가별 자료구득상태가 매우 고르지 못하다는 점이다. 본 지표는 서베이(composite index) 통계

〈표 2-14〉 세계가치관조사 중 '사회단체 참여정도' 설문 내용

설문문항내용	설문 문항 번호
노인복지조직(social welfare service for elderly)	A064
종교조직(religious organization)	A065
교육·미술·음악활동조직(education, arts, music or cultural activities)	A066
노동조합(labour unions)	A067
정당(political parties)	A068
지역정치활동조직(local political actions)	A069
인권운동조직(human rights)	A070
환경운동조직(conservation, the environment, ecology, animal rights)	A071
전문협회(professional associations)	A072
청소년조직(youth work)	A073
스포츠·여가조직(sports or recreation)	A074
여성 조직(women's group)	A075
평화운동조직(peace movement)	A076
건강관련조직(organization concerned with health)	A077
소비자조직(consumer groups)	A078
기타(other groups)	A079

14) http://www.worldvaluessurvey.org/

에 해당하므로 계단 함수(step function)로 처리하여 결측치(missing data)를 채워 넣었다. 다음은 실제 조사에 사용된 문항이며, V198~V207 (2005년 이전에는 F118~F123) 설문문항이 이에 해당된다.

※ "지금부터 다음과 같은 자발적 조직들에 대한 귀하의 참여 여부에 대해 질문하겠습니다. 각각에 대해 귀하가 적극적 회원인지, 소극적 회원인지 혹은 회원이 아닌지를 말씀해주십시오." (Please look carefully at the following list of voluntary organizations and activities and say...which, if any, do you belong to?)

다. 국제사회 기여

(1) 국제사회 참여

① 국제정부기구 참여

본 지표는 Correlates of War(COW)에서 발표한 각국의 국제정부기구(IGO: Inter-Governmental Organization) 가입현황 자료를 사용하였다. 즉, 해당 국가가 몇 개의 국제정부기구에 가입되어 있는지를 비교한 것이다. 이때 가입하여 활동하고 있는 국제정부기구 수가 많을수록 국제사회에 대한 참여수준이 높음을 의미한다.[15)]

국제사회 참여도는 세계화 시대에 걸맞는 국제적 위상을 확보하는지 여부와 밀접한 관련을 맺고 있다고 볼 수 있다. 이와 동시에 성숙한 세계시민으로서 국제사회에서 이행해야 할 책무를 수행하고 있는지를 보여주기도 한다. 세계화될수록 각국의 긴밀한 협력과 조화가

15) http://www.correlatesofwar.org/

정치 · 경제 · 사회 · 문화적 측면에서 더욱더 강조되고 있다는 점에서 국제정부기구 참여 지표는 국가 간 비교에 유용한 함의를 던져준다고 할 수 있다.

(2) 국제협력

① **공적개발원조**

본 지표는 GNI 대비 공적개발원조(ODA: Official Development Assistance) 공여 비율 자료를 사용하였다. 즉, 해당 국가(공여국)가 다른 개발도상국(수여국)에 무상 · 유상 원조를 하는 공여수준이 GNI(국민총소득) 대비 어느 정도의 비중을 차지하는지 살펴본 것이다.16)

공적개발원조는 중앙 및 지방정부를 포함한 공공기관이 개발도상국 또는 국제기구에 공여하는 증여(grant) 및 양허적 성격으로 제공하는 차관(con- cessional loan)을 의미하는데, 개발도상국(또는 개발도상국에 대한 원조에 관여하는 국제기구)의 경제발전과 복지증진을 주목적으로 한다. 이러한 원조공여는 개발원조위원회 회원국들을 중심으로 이루어지고 있다. 개발원조위원회(DAC: Development Assistance Committee)란 OECD 24개 전문분야별 위원회 중의 하나이며, 개발도상국에 대한 원조의 확대 및 효율성 제고 등 개발도상국 개발을 위한 각종 재원의 흐름을 파악하고 회원국 간 원조정책에 대한 협의 및 조정을 담당하고 있다. 또한, 공적개발원조의 규모 · 질 · 내용에 대한 모니터, 원조효율 개선, 양자 간 원조프로그램의 질 제고, 원조효율 제고를 위한 공론의 장 제공, 상호평가, 개발정책 일관성 지원 등의 활동을 하고 있다.

---

16) http://stats.oecd.org/Index.aspx?DatasetCode=ODA_DONOR

2010년 기준 현재 개발원조위원회 회원국은 프랑스, 오스트리아, 독일, 스웨덴, 벨기에, 호주, 캐나다, 스위스, 이탈리아, 뉴질랜드, 일본, 핀란드, 네덜란드, 아일랜드, 영국, 스페인, 미국, 포르투갈, 룩셈부르크, 노르웨이, 그리스, 덴마크, 한국 등이다. OECD 회원국 중 미가입 국가는 체코공화국, 헝가리, 아이슬란드, 칠레, 슬로바키아 공화국, 멕시코, 폴란드, 터키 등이 해당된다.

해당 국가의 GNI 대비 공적개발원조의 비중이 높을수록 해당 국가가 국제사회의 선진시민으로서 국제사회에 기여하는 바가 크다고 볼 수 있다. 이때 순 수여국의 경우 해당 값은 0으로 처리된다.

② 평화유지활동

본 지표는 각국이 UN 평화유지활동(PKO: Peace Keeping Operation)에 파견한 경찰, 군대, 행정직원 등 인력의 수로써 산정한다.[17] 각국은 내전, 국가 간 전쟁 등 마찰을 겪고 있는 지역에 평화유지군(Peace Keeping Force)을 파견하여 전후 치안유지 및 재건활동 등에 도움을 주고 있다. 특히 적대국 간의 휴전 상태를 국제적 감시에 의해 유지하려는 목적으로 평화유지활동에 참여하는 경우가 많다. 평화유지활동에 참여하는 구체적인 방법으로는 인적 기여와 물적 기여, 크게 두 가지가 있다. 인적 기여는 일정기간 동안 분쟁지역에 직접 인력을 파견하여 실질적인 활동을 하는 것이고, 물적 기여는 평화유지활동에 소요되는 제반 비용을 화폐 또는 물품의 형태로 제공하는 것을 의미한다. 본 연구의 분석에서는 매년 12월을 기준으로 하여 평화유지활동 자료를 코딩하였다.

---

17) http://www.un.org/en/peacekeeping/

6. 통합사회의 국가 간 비교

가. 영역별 분석

개별국가 또는 국가군에 따라 통합사회 수준 및 발전 정도를 비교하기 전에 전 세계적 추세를 파악하였다. 각 영역별 지표를 표준화한 후 평균과 변동계수를 통해 시계열적 변화를 분석하였다. 1990년대, 2000년대, 전 기간으로 구분하여 시기별로 전체적 통합사회 지수, 개인 보호, 공동체 건설, 국제사회 기여, 1인당 GDP 각각에 대해 전체 평균과 그 변화율 추이를 전반적으로 살펴본 결과 〈표 2-15〉, 〈그림 2-1〉과 같이 나타난다.

단, 대분류 '개인 보호'에 포함된 지표 중 각국 GDP 대비 사회보장 관련 정부 지출 액수로 측정된 '사회보장'의 경우 앞서 제2장에서 밝힌 바와 같이 자료출처가 OECD 통계이다 보니 자료구득가능 국가 수가 OECD 회원국 30개국(2010년 1월 기준 OECD 31개 회원국 중 칠레 제외, OECD 비회원국인 8개 국가 제외)으로 한정된다. 이를 반영하여 '통합사회'와 '개인 보호' 영역을 자료 가용 여부에 따라 두 차례씩 분석하였다. 즉 사회보장 지표가 누락된 국가들을 제외한 나머지 국가들을 대상으로 분석한 것은 '통합사회', '개인 보호'라고 명칭 하였으며, 사회보장 지표를 제외하고 자료구득 가능한 국가들을 대상으로 분석한 것은 '통합사회2', '개인 보호2'라고 하였다. 이에 따라 '사회보장' 지표를 포함했을 때의 '통합사회' 지수가 포함하는 비교대상 국가의 수는 29개국, '사회보장' 지표를 제외한 '통합사회2' 지수의 측정 국가 수는 36개국으로 상당한 차이를 보이게 된다.[18] '사회보장' 외의 다른 통합사회 지표들이 모두 37~39개국의 데이터를 포함하고 있는 것과 많은 차이를 보이고 있는 것이다.

'사회보장' 지표의 많은 결측치에서 비롯된 문제는 단순히 비교대상국가의 수에만 영향을 미치는 것이 아니라 전 세계 국가 순위 등 본 연구의 분석 결과와 그 해석에 영향을 주는 것으로 보인다. 즉, '통합사회' 지수에서 '사회보장'을 포함하거나 제외하는 것은 다음과 같은 장단점을 지닌다. 먼저, '사회보장' 지표를 포함시키게 되면 '통합사회' 지수는 제외시킨 경우보다 각국의 사회통합 상태의 일면을 더 고려할 수 있게 되어 종합적인 측정지표로서의 의의를 높일 수 있게 된다. 한편, '사회보장' 지표를 제외시킨다면 '통합사회' 지수는 각국의 사회통합 현황을 파악할 수 있게 하는 한 측면을 잃게 되지만, 국가 수에서는 훨씬 더 많은 사례 수를 포함시키게 됨으로써 전 세계 국가들 가운데 한국의 '통합사회' 위상을 정확히 가늠해 보고자 하는 본 절의 작업 목표에 보다 적합하게 될 것이다.

장점 혹은 단점이라 단정 지을 수는 없지만 자료 해석상 한 가지 더 유의할 점은 '사회보장' 자료가 구득된 30개국은 전술한 바와 같이 경제 선진국들의 모임으로 알려져 있는 OECD 회원국이라는 데 있다. 다시 말해서 '사회보장' 자료를 포함할 경우에는 소위 선진국들 간의 비교가 가능하고, 제외할 경우에는 남미, 아시아, 중동, 아프리카 등의 후발산업국가들의 사회통합 수준까지 포함한 분석이 가능하

18) 특정 변수에 대한 통계가 존재하지 않거나 전체 시기에 대해 특정 국가에 대한 통계가 없는 경우는 해당 지수 및 연관된 지수를 만들거나 순위를 정할 때 동 수치들을 제외하고 계산하였다. 그러므로 세부지표 관련 데이터 값을 구하지 못하는 경우 이들 국가는 분석 자체에서 제외되었다. 따라서 '통합사회' 지수에서는 non-OECD회원국과 브라질이 제외되어 29개국을 대상으로 분석하였고 '통합사회2' 지수에서는 브라질, 멕시코, 사우디아라비아가 제외되어 분석대상이 36개국이 되었다.

게 되는 것이다.

요컨대 '사회보장' 지표의 포함 여부는 위와 같은 장단점과 유의점을 동시에 결정하기 때문에 매우 중요한 판단이 요구된다. 따라서 이하의 분석에서는 이러한 점을 고려하여 '개인 보호' 지수의 평균값과 변화율 그리고 순위를 나타내는 데 '사회보장' 지표를 포함한 것과 제외한 것을 모두 표시하고 이에 대해 종합적으로 해석하였다.

한편, 통합사회 지수의 연도별 평균을 전 세계 국가 및 지표산정 대상 39개국의 1인당 실질국민소득 평균의 시계열 추이와 비교했다. 1인당 GDP(global GDP per capita)는 Maddison(2010)의 자료를 이용하였는데, 1990년부터 2008년 기간 동안 전 세계 각국의 1인당 실질 GDP 자료를 본 연구에서의 자료변환 방법인 LSM으로 변환한 후 표준화 변수의 연도별 평균을 구하였다.

〈표 2-15〉와 〈그림 2-1〉을 보면 첫째, 통합사회 발전 속도가 경제 성장 발전 속도에 여전히 미치지 못하지만 2000년대 들어 경제성장 발전 속도의 둔화에 비해 통합사회 발전 속도는 상당히 빨라졌

〈표 2-15〉 전체평균 및 변화율 추이

	평균값			연평균변화율(%)		
	1990	2000	2008	90-00	00-08	90-08
통합사회 (통합사회2)	0.44 (0.44)	0.46 (0.46)	0.50 (0.50)	0.45 (0.39)	0.93 (0.93)	0.66 (0.63)
개인 보호 (개인 보호2)	0.72 (0.76)	0.73 (0.76)	0.76 (0.78)	0.18 (-0.01)	0.43 (0.28)	0.29 (0.12)
공동체 건설	0.30	0.32	0.35	0.58	1.25	0.88
국제사회 기여	0.26	0.29	0.35	1.25	2.21	1.68
1인당 GDP(지수)	0.22	0.27	0.32	2.16	2.11	2.13
1인당 GDP($)	18,574	22,755	26,706	2.05	2.02	2.04

주: 괄호 안은 사회보장 지표를 제외한 지수.

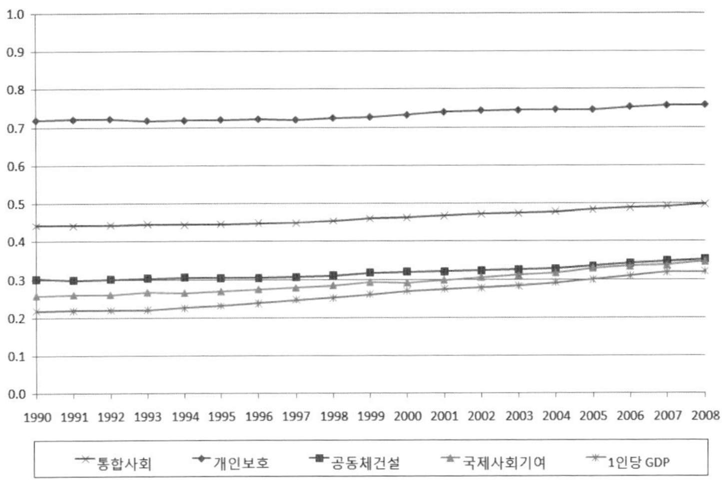

〈그림 2-1〉 글로벌 평균의 추이

다고 볼 수 있다. 1990년 대비 2008년에 1인당 GDP 지수는 0.22에서 0.32로 약 46% 증가한 반면(연평균 변화율 2.13%), 통합사회 지수는 0.44에서 0.50으로 약 13% 증가(연평균 변화율 0.66%)에 그치고 있다. 1990년대와 2000년대의 연평균 변화율을 통해 발전 속도를 비교해 보면 1인당 GDP는 2.16%에서 2.11%로 증가속도의 둔화를 보이지만 통합사회 지수의 경우 0.45%에서 0.93%로 2000년대에 더 많은 발전노력이 나타나고 있는 것으로 볼 수 있다.

둘째, 통합사회 지수 3개 영역의 평균값을 비교하면 '개인 보호>공동체 건설>국제사회 기여'의 순서, 상대적 증가속도를 비교하면 '국제사회 기여>공동체 건설>개인 보호' 순서로 나타난다. 1990년, 2000년에는 '개인 보호>공동체 건설>국제사회 기여', 2008년에는 '개인 보호>공동체 건설=국제사회 기여'의 순서로 평균값 크기가 비교된다. 1990~2008년 사이의 연평균 변화율의 경우 '국제사회 기여'는 1.68%, '공동체 건설'은 0.88%, '개인 보호'는 0.29%를 보이고 있다. 또한 1990년대에 비해 2000년대에 '국제사회 기여'는 0.96%p, '공동체 건설'은 0.67%p, '개인 보호' 영역의 연평균 변화율은 0.25%p의 증가를 보인다. 이는 통합사회 구성요소로서 개인-사회의 관계에 대한 관심의 역사적 발전을 경험적으로 검증한 것이라고 할 수 있다. 이미 '개인 보호'에 대한 전 세계적 공감대가 충분히 형성되어 그만큼 보편적인 가치가 되었기에 지수의 평균값은 가장 높지만 최근의 발전 속도는 둔화된 것이다. 반면 '국제사회 기여'에 대한 전 세계적 공감대는 세계화와 더불어 최근에 확산되고 있기 때문에 평균값이 가장 낮지만 그 발전 속도가 가장 빠르게 나타나는 것이다. 통합사회 구축을 위한 노력이 국내적 차원의 화합을 넘어 한 국가가 글로벌 시민으로서 역할해야 한다는 인식으로 빠르게 확산되고 있는 것으로 보인다. 또한 한 시대의 지배적 관점이 개인주의적 차원에서 공동체주의 그리고 세계사회로 넓어지고 있는 것으로도 해석 가능하다.

나. 변동계수 및 분포 분석

통합사회 발전의 국가 간 격차가 시간에 따라 어떻게 변화하였는지 살펴보기 위해서 각 연도별로 국가별 지수의 표준편차를 평균으로 나눈 변동계수(coefficient of variation)를 계산하고 동시에 그 분포를 구하였다. 변동계수는 어떤 변수가 평균을 중심으로 얼마나 흩어져 분포하고 있느냐를 보여준다는 점에서 분산 및 표준편차처럼 표본의 산포도를 나타내는 통계량이다. 그러나 분산과 표준편차는 자료의 산포도의 절대크기를 나타내는 반면, 변동계수는 표준편차를 평균으로 나누어 구하기 때문에 변수의 산포도를 평균에 대비해 측정단위에 영향을 받지 않고(unit free) 보여주는 상대적인 개념이다. 시간이 지날수록 변동계수 값이 감소하는 경우 그것은 해당 지수에서 국가 간의 격차가 점차 줄어든다고 해석된다. 변동계수 추이분석을 통해서 〈그림 2-2〉가 도출되었고 다음과 같은 사실을 확인하였다.

첫째, 국가 간 경제적 격차에 비해서 통합사회 수준(개인 보호, 공동체 건설, 국제사회 기여 등 영역별 수준 포함)의 격차는 상대적으로 낮은 것으로 판단된다. 이렇게 각 지수의 변동계수 값 간의 비교 및 해석이 가능한 이유는 변동계수의 특성상 측정 단위의 영향을 받지 않기 때문이다. 1990년에서 2008년 사이에 1인당 GDP의 변동계수는 0.53~0.57의 값을 지니는 반면 통합사회 지수의 변동계수는 0.12~0.17의 값으로 나타난다.

둘째, 사실상 이 분석에서 가장 두드러지는 특징은 다른 지수에 비해 국제사회 기여 영역의 국가 간 격차가 매우 감소하고 있다는 사실

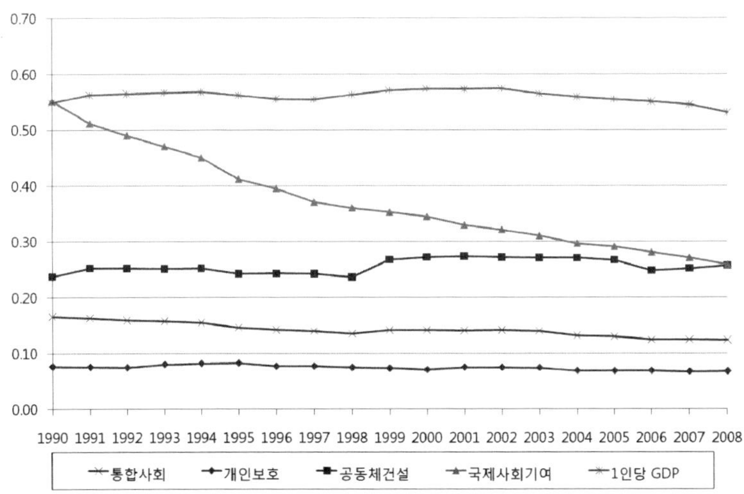

〈그림 2-2〉 변동계수 추이

이다. 1990년에 비해 2008년에 국제사회 기여 영역의 변동계수는 0.55에서 0.26으로 감소하였는데 이는 다른 지수(개인 보호, 공동체 건설, 1인당 GDP)의 변동계수가 0.03에서 0.01로의 변화를 보인 것에 비해 상당한 변화라고 할 수 있다. 특히 경제적 성장에서의 국가 간 격차는 그 자체로 정도가 클 뿐만 아니라 격차의 감소 양상이 2004년 이후부터 매우 서서히 진행되고 있는 반면 국제사회 기여 영역에서의 국가 간 격차 감소는 1990년대 중반부터 눈에 띄게 나타나고 있다. 이로써 국가 간 경제적 격차가 거의 줄어들지 않고 있는 답보 상태에서도 국제사회 기여에 대한 인식과 필요성은 점차 공감대를 이루고 있는 것으로 보인다.

1990년과 2008년의 각 영역별 히스토그램을 비교한 〈그림 2-3〉부터 〈그림 2-9〉를 보아도 이러한 증거를 찾을 수 있다. 1인당 GDP의 분포를 보면 평균값도 높아지고 분포도 넓어졌다. 전 세계적으로 경제적 성장과 함께 양극화가 심해지고 있다는 것이다. 반면 '통합사회' 지수는 국가 간 격차가 줄어들면서 중앙값이 높아졌다. 특히 '국제사회 기여' 영역의 경우 가장 괄목할 만한 변화를 보이는데 1990년에 비해서 2008년에 중앙값도 증가하고 국가 간 분포도가 중앙값을 중심으로 몰려 있는 것으로 보아 통합사회 중에서도 국제사회 기여 영역에 대한 관심, 노력, 사회적 합의가 증대 및 확산되고 있음을 알 수 있다.

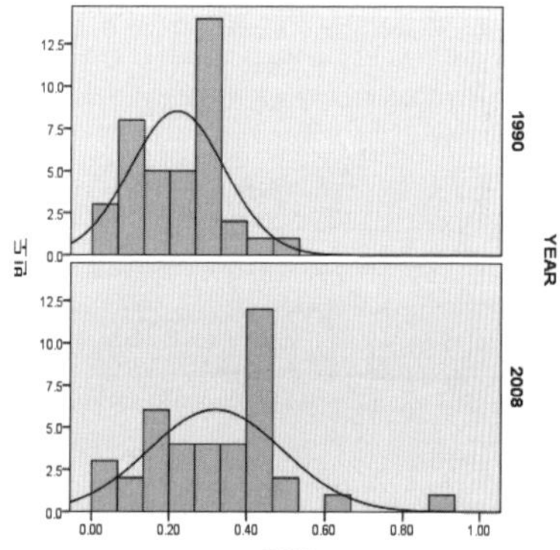

〈그림 2-3〉 1인당 GDP의 분포

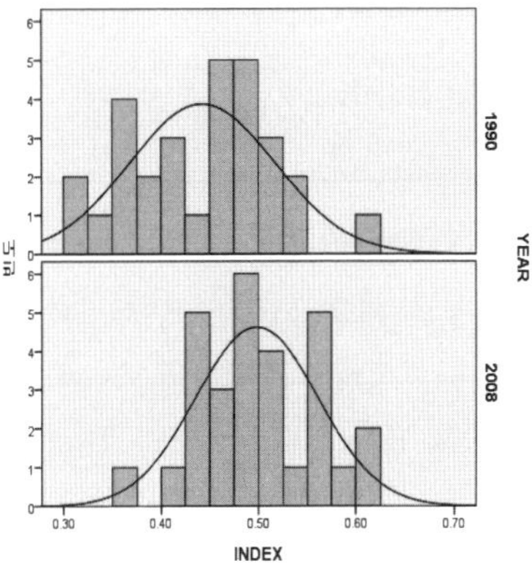

〈그림 2-4〉 통합사회 지수의 분포

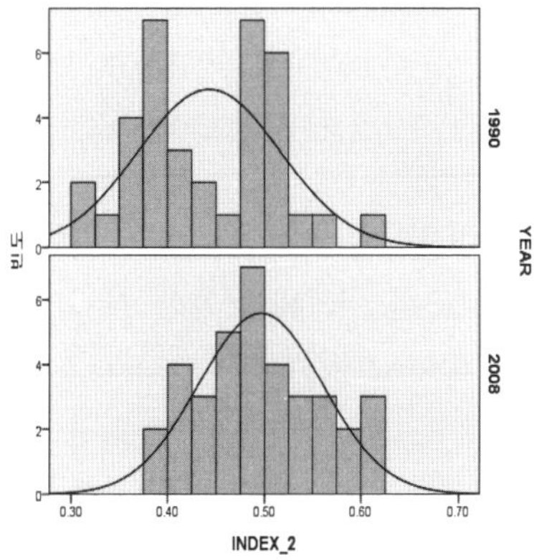

〈그림 2-5〉 통합사회2 지수의 분포

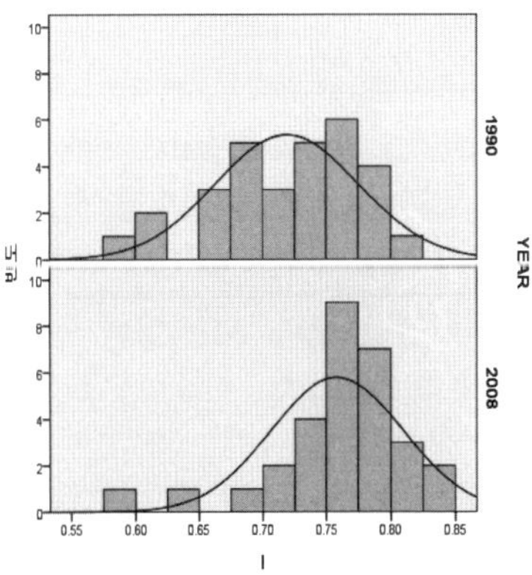

〈그림 2-6〉 개인 보호 지수의 분포

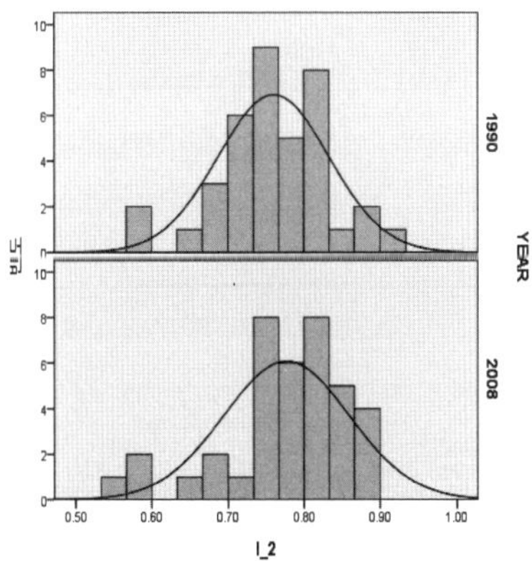

〈그림 2-7〉 개인 보호2 지수의 분포

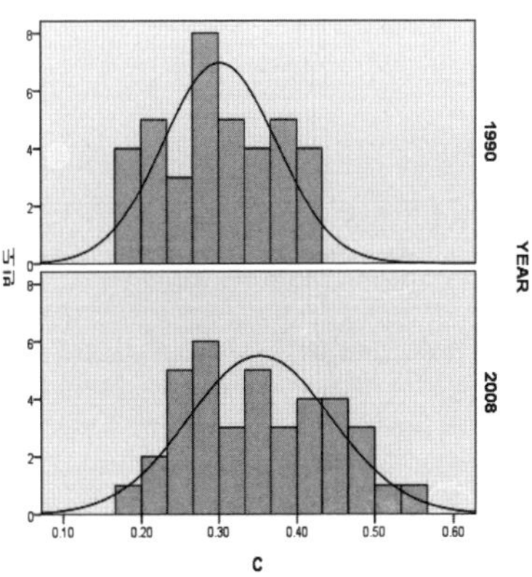

〈그림 2-8〉 공동체 건설 지수의 분포

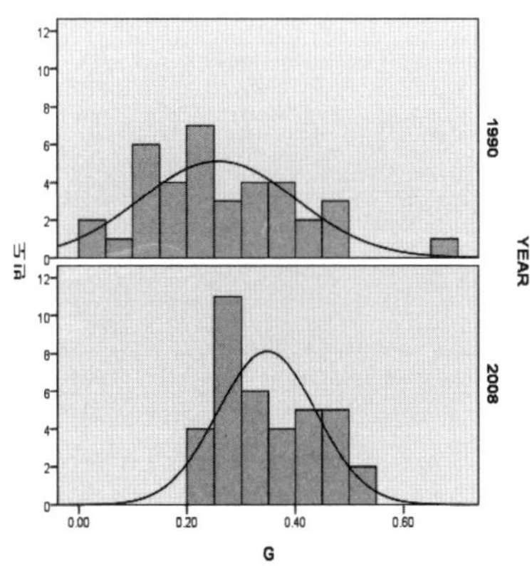

〈그림 2-9〉 국제사회 기여 지수의 분포

다. OECD와 non-OECD 비교

OECD 회원국인 31개 국가와 비회원국인 8개 국가로 국가군을 구분하여 분석해 보았다. 두 비교군 간의 평균 비교, 시계열 변화, 국가군 간의 격차를 비교하는 것에 중점을 두었다. OECD 비회원국의 경우 사회보장 지표 데이터가 미비하여 '통합사회', '개인 보호' 분석은 생략되고 '통합사회2', '개인 보호2'로 대신하였다.

첫째, 전체적으로 OECD 회원국이 경제 및 통합사회 발전에서 우수한 것으로 나타났다. 〈표 2-16〉부터 〈표 2-17〉, 〈그림 2-10〉부터 〈그림 2-14〉를 보면 OECD 회원국이 전 시기에 걸쳐 더 높은 평균값을 지닌다.

둘째, 경제적 발전 속도는 OECD 회원국이 더 빠르지만 통합사회 발전 속도는 OECD 비회원국이 더 빠른 것으로 나타났다. 〈표 2-16〉을 보면 OECD 회원국의 GDP 지수는 1990년 대비 2008년에 약

〈표 2-16〉 OECD와 non-OECD의 지수별 성장속도

		OECD	non-OECD
GDP 지수	1990년	0.255	0.079
	2008년	0.373	0.113
	변화율(%)	46.275	43.038
통합사회 지수	1990년	-	-
	2008년	-	-
	변화율(%)	-	-
통합사회2 지수	1990년	0.459	0.364
	2008년	0.511	0.422
	변화율(%)	11.329	15.934

주: OECD와 non-OECD로 구분하였기 때문에 OECD로부터 구득한 '사회보장' 지표를 포함한 '통합사회' 지수에서는 두 국가군 간의 비교분석이 불가능함.

46% 증가한 것으로 나오지만 OECD 비회원국은 약 43% 증가한 것으로 나타난다. 그리고 '통합사회2' 지수의 발전 속도는 OECD 비회원국이 1990년 대비 2008년에 약 16% 증가하였으나 OECD 회원국은 11% 증가에 그친 것으로 도출되었다.

셋째, OECD 회원국과 비회원국 사이에 경제적 격차는 점차 증가하는 반면 통합사회 발전 수준 격차는 소폭 감소하는 것으로 나타났다. 1990년과 2008년에 두 국가군 간의 경제적 격차와 통합사회 수준 격차를 비교한 결과는 〈표 2-17〉과 같이 나타난다. 두 국가군 간의 GDP 지수 격차는 19년 동안 1.48배 증가(0.1758 → 0.2596)하였으

〈표 2-17〉 OECD와 non-OECD의 지수별 격차 변화

	OECD와 non-OECD의		
	GDP 지수 격차	통합사회 지수 격차	통합사회2 지수 격차
1990년	0.1758	-	0.0954
2008년	0.2596	-	0.0887
격차 증가(배)	1.48	-	0.93
변화율(%)	47.68	-	-7.06

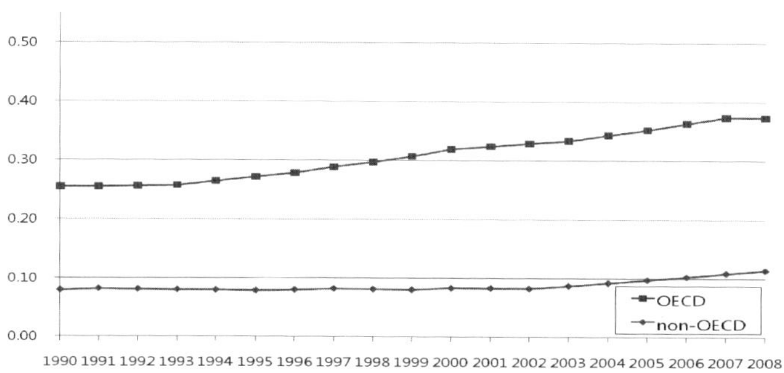

〈그림 2-10〉 1인당 GDP 지수의 OECD와 non-OECD 평균 비교

나 '통합사회2' 지수 격차는 0.93배(0.0954→0.0887)로 약간 줄어들었다. 이는 〈그림 2-10〉과 〈그림 2-11〉을 통해서도 알 수 있다.

넷째, 대분류 영역별로 전 기간 동안 국가 간 격차의 변화를 보았다. 사회보장 지표를 제외한 '개인 보호2' 지수는 전반적으로 격차가 크고 '공동체 건설' 지수는 전 기간 동안 격차가 상대적으로 작으며 '국제사회 기여' 지수는 최근 들어 국가 간 격차가 줄어들고 있음이 확인된다.

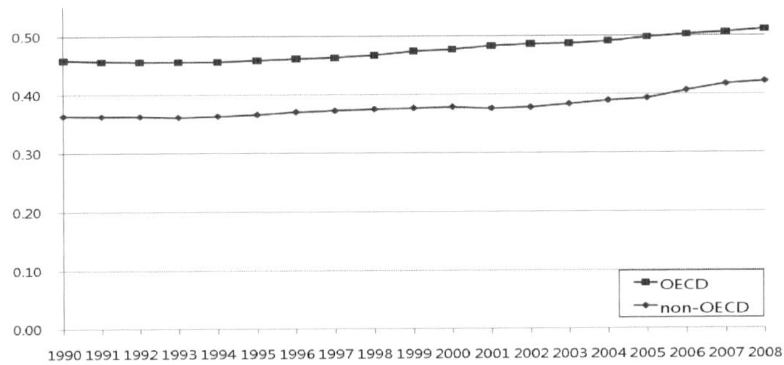

〈그림 2-11〉 통합사회2 지수의 OECD와 non-OECD 평균 비교

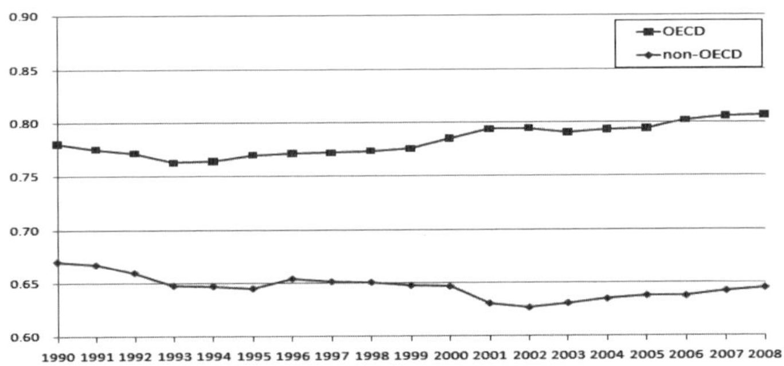

〈그림 2-12〉 개인 보호2 지수의 OECD와 non-OECD 평균 비교

특히 가장 눈에 띄는 것은 '국제사회 기여' 지수의 변화이다. 〈그림 2-14〉를 보면 '국제사회 기여' 지수의 격차가 상당히 줄어들고 있으며 OECD 회원국보다는 비회원국의 국제사회 기여 수준이 매우 빠르게 높아지고 있다. '국제사회 기여' 지수가 OECD 회원국의 경우 1990년에 비해 2008년에 1.27배(0.284 → 0.362) 증가한 반면 비회원국의 경우 1.97배(0.145 → 0.286) 증가한 것으로 나타난다. 1990년에서 2008년간 연평균 변화율 역시 OECD 회원국은 0.43%이지만

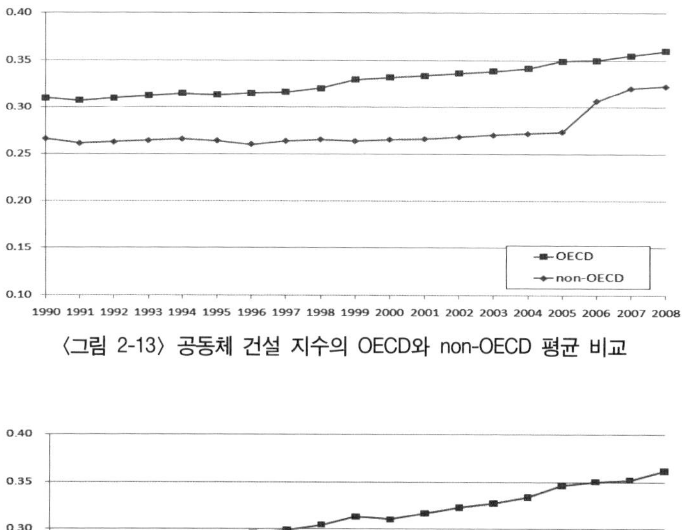

〈그림 2-13〉 공동체 건설 지수의 OECD와 non-OECD 평균 비교

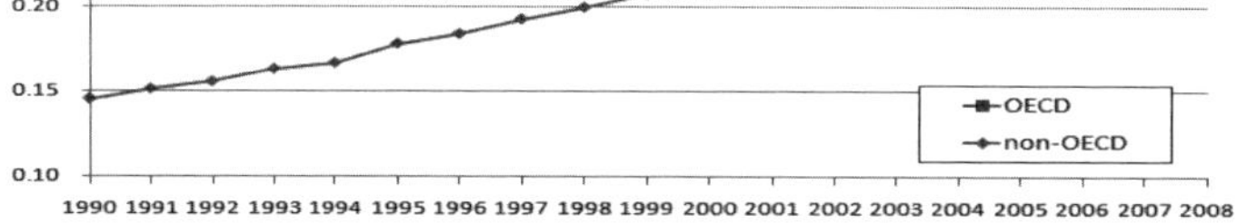

〈그림 2-14〉 국제사회 기여 지수의 OECD와 non-OECD 평균 비교

비회원국은 0.78%를 보인다. 이는 OECD 비회원국들이 세계사회에 통합되고자 국제정부기구 참여, 평화유지활동 등의 국제협력에 관심과 노력을 보이는 것으로 해석된다. 이러한 추격국가들의 노력은 세계화의 확산에 따라 더욱 제고될 것으로 보인다.

7. 한국의 통합사회 변화 분석

한 국가가 어떠한 분야에서 차지하고 있는 위상을 파악할 수 있는 방법은 다각적인 측면에서 이루어질 수 있다. 본 절에서는 통합사회 지수값 자체의 현재 및 과거 수준 그리고 변화율을 비교하는 한편, 이를 국민소득 변화 추세와도 연관시켜 그 의미를 해석한다. 나아가 각 지수별 한국의 순위 변화 추이를 시계열적으로 분석해 볼 것이다.

단, 대분류 '개인 보호'에 포함된 지표 중 각국 GDP 대비 사회보장 관련 정부 지출 액수로 측정된 '사회보장'의 경우 앞서 밝힌 바와 같이 자료출처가 OECD 통계이다 보니 자료구득가능 국가 수가 OECD 회원국 30개국(2010년 1월 기준 OECD 31개 회원국 중 칠레 제외, OECD 비회원국인 8개 국가 제외)으로 한정된다. 그에 따라 사회보장 지표가 누락된 국가들을 제외한 나머지 국가들을 대상으로 분석한 것은 '통합사회', '개인 보호'라고 명칭 하였으며, 아예 사회보장 지표를 제외하고 자료구득 가능한 국가들을 대상으로 분석한 것은 '통합사회2', '개인 보호2'라고 하였다. '사회보장' 지표를 포함했을 때의 '통합사회' 지수가 포함하는 비교대상국가의 수는 29개국, '사회보장' 지표를 제외한 '통합사회2' 지수의 측정 국가 수는 36개국으로 상당한 차이를 보이게 된다.

가. 한국 통합사회 지수 평균 및 변화율 분석

먼저, 한국의 통합사회 수준을 지수값 그 자체와 변화율을 중심으

〈표 2-18〉 한국의 통합사회 지수 연평균 변화율(1990~2008)

		평균값		연평균변화율(%)	
		전체	한국	전체	한국
통합사회	1990년대	0.45	0.37	0.45	0.39
	2000년대	0.48	0.39	0.93	1.06
	전 기간	0.46	0.38	0.66	0.69
통합사회2	1990년대	0.45	0.42	0.39	0.21
	2000년대	0.48	0.43	0.93	0.77
	진 기간	0.46	0.42	0.63	0.46
개인 보호	1990년대	0.72	0.68	0.18	-0.11
	2000년대	0.75	0.68	0.43	0.46
	전 기간	0.73	0.68	0.29	0.14
개인 보호2	1990년대	0.75	0.82	-0.01	-0.29
	2000년대	0.77	0.81	0.28	0.09
	전 기간	0.76	0.82	0.12	-0.12
공동체 건설	1990년대	0.31	0.27	0.58	-0.20
	2000년대	0.33	0.27	1.25	0.68
	전 기간	0.32	0.27	0.88	0.19
국제사회 기여	1990년대	0.27	0.16	1.25	3.59
	2000년대	0.32	0.22	2.21	3.49
	전 기간	0.29	0.18	1.68	3.55
1인당 GDP	1990년대	0.23	0.17	2.16	5.49
	2000년대	0.29	0.26	2.11	4.12
	전 기간	0.26	0.21	2.13	4.88

주: 통합사회2, 개인 보호2는 소분류 사회보장 항목을 제외한 지수.

로 가늠해볼 수 있다. 〈표 2-18〉의 지수별 전 기간 평균값을 보면 통합사회 지수와 개인 보호, 공동체 건설, 국제사회 기여 등의 대분류 지수, 1인당 GDP 모두 한국이 비교대상국가 전체 평균에 뒤진다는 사실을 발견할 수 있다. 예를 들어, 통합사회 지수의 경우 전체 평균이 0.46인데 반해 한국의 평균은 0.38로 나타나 다른 비교대상국 수치보다 밑돌고 있다.

다만, '사회보장' 지표를 제외한 '개인 보호2' 지수의 경우에는 전체 평균(0.76)보다 오히려 한국의 지수 평균값(0.82)이 더 높음을 발견할 수 있다. 이는 '사회보장' 지표를 제외함에 따라 상대적으로 전반적 발전 수준이 낮은 것으로 평가되는 OECD 비회원국들이 분석에 포함됨으로써 한국의 평균값이 전체 평균값보다 높아지게 되었기 때문으로 추측된다. 그러나 '개인 보호2' 지표로 계산된 '통합사회2' 지수의 경우 '통합사회' 지수(전체 평균값 0.46, 한국 평균값 0.38)에서보다는 격차를 좁혔지만 여전히 전체 평균값(0.46)이 한국 평균값(0.42)보다 높은 것으로 나타난다.

이러한 결과를 종합적으로 해석하자면, '사회보장' 지표의 포함 여부에 따라 개인 보호 영역에서는 다소간 차이가 나지만 대체적으로 전 기간에 걸쳐 전체 평균에 비해 한국의 평균이 낮다고 판단할 수 있을 것이다.

이어서 연평균 변화율 추이를 살펴보면, 1990년대에는 지수에 따라 마이너스 성장을 보이는 경우도 있었으나 2000년대에 들어와 모두 플러스 성장으로 전환되었고, 변화율의 절대값도 커졌다. 그러나 한국의 통합사회 수준은 지난 19년간 다른 비교 대상국가들에 비해 대체로 작은 변화를 겪어 왔다. '통합사회2', '개인 보호', '개인 보호2', '공동체 건설' 등의 전 기간 연평균변화율에서 한국이 다른 국가들에 비해 낮은 수치를 보이고 있기 때문이다.

물론 비교적 선진국이라 할 수 있는 OECD 30개 회원국 사이에서는 한국이 통합사회로 나아가고 있는 속도가 다소 높은 것으로 보인다. 이는 특히 2000년대에 들어 한국의 연평균변화율이 1990년대의 0.39에서 1.06으로 증가함에 따라 더 두드러지고 있는 현상이다. 그 결과, 1990년부터 2008년까지의 전 기간 연평균변화율을 기준으로 '통합사회'의 경우 비교대상국가 전체 수치(0.66)에 비하여 한국의 지수(0.69)가 다소 높게 나타나고 있다. 그러나 이것은 '사회보장' 지표를 포함했을 경우 사례 수가 OECD 30개 회원국으로 한정됨에 따라 이미 어느 정도의 통합사회 수준을 달성한 선진국들과의 비교를 나타내므로, 상대적으로 후발주자에 해당하는 한국의 사회발전이 다소 빠르게 이루어지고 있는 것을 의미한다는 점에 유의해서 해석해야 할 것이다. 그 반증으로써, '사회보장' 항목이 제외되는 대신 비(非)OECD 국가들까지 모두 포함하여 계산한 '개인 보호2' 지수에서는 우리나라의 전기간 연평균변화율(-0.12)이 마이너스를 기록하고 있을 뿐만 아니라, 그 상위 지수인 '통합사회2'의 경우 한국의 통합사회 수준(0.46)이 다른 국가들(0.63)에 비해 낮은 속도로 변화하고 있는 것을 들 수 있다.

한 가지 주목할 만한 것은 '국제사회 기여'의 연평균변화율에서 한국의 수치(3.55)가 전 기간에 걸쳐 다른 비교대상국가들(1.68)에 비해 월등히 높다는 점이다. 다른 대분류 지수들인 '개인 보호', '개인 보호2', '공동체 건설'이 다른 국가들에 비해 낮은 변화율을 보이고 있다는 점에 비추어 본다면 이는 분명 더 의미가 있는 수치인 것으로 판단된다. 한국은 1990년대(3.59)와 2000년대(3.49)의 연평균변화율이 상대적으로 높은 수준에서 안정세를 보이면서 꾸준한 발전을 이루어 오고 있다. 하지만 현실적으로는 한국의 평균값(0.18)이 다른 국가들(0.29)에 비해 아직은 낮은 형편이며, 다른 국가들의 경우 1990년대(1.25)보다 2000년대(2.21)에 '국제사회 기여'가 더 많은 변화를 보이고 있다. 그럼에도 불구하고 위와 같은 성장 추이로 미루어 보았을 때 현재는 그리 우수하다고 보기 어렵지만, 지속적으로 책임 있는 세계사회의 일원으로 노력을 경주한다면 앞으로는 국제사회 기여를 점차 높여갈 수 있을 것으로 보인다.

통합사회를 구성하는 요소 중 공동체 부문은 1990년대와 2000년대에 거의 정체된 수준을 유지하고 있는 것으로 보인다. 그나마 2000년대 들어 '공동체 건설' 지수 변화율이 1990년대의 감소세(-0.20)에서 증가세(0.68)로 돌아섰으나, 여전히 비교대상국가 전체 평균에 비해서는 속도가 느린 편이다. 한국이 단기간에 빠른 변화를 보이고 있음에도 불구하고 여전히 통합사회 지수가 낮은 수준에 답보되어 있는 까닭을 여기에서 찾을 수 있다. 이는 한국이 지향하는 통합사회의 이상에 보다 가깝게 도달하기 위해서 공동체 형성 및 발전을 위한 지속적인 노력을 이어가야 함을 시사한다.

개인 보호의 경우 '사회보장' 지표 포함 여부에 따라 비교대상포함 국가군이 달라지기 때문에 이점에 유의하여 지수의 의미를 살펴볼 필요가 있다. 선진국 간의 비교라 할 수 있는 '개인 보호' 지수의 경우를 보면, 전 기간 평균값에는 한국(0.68)이 전체(0.73)에 비해 뒤지지만, 변화율은 1990년대보다 2000년대에 상대적으로 더 크게 신장(한국: -0.11 → 0.46 / 전체: 0.18 → 0.43)된 것을 확인할 수 있다. 반면, 비교대상 국가들의 경제발전 스펙트럼이 상대적으로 넓은 '개인 보호2' 지표의 경우에는 평균값 자체는 다른 국가들에 비해(0.76) 한국이 높은 편(0.82)이지만, 연평균변화율은 한국(-0.12)이 전체 평균(0.12)에 비해 낮다. 즉, 개인 보호 영역에서는 한국이 선진국보다 수치는 낮지만 빠른 속도로 변화율이 높아지고 있으며, 개발도상국(아르헨티나, 브라질, 중국, 인도, 인도네시아, 러시아, 사우디아라비아, 남아프리카공화국)보다 수치는 높지만 변화율은 낮은 것이다.

위와 같이 한국 통합사회 지표의 평균값 및 변화율을 비교분석한 결과, 통합사회 지수뿐만 아니라 하위 구성요소인 개인 보호, 공동체 건설, 국제사회 기여 부문에서도 각고의 자구노력이 요구된다는 결론을 얻을 수 있다. 평균값을 기준으로 택한다면 특히 다른 OECD 회원국들에 비교했을 경우 한국의 통합사회 달성 수준은 전반적으로 많은 향상이 필요한 상황이다. 변화율을 분석의 준거로 삼더라도 국제사회 기여에서는 빠른 발전을 보이고 있지만, 다른 부문에서의 변화는 아직 미진하다.

한 가지 덧붙이자면, 경제성장 노력과 통합사회 건설 노력 정도가 균형을 맞춰나가도록 해야 한다는 사실을 유념해야 한다. 한국의 1인당 GDP의 전 기간 연평균변화율(4.88)에 비해 통합사회 지수의 전 기간 연평균변화율(통합사회 0.69, 통합사회2 0.46)이 현저히 낮은 수치임을 확인할 수 있다. 비교대상 전체 39개국의 1인당 GDP 전 기간 연평균변화율(2.13)과 통합사회 지수 전 기간 연평균변화율(0.66)도 수치상으로 차이를 보이고 있기는 하지만 그 격차가 우리나라에 비해서는 작다. 이는 향후 한국이 통합사회 발전을 위해 나아갈 할 좌표와 그에 수반되어야 할 노력을 함의하고 있다.

〈그림 2-15〉는 한국과 2008년 현재 1인당 GDP가 비슷한 국가들의 통합사회 지수와 1인당 GDP를 꺾은선 그래프로 나타낸 것이다. 1인당 GDP와 '통합사회' 및 하위 지수들의 평균값 변화를 보여주는 그래프이지만 직선의 변화율을 통해 변화율을 가시적으로 나타내고

있어 비교가 용이하다.

한국 그래프에서 지난 19년 동안 가장 가파른 성장을 보이고 있는 것은 단연 1인당 GDP이다. 반면 '통합사회' 지수와 하위 대분류 지수들은 경제 성장률보다 빠른 속도로 발전되고 있다고 보기 어렵다. '국제사회 기여' 지수의 발전 속도가 점차 높아지고 있으나 1인당 GDP에는 미치지 못하는 수준이다. 그런데 비교대상 39개국 중 한국과 1인당 GDP가 비슷한, 즉 경제발전 정도가 유사한 그리스와 이탈리아의 그래프를 보면 한국과 다소 다른 양상의 기울기 패턴을 발견

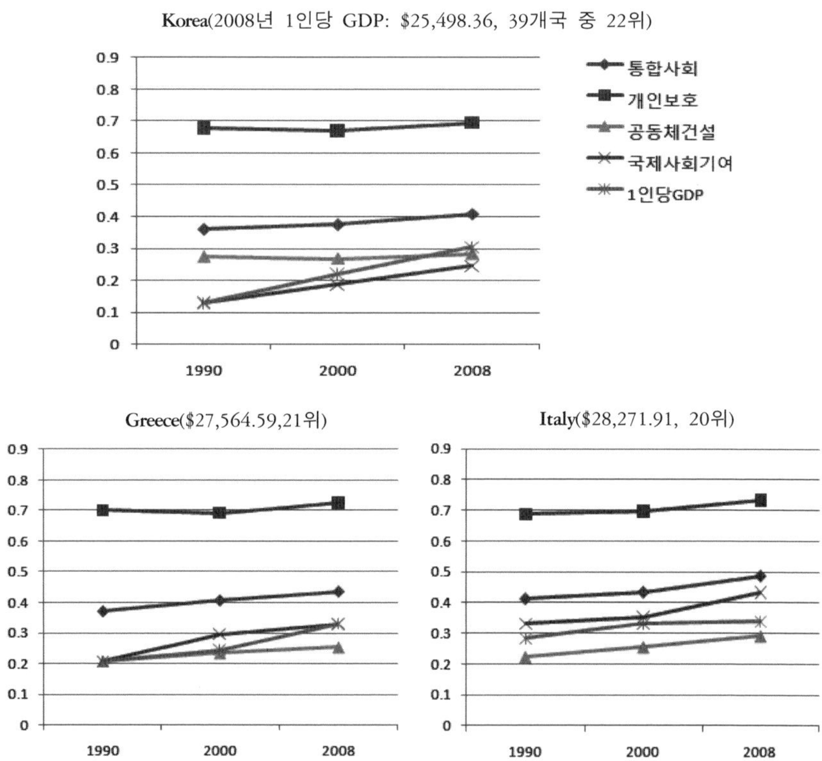

〈그림 2-15〉 통합사회 지수와 1인당 GDP 지수 변화 추세 비교(1990~2008)

할 수 있다. 두 국가의 경우 통합사회 지수와 1인당 GDP의 변화가 어느 한쪽을 크게 앞지르기보다는 보조를 맞춰 발전하고 있는 추세가 발견된다.

우리나라와 비슷한 발전 단계에 속하는 국가들의 양상을 살펴봄으로써 얻을 수 있는 시사점은, 지난 산업발전 시기와 그 이후 한국의 발전전략 구상이 상당부분 경제 중심적이었다면 이제는 사회의 통합과 내부적인 균형 및 조화를 추구하기 위한 중장기적인 계획이 우선적으로 마련되어야 할 시점이라는 것이다. 통합사회를 위한 성공적인 준비는 결코 단기적인 시야에서 완성될 수 없다. 그러므로 경제발전과 민주화가 어느 정도 안정 궤도에 오른 현 시점에서 사회, 문화 등 여러 부문의 조화로운 국가 발전을 염두에 두고 국정운영의 토대를 다져나갈 필요가 있다. 구성원들이 공동체 소속감을 가지고 공통의 비전을 공유해 나감으로써 국가·사회의 지속가능한 발전의 동력을 확보할 수 있는 조건하에서야 비로소 미래 선진 한국으로의 도약을 기대할 수 있을 것이다.

나. 한국 통합사회 지수 수준별 순위 현황 및 그룹핑

통합사회 지수의 순위 변화 추세에 대한 비교분석을 통해 한국이 차지하고 있는 상대적인 위치를 파악할 수 있다. 〈표 2-19〉는 지수 수준별로 1990년부터 2008년까지 5년마다의 순위를 보여주고 있으며, 비교대상연도 중 최초년도(1990년)와 최종년도(2008년)에 한국이 속한 순위그룹을 상위 30%(상), 중위 40%(중), 하위 30%(하)로 표시하고 있다.

이에 따르면 통합사회 지수로 본 한국의 위상은 하위 그룹에 머물

〈표 2-19〉 한국의 위상

대분류	중분류	소분류	순위					상대수준	
			1990	1995	2000	2005	2008	1990	2008
통합사회(29)			25	25	26	28	28	하	하
통합사회2(36)			22	22	25	24	28	중	하
개인보호(30)			24	22	27	28	28	하	하
개인보호2(38)			5	4	10	12	13	상	중
	자유와 민주(39)		25	24	27	27	26	중	중
		경제적 자유(39)	7	8	15	21	21	상	중
		정치적 자유(39)	29	27	29	27	26	하	중
		언론의 자유(39)	29	29	29	29	29	하	하
	안전과보호(30)		25	23	27	24	25	하	하
	안전과보호2(38)		7	6	11	7	9	상	상
		경제적 안전(39)	7	1	12	3	4	상	상
		사회적 보호(38)	14	13	15	17	21	중	중
		사회보장(30)	30	30	30	30	29	하	하
공동체 건설(38)			24	24	24	24	27	중	중
	다양성과 관용(39)		33	35	37	34	35	하	하
		양성평등(39)	26	31	32	36	36	중	하
		장애인 배려(39)	27	32	36	37	37	중	하
		타인에 대한 관용(39)	27	29	32	28	28	중	하
		외국인 비율(39)	38	37	36	33	28	하	하
	신뢰와 참여(38)		17	15	15	15	17	중	중
		일반인에 대한 신뢰(39)	21	19	23	24	22	중	중
		기관에 대한 신뢰(39)	7	6	14	17	18	상	중
		사회단체참여정도(38)	14	14	15	12	18	중	중
국제사회 기여(37)			30	31	33	34	34	하	하
	국제사회 참여	국제정부기구참여(39)	29	32	33	34	34	하	하
	국제협력(37)		23	24	24	28	27	중	하
		공적개발원조(39)	29	22	24	28	27	하	중
		평화유지활동(37)	10	12	16	26	14	상	중

주: 1) 상대수준은 대상국가 중 상위 30%, 중위 40%, 하위 30%를 나타냄.
2) ( ) 안의 숫자는 지표별 대상국가의 수를 나타냄.
3) 통합사회2, 개인 보호2, 안전과 보호2는 소분류 사회보장 항목을 제외한 지수임.

고 있는 실정이다. 선진국 간의 비교에 해당하는 '통합사회' 지수의 경우 분석기간 전반적으로 하위 그룹을 벗어나지 못하고 있다. 선진국과 개발도상국을 모두 비교대상 국가군에 포함한 '통합사회2' 지수의 경우 1990년에는 중위에 속하던 한국의 위치가 최종년도인 2008년에 이르러서는 하위 그룹으로 내려갔다. 즉, 통합사회를 향해 나아가고자 하는 한국의 위상이 현재로서는 저조한 수준에 속하고 있는 것이다.

좀 더 구체적으로 살펴보면, 통합사회의 하위 지수들 또한 지난 19년간 대체로 뚜렷한 발전을 이루지 못하고 정체 상태에 놓여 있다. 대분류 지수인 개인 보호, 공동체 건설, 국제사회 기여 부문은 비교대상 최초년도(1990년)와 최종년도(2008년) 모두 각각 하위, 중위, 하위 그룹에 그대로 머물러 있다. 소분류 '사회보장' 지표가 제외된 '개인보호2' 지수의 경우 한국이 속한 그룹이 1990년에는 상위, 2008년에는 중위 그룹에 해당하는 것으로 나타난다. 그 원인은 비교대상에 개발도상국까지 포함하다보니 한국이 상대적으로 우수한 것으로 평가될 수 있었던 것으로 보이며, 이도 상위에서 중위로 하락했으므로 여전히 긍정적으로 평가하기 어렵다.

중분류 지수들도 이와 크게 다르지 않다. '다양성과 관용', '국제사회 참여'는 하위 그룹 정체 상태에 해당한다. '자유와 민주', '신뢰와 참여'는 전체 비교대상국가들 가운데 계속해서 중위 수준에 위치하고 있다. 게다가 '국제협력' 지수는 1990년에는 중위 그룹이었으나, 2008년에 하위 그룹으로 순위가 떨어졌다.

다만 중분류 중 안전과 보호 영역에 관해서는 해석에 주의를 기울여 살펴보아야 할 것이다. '사회보장' 지표 포함 여부에 따라 '안전과 보호', '안전과 보호2'로 나누어 순위를 측정하였는데, 두 지수의 한국 순위가 상당히 큰 차이를 보이고 있기 때문이다. 그 주요 원인을 추정해보면, 첫째, '사회보장' 지표 포함여부에 따라 '경제적 안전' 지표가 중분류 '안전과 보호'에 미치는 영향의 크기가 달라지기 때문으로 생각된다. 즉, '사회보장'이 포함되면 '경제적 안전'의 반영비율이 상대적으로 낮아지고 한국의 순위가 하위권에 속하는 '사회보장'의 영향력이 커지기 때문에 '안전과 보호' 지수가 전체적으로 낮은 순위를 기록하게 된다. '사회보장' 지표가 포함된 '안전과 보호2' 지수의 경우는 '경제적 안전'의 영향력이 훨씬 더 커지게 되고, 그 결과 한국의 순위가 높게 나타나는 것이다. 둘째, 앞서 여러 번 상기한 바와 같이, '사회보장' 지표의 포함 여부는 곧 비교대상국가군의 수 및 그 특성과 직결된다. 즉, '사회보장' 지표를 포함하게 되면 선진국인 OECD와의 비교, 제외하게 되면 선진국과 개발도상국을 모두 포함한 포괄적인 비교 측면에서 지표 또는 순위의 의미를 해석해야 할 것이다. 선진국과의 비교인 '안전과 보호'의 경우에는 한국이 OECD 내에서 아직은 개인 안전 및 보호 수준이 하위권에 속하는 것으로 나타났다고 볼 수 있다. 반면, 비교대상 범위를 개발도상국까지로 넓히게 되면 '안전과 보호2' 순위에서도 나타나다시피 한국의 위치는 크게 낙담할 정도는 아니라고 보인다.

여기서 한 가지 얻을 수 있는 소득은, '사회보장' 지표를 통합사회지수에 포함시키는 것의 장점을 발견할 수 있다는 것이다. 안전과 보호 영역에 포함된 세 지표인 '경제적 안전', '사회적 보호', '사회보장'의 한국 순위는 각각 상, 중, 하에 속하고 있다. 비록 '사회보장' 지표가 구득가능한 국가 수는 적지만, 한국의 통합사회 발전성과가 우수한 영역과 저조한 영역을 한데 모아 종합적으로 분석에 포함시킴으로써 보다 현실에 가까운 진단과 처방을 내리는 데 도움을 줄 것이라 본다. 즉, 분석의 어려움은 따르지만 다른 지표들과 어울려 통합사회 지수를 구성함으로써 한국의 통합사회 구축 현황을 다층적으로 보여주는 기능을 한다고 볼 수 있다.

〈표 2-20〉은 〈표 2-19〉의 내용을 해석하기 용이하도록 요약적으로 정리한 것이다. 보다시피, 통합사회 소분류 지표로 살펴본 한국의 위상 역시 대분류 및 중분류 지표들과 마찬가지로 대개 중위 또는 하위 수준에 머물고 있으며, 정체 또는 하락한 것으로 나타났다. 그러나 지표에 따라서는 다소 차이가 나타나기도 하므로, 특징적인 경우를 대상으로 시사점을 도출해 보기로 한다.

먼저, 실업률로 측정한 '경제적 안전' 지표의 경우 지난 19년 간 유일하게 거의 지속적으로 상위에 랭크되어 있어 단연 눈에 띈다. 주

〈표 2-20〉 한국의 지표 수준별 순위 변화

1990년	2008년	변화	통합사회	대분류	중분류	소분류
상위	상위	변화 없음			안전과 보호2	경제적 안전
	중위	하락		개인 보호2		경제적 자유, 기관에 대한 신뢰, 평화유지활동
	하위	하락				
중위	상위	상승				
	중위	변화 없음		공동체 건설	자유와 민주, 신뢰와 참여	사회적 보호, 일반인에 대한 신뢰, 사회단체참여정도
	하위	하락	통합사회2		국제협력	양성평등, 장애인 배려, 타인에 대한 관용
하위	상위	상승				
	중위	상승				정치적 자유, 공적개발원조
	하위	변화 없음	통합사회	개인 보호, 국제사회 기여	안전과 보호, 다양성과 관용, 국제사회 참여	언론의 자유, 사회보장, 외국인 비율, 국제정부기구참여

지하다시피 한국은 비슷한 발전수준을 이룬 다른 국가들에 비해 실업률이 상대적으로 낮은 국가로 알려져 있다. 하지만 각국의 일자리 사정을 제대로 파악하려면 실업률과 함께 고용률도 고려해야 한다는 지적 또한 제기되고 있다. 그러므로 우리는 한국의 낮은 실업률에 따른 높은 경제적 안전도를 하나의 측정지표로써 참고해야 할 것이다.

다음으로, 하위에서 중위로 순위가 상승한 두 지표에 대해서도 해석상의 유의점을 찾아볼 수 있다. '정치적 자유'는 하위에서 중위 수준으로 순위가 상승하였다. 그런데 실제 순위를 보게 되면 1990년 29위에서 2008년 26위로 불과 3위차에 그치고 있어 개선 정도는 그리 크지 않다. 즉, 한국의 '정치적 자유' 지표가 2008년 현재 중위 그룹에 포함된 것은 사실이나, 엄밀히는 중하위에 해당한다고 볼 수 있으며, 지난 19년간의 개선 정도는 유효한 차이를 보이고 있지 못하다. 또한 '공적개발원조' 지표도 하위에서 중위 그룹으로 개선된 결과를 보여주고 있다. 그러나 이 역시 1990년 29위에서 2008년 27위로 2개 순위밖에 차이나지 않는다는 사실을 확인할 수 있다. 1990년대에는 우리나라의 공적개발원조 순위가 개선된 바 있으나, 2000년대에 들어 다시 뒷걸음질 쳤으며, 2008년 현재에는 겨우 중위 그룹에 놓여 있는 것으로 나타난다.

한편, '외국인 비율'의 경우 지표 순위로 분류한 한국의 위치는 1990년과 2008년 모두 하위에 그치고 있다. 그러나 〈표 2-19〉에서 구체적인 연도별 순위를 살펴보면 1990년 38위에서 2008년 28위로 무려 10계단 상승하고 있으며 그 추이로 짐작컨대 앞으로도 계속해서 높아질 가능성이 크다. 실제로도 우리나라의 외국인 비율이 최근 몇 년간 급속도로 높아지고 있으며, 점차 다문화사회로 변화되어가고 있다는 진단과 함께 적절한 정책수단의 마련을 강구하는 목소리가 커지고 있는 상황이다. 따라서 이러한 점에 유의하여 '외국인 비율' 순위를 해석해야 할 것이다.

이에 더해, 중위에서 하위로 하락한 소분류 지표 3개는 '외국인 비율'과 마찬가지로 중분류 '다양성과 관용'에 포함된다. '양성평등', '장애인 배려', '타인에 대한 관용'이 그것으로, 한국 사회 속에서 나와 '다른' 사람에 대한 사회적인 포용 정도를 측정하고자 포함시킨 지표들이라는 점에서 일제히 순위 하락을 보인 것이 우려된다.

위의 분석결과를 종합적으로 정리하면, 한국의 통합사회 달성 정도는 아직 열악한 수준이라고 평가할 수 있다. 위에서 살펴본 몇몇 소분류 지표에서 우수한 상태 또는 근소한 개선이 보이기도 하지만, 이들 지표의 해석에서도 여전히 신중한 접근이 요청된다.

8. 소결

본 장에서는 통합사회의 개념을 '자유와 안전이 보장되고 관용과 신뢰를 바탕으로 건설된 공동체이며 국제사회에 기여하는 사회'로 제시하고 이 통합사회 수준을 측정하기 위한 지수를 '개인 보호', '공동체 건설', '국제사회 기여'의 수준으로 구성하여 개발하였다. 이 통합사회지수를 통하여 1990년부터 2008년까지 OECD 31개 회원국과 G20 국가 중 OECD 회원국이 아닌 8개국을 포함해 총 39개국(2010년 1월 말 기준)을 대상으로 분석한 결과, 통합사회 발전 속도 및 국가 간 격차는 경제성장 부문에 비해 낮은 것으로 나타났으며 통합사회를 구성하는 세 영역 중 '국제사회 기여' 부문의 빠른 발전 속도와 국가 간 격차의 두드러진 감소를 확인할 수 있었다. 또한 OECD 회원국과 OECD 비회원국 간의 비교 분석 결과, 경제발전 속도는 OECD가 빠르나 통합사회 발전 속도는 OECD 비회원국이 빠른 것으로 나타났고 두 국가군 간의 경제적 격차는 점차 증가하나 통합사회 발전 격차는 소폭 감소한 것으로 나타났다. 통합사회의 세계적 추세 분석을 통해 한국의 통합사회 수준이 39개국 전체 평균에 비해 여전히 낮다는 것을 확인하였고 이를 통해 통합사회 실현을 위한 적극적인 노력과 함께 경제성장과 통합사회 건설을 위한 노력의 균형이 필요함을 알 수 있었다. 통합사회의 형성은 미래 선진 한국의 지속적인 발전을 위한 핵심동력이므로 중장기적인 계획을 통해 조화로운 국정운영을 이뤄나가야 할 것이다.

본 장의 통합사회 지표체계는 통합사회 구성요소로서 '공동체 건설'이라는 사회적 자본을 고려하고 통합사회의 범위를 국내적 수준에서 국제적 수준으로 끌어올려 '국제사회 기여'로 넓혔다는 점에서 의의를 지닌다. 기존에 제시된 사회적 배제라는 부정적 개념을 긍정적 개념으로 전환할 뿐만 아니라 국내적 차원의 사회통합을 세계 사회로의 통합으로 확장함으로써 기존 개념의 한계를 극복한 것이다. 이와 같은 연구로 통합사회의 세계적 추세와 한국의 사례 분석을 통한 전 세계적 추세를 파악할 수 있을 뿐만 아니라 경제적 차원의 선진국을 넘어서 사회적 차원의 선진국을 도출할 수 있었다.

제3장

글로벌 시대의 통합사회 핵심가치

제3장 글로벌 시대의 통합사회 핵심가치[1)]

사회통합은 근대국가의 등장과 더불어 시민사회가 형성되기 시작하면서 본격적으로 논의되기 시작하였으며, 일반적으로 '통합'의 표현이 제시하는 바와 같이 일원화된 가치체계로 여겨져 왔다. 사회통합은 사회 구성원들이 공유하는 가치체계를 중심으로 형성되며 사회적 응집 혹은 결속이라는 표현과 유사한 의미로 이해되어 왔다. 그러나 사회체계가 다원화되고 서로 상충되는 다양한 가치체계들이 등장하면서 보편적이고 일원화된 가치체계는 한계에 직면하게 되었다. 특히 과거 국가형성 과정에서 사회 구성원의 응집력은 국가발전을 빠른 속도로 이루기 위한 원동력을 제공하였으나, 다원화된 사회에서 발전은 다양한 가치체계 및 아이디어에 대한 포용성에 바탕을 두고 있다(장용석 외, 2011a).

본 장에서는 이러한 문제의식에 바탕을 두고 통합사회의 개념을 재구성한다.[2)] 통합의 개념은 하나의 차원으로 정의될 수 있는 것이

1) 본 장은 장용석 · 조문석 · 정장훈 · 정명은(2012)의 「한국사회학」 제46집 5호에 게재된 '사회통합의 다원적 가치와 영향요인에 관한 탐색적 연구: 국가주의, 개인주의, 공동체주의, 세계시민주의를 중심으로'의 연구 결과를 기반으로 발전된 논의를 재구성한 것이다.

2) 본 장에서 다루고 있는 통합사회의 개념은 실증 분석을 위한 연구 설계상 제2장

아니라 다양한 요소에 의해 구성되며, 이들 요소는 상호 보완적이거나 상호 대립될 수 있다. 사회통합은 사회 구성원 간의 신뢰와 포용에 바탕을 두고 있으며, 궁극적으로는 사회를 구성하는 모든 개개인의 행복과 안녕을 목적으로 한다. 사회통합의 개별 구성요소가 모든 사회 구성원들에게 항상 만족스러운 상태로 충족되는 것은 아니다. 만약 각 사회 구성원이 자신의 행복 수준을 극대화하기 위해 다른 구성원의 행복을 희생시켜야 한다면, 구성원 간의 신뢰는 저하될 것이다. 또한 사회 구성원들이 혈연 혹은 지연과 같이 자신들과 직접적으로 연계되어 있거나 혹은 동질적인 집단에게만 신뢰를 표출한다면 이질적인 집단이나 구성원들에 대해서는 배타적일 가능성이 높다. 이는 신뢰, 포용성, 행복이 전체적으로는 사회통합을 구성하면서도 다른 한편으로는 사회통합을 달성하기 위해 각 요소 간의 적절한 균형과 공존이 요구됨을 의미한다.

이와 같이 통합사회의 개념이 다양한 요소로 구성되어 있고, 개별 요소의 작동 방식이 서로 상이하다면 이러한 요소에 영향을 미치는 가치체계와 그 작동 기제도 다양할 것이라고 예상된다. 따라서 본 장에서는 사회적 관계의 수준에 따라 개인주의, 공동체주의, 국가주의, 세계시민주의의 네 가지 가치체계를 중심으로 이러한 가치체계가 통합사회의 다원적 요소에 미치는 개별적인 영향을 실증적으로 검증한다. 사회적 구성원인 인간은 자신이 정체성을 부여하는 사회 집단을

에서 논의하고 있는 통합사회 개념과 상이하게 구성되어 있다. 제2장에서는 통합사회를 구성하는 요소들을 개인, 사회, 국제의 차원으로 나누었으며 이를 국가 간에 비교 분석하기 위하여 통합사회와 관련된 다양한 객관적·주관적 지표들을 포괄적으로 검토하였다. 본 장에서는 통합사회에 대한 개인의 인식과 개인주의, 공동체주의, 국가주의, 세계시민주의의 다원적 가치체계 간의 관계를 탐색하기 위하여 설문자료를 중심으로 통합사회 개념을 재구성한다.

바탕으로 복잡한 사회적 관계 속에서 자신들의 존재를 확인한다. 이러한 사회 집단은 혈연 혹은 지연과 같은 소규모 공동체일 수 있으며, 넓게는 국가 혹은 세계사회 전체일 수 있다. 예를 들어, 개인은 국가에 자신들의 정체성을 부여함으로써 동일한 국적을 지니고 있는 사람들과 동질적인 가치체계를 공유한다. 이때 국가체계는 소속된 국민(혹은 시민)들 간의 신뢰를 형성하고 국가 내부의 포용성을 증진시켜 국가를 중심으로 하는 사회통합에 긍정적인 영향을 미칠 수 있다. 그러나 과도한 국가주의는 다른 국적의 사람들이나 다른 인종 혹은 다른 언어를 사용하는 사람들에게 배타성을 지니고 있어 사회통합을 저해하는 요인으로 작용한다.

본 장에서는 이와 같이 다원적인 속성을 지닌 통합사회와 이를 구현하는 다원적인 가치체계 간의 관계를 규명하기 위해 세계가치관조사(world value survey) 자료를 이용하여 실증적인 검증을 시도한다. 이를 위해 개인주의, 공동체주의, 국가주의, 세계시민주의로 사회통합의 다원적 가치를 개념화하고, 이들 가치가 통합사회의 구성요소인 신뢰, 포용성, 행복에 미치는 영향을 이론적으로 검토한다. 특히 본 장에서는 통합사회의 다원적 요소와 다원적 가치체계 간의 관계가 일원적이지 않으며, 각 가치체계의 수준에 따라 개별 구성요소에 미치는 영향이 다양한 방식으로 작용할 것이라고 본다. 그러므로 본 장에서는 다원화된 사회에서 통합사회를 구현하기 위해서 개별 구성요소 간의 균형과 이를 구현하는 가치체계 간의 공존이 필요함을 제시한다.

1. 통합사회 핵심가치에 대한 이론적 배경

가. 다원화된 사회의 사회통합

'사회통합'이라는 개념은 18세기 이후 전제왕정의 몰락과 함께 근대국가가 등장하고 사회기능이 분화되며 본격화된 시민개념의 확대와 함께 나타났다(강수택, 2004; 이남복, 2009). 근대국가 등장 이전의 전근대적 체제에서는 사회 자체에 대한 개념이 희박하였고, 왕권과 종교가 사회 구성원을 동질적 집단으로 묶는 상징적인 기제로 작용하였다. 그러나 종교와 왕정체제가 지닌 사회적 결속력이 쇠퇴하고 국민국가(nation-state) 체제가 등장하면서 근대적인 시민사회를 결속시키는 새로운 장치가 요구되었다. 특히 근대사회에서 국민국가는 민족, 언어, 인종, 거주 지역 등과 같은 인구통계학적 특성을 부분적으로 공유하고, 국가체제 내에서 사회 구성원을 결속시키는 핵심적인 제도로 자리 잡았다.

국가는 일원화된 사회통합의 도구로 작동해 왔다. 국민국가 그 자체는 구체적 형상이 없는 추상적인 개념이며 인간 공동체의 상상 속 산물이다(Hobsbaum, 1975; Anderson, 1991). 그럼에도 국가는 사람들의 의식체계 내에 실재하는 것으로 인지되고 있으며 국기, 국가(國歌) 등과 같은 상징체계로 표현되는 추상적 존재임과 동시에, 실제로 정부에 의해 운영되는 실체이기도 하다. 같은 국적을 지닌 사람들 간에는 국가를 매개로 한 유대감이 형성되어 있고, 국가가 주도하는 교육을 바탕으로 국내의 사회 구성원이 역사, 민족, 언어를 공유하여 내부의 결속을 확대·재생산한다. 18세기 이후 서구 사회에서 발달한 국민국가체제는 1945년 이후 신생독립국의 형성 과정에서도 영토 내부의 결속을 유지하기 위한 핵심적인 요소이자 국가 중심의 사회통합 동력이 되어 왔다. 국민국가체제는 정치 · 경제 · 사회 · 문화적 차원에서 사회 구성원들이 특정 개인이나 집단보다는 국가 전체적 차원의 발전에 몰입하도록 하여 안정적인 체제결속 상태의 유지를 가능하게 하였다.

1990년대 이후 세계화의 확산과 더불어 국민국가체제하에서 형성되어 있던 기존의 정치 · 경제 · 사회 · 문화적 경계가 허물어지면서 사회통합 동력으로서의 국가 기능에 변화가 시작되었다. 물론 세계화가 1990년대 이후 갑작스럽게 등장한 것은 아니다. 제2차 세계대전 이후 정부 간 국제기구를 비롯한 국가 간 관계의 공식적인 제도화의 확대는 세계화를 확산시키는 초기 동력이었으며, 환경 · 인권 등과 같은 사회적인 이슈를 확산시키는 장치였다(Krasner, 1999). 이 과정에서 국가는 내부적 통합성을 유지하고 외부와의 구주적 연계성을 강화하는 역할을 담당하였으며, 세계화가 이루어지기 위한 구조적인 토대를 마련하였다고 볼 수 있다.

오늘날 속도를 더해가고 있는 세계화는 국가 중심적인 사회통합 규범에 새로운 몇 가지 변화를 추가하였다. 특히 베스트팔렌 조약 이후 유지되어 온 근대국가의 주권 개념이 세계화의 확산과 더불어 새로운 양태로 정립되기 시작하였다(Meyer, 2000). 세계화 과정에서 나타나는 특징적인 현상 중 하나는 행위자로서의 지위가 부여된 주체의 범위가 확대되었다는 것이다(Meyer et al., 1997; Meyer, 2000; Meyer and Jep- person, 2000). 이는 주권국가 간의 정치 · 경제 · 군사적 상호의존성 증대 외에도, 다국적기업, 정부 간 국제기구(IGO), 국제비영리단체 등과 같은 비국가적 행위주체의 역할까지 포함한다. 또한 사람과 물자의 국가 간 이동의 확대와 더불어, 문화적 상호의존성 증대,

그리고 사회적 질서와 관련한 보편화된 규범과 글로벌 스탠다드(global stand- ard) 확산을 의미하기도 한다(Meyer, 2000). 그렇다고 세계화로 인해 근대국가의 주권적 지위가 축소되었다고 볼 수는 없으며(Sassen, 1996: 28), 국가주권과 유사한 주권적 지위를 지닌 행위자들의 증가하여 주권적 지위와 활동에 대한 개념적 범위가 넓어졌다고 보는 것이 타당하다(Meyer et al., 1997; Meyer and Jepperson, 2000).

세계화가 유발시킨 주권적 행위자의 다원화는 국가 중심의 일원화된 체계로 인식되던 사회통합에 변화를 가져왔다. 특히 여성, 아동, 노동자, 성적 소수자 등으로 확대 적용되고 있는 인권에 대한 새로운 사회·문화적 변화는 사회 전반에 걸친 다양성의 확대(Ramirez et al., 1997; Hafner-Burton et al., 2005; Avdeveva, 2007)를 가져왔다. 따라서 구조적이고 강제적인 국가 중심의 사회통합 기제는 제한적으로 작동할 수밖에 없는 상황으로 변화하고 있다. 합리주의와 과학을 중심으로 표준화된 근대성이 추구하던 보편화된 가치는 복합적이고 다원화된 가치로 전환되었으며, 사회통합의 새로운 정의에 대한 요구가 증가하기 시작했다(장용석 외, 2011a).

(1) 통합사회의 개념적 복합성과 관찰가능성

'통합'의 상태는 명확한 합의를 도출하기 어려운 개념이다. 그러나 다원적 행위자의 확대와 더불어 다양성이 증대된 사회에서 '통합'의 의미는 적어도 극단적인 보편성 추구의 배제라는 개념을 내포하고 있다. 이러한 측면에서 사회통합의 의미는 사회적 응집이나 결속 강화에 더 가까운 의미라고 할 수 있다. 또한 다원화된 사회에서 의미하는 사회통합은 가치중립적인 구조적·기능적 체계라기보다 개개인의 인지・심리적인 변동성을 강조한다.

통합사회는 사회 구성원 간의 관계에 의해 형성되는 동태적이며 현상적인 가치이다. 따라서 다음과 같은 이유로 인해 통합사회를 하나의 긍정적인 상황이나 궁극적으로 지향해야 할 본질적 가치로 정의하기보다는 사회적 유대나 결속을 반영하는 다원적 요소를 통칭하는 개념으로 이해해야 한다.

첫째, 통합사회는 복합적인 의미를 지닌 개념이다. 통합사회와 연계된 개념으로 사회적 결속, 응집, 유대, 연대 등과 같은 다양한 용어가 사용되고 있으며, 이러한 개념에 대한 합의된 논의나 정의는 찾기 어렵다. 통합사회의 개념은 그 안에 다양한 가치를 내포하고 있다. 베르나르(Bernard, 1999)에 의하면 사회적 결속은 경제, 정치, 사회문화 영역에 걸쳐 나타나는 포용, 평등, 정당성, 참여, 수용, 소속감 등을 의미한다. 또한 내재된 개념 간에도 일관된 방향성을 지닌다고 할 수 없다. 예를 들어 경제적 불평등의 심화는 사회 갈등을 심화시키지만, 형평성이 결여된 과도한 경제적 평등은 사회적 수용성을 낮출 수 있다. 이는 통합사회의 개념이 단일 영역 혹은 일차원적인 개념으로 접근하기 어렵다는 것을 의미하며, 통합사회의 내재된 가치에 대하여 분절적인 접근이 필요함을 제시한다.

둘째, 통합사회는 다원화된 행위자의 확대로 인한 사회체제의 복합화를 전제하는 개념으로 이해되어야 한다. 다원화된 사회에서는 개별 행위자가 지향하는 본질적인 가치가 다양하고 여러 가치체계의 우선순위 또한 다르므로 모든 사회 구성원이 공감할 수 있는 일련의 바람직한 상태에 도달하기 어렵다. 그뿐만 아니라 특정 사회가 전반적으로 지지하는 긍정적인 상태가 있다고 하더라도 시간적 흐름에 따라 개별 행위자가 지향하는 본질적인 가치와 우선순위가 변화하기 때문에, 사회통합이 이루어진 사회에 대한 정의는 시대와 장소에 따라 달라진다.

그러므로 통합사회에 대한 실증적인 접근을 위해서는 통합에 대한 막연한 정의나 구조적인 접근보다 관찰 가능한 행태나 인식에 기반을 둔 귀납적인 방식이 유용할 수 있다. 이는 사회통합을 규범적으로 정의하기보다 사회 현상에 대한 관찰을 바탕으로 통합성이나 응집성이 결여된 특정한 상태에 대한 규정으로부터 연구가 출발해야 함을 의미한다. 바람직한 상태로서의 사회통합은 개념적인 항상성(恒常性)을 내포한다. 그러나 현실세계에서의 사회통합은 지향점과 내재적 가치, 그리고 우선순위가 끊임없이 변화하는 정도의 문제이다. 따라서 통합사회를 명확히 규정하기 어려운 상황에서 이에 대한 본질적인 정의를 시도하기보다는 사회통합 상태를 반영하는 구체적인 현상에 대한 관찰이 필요하다.

뒤르케임(Durkheim, 1997)은 사회를 구성하는 개인의 인지적 유사성과 기능적 차별성을 바탕으로 사회적 결속에 대한 개념을 정의하였다(Silver, 1994; 홍태영, 2002). 그는 범죄에 대한 사회 구성원들의 공유된 인식 혹은 사법체계와 같이 사회적 결속을 구체화하는 공식적 제도에 의해 기계적으로 사회적인 결속이 이루어진다고 보았다(Durkheim, 1997: 31-67). 또한 이질적인 개인 간의 분업과 협력을 통한 상호보완적 관계가 결혼과 같은 공식·비공식적 제도에 의해 구현되면서 유기적 결속이 가능해진다는 것을 강조하였다(Durkheim, 1997: 68-87). 사회를 구성하는 개개인이 다양해질수록 기능적 필요에 의해 상호의존성은 증대된다. 기능적 다양성과 전문화를 특징으로 하는 근대사회로의 전환은 사회적 기능의 분화와 함께 전통적 연대의식은 감소시켰지만 개인 간 상호의존성 확대를 초래하게 되어 새로운 형태의 사회적 결속을 유발하게 되었다(강수택, 2004). 따라서 다원화된 기능과 가치를 지닌 행위자가 증가하고 있는 현대사회에서는 전통적인 국가 중심의 사회적 유대와 결속은 감소한 반면 새로운 방식의 사회통합이 나타나게 된 것이다.

갈등은 개인 간 동의 여부, 이해관계의 양립가능성, 실제와 인식 간 차이, 세계관의 불일치 등으로 인해 발생하므로(서문기, 2004), 본질적으로 사회통합을 저해하는 요인으로 이해된다. 사회적 갈등은 사회를 구성원 개인 간의 직간접적인 관계를 전제로 하며 이질성에 대한 배제와 불신으로부터 기인한다. 또한 개별 구성원의 기억과 인식, 사회적 위치, 구성원 간의 관계에서 발생한다(정일준, 2008). 이는 가치관의 차이에서 기인하기도 하며, 희소한 자원을 두고 벌어지는 개인 혹은 집단 간 경쟁의 원인으로 작용한다(Coser, 1967; Oberschall, 1978). 특정 재화나 혜택에 대한 사회 구성원 개인 간 개념, 가치체계, 우선순위의 차이가 클수록 사회 전체적인 갈등 수준이 높아질 가능성이 크다. 이질적인 가치에 대한 배제는 동질적인 집단 내부의 결속에는 기여할지 모르지만, 집단 간의 통합에는 부정적인 영향을 미친다. 또한 사회 구성원의 욕구가 무한할 경우, 희소한 자원을 놓고 벌이는 개인 혹은 집단 간 경쟁이 확대되어 사회 갈등 수준은 극대화될 것이다.

특히 다양한 가치와 이익이 표출되는 다원화된 사회에서 사회적 갈등은 빈번하게 발생하며, 사회발전에 긍정적·부정적 영향을 동시에 미치는 양면적인 속성을 지닌다(윤인진, 2008; 120). 사회 갈등은 새로운 가치를 창출하는 동력으로 작용할 수 있다는 점에서 긍정적인 의미를 지닌다. 반면 세계화로 인해 강요된 조정, 국민국가의 경로의존성, 정치 및 사회 집단의 전략적 선택으로 인해 제도화되고 일상화된 사회 갈등은 발전을 저해하는 요소로 작용할 수 있다(박길성, 2008).

또한 폐쇄적인 소집단주의적 연대, 국가주의 및 권위주의로 인해 야기되는 부정적 사회 갈등은 사회통합을 저해하는 요인으로 간주된다(성경륭, 2001a; 성경륭, 2001b). 사회 갈등은 인지적으로 관찰 가능한 사회통합의 반대 측면을 조명하므로, 높은 수준의 사회 갈등은 낮은 수준의 사회통합을 의미한다고 할 수 있다. 사회통합과 사회 갈등은 동태적인 정도의 문제이다(Silver, 1994).

(2) 통합사회의 구성요소: 신뢰, 포용성, 행복

사회통합과 갈등이 인간들의 존재와 관계로부터 비롯된다고 본다면, 사회 구성원 간 인지적·심리적 차원에서 사회적 갈등을 유발하는 개별 요인에 대한 고찰을 통해 통합사회를 재구성하는 것이 필요하다. 즉 개념적으로 합의되지 않은 통합사회에 대한 진단과 전략의 차원에서 그 반대의 개념으로부터 이 구성요소들을 설명하는 것을 의미한다. 따라서 본 장에서는 통합사회의 구성요소로서 신뢰, 포용성, 행복을 제시하고자 한다. 통합사회 그 자체는 안정적인 상태를 의미하므로 갈등이 표출되는 불안정한 상황과 비교하여 직접적인 관찰이 어려울 뿐만 아니라 표면적으로는 안정적일지라도 이면에 놓인 불안정 요소를 완전히 배제하기 어렵다. 이 경우 불안정한 상태인 사회 갈등 요소를 바탕으로 사회통합의 이면에 접근하는 것이 보다 용이하다.

신뢰, 포용성, 행복은 각각 사회 구성원들 간의 태도, 관계, 가치를 기준으로 사회 갈등의 주된 요소인 불신, 배제, 불행의 반대 개념이다. 즉 불신, 배제, 불행은 각각 신뢰, 포용, 행복과 서로 반비례한다. 사회통합은 사회적 관계를 전제로 하며, 사회적 관계는 둘 이상의 개인 간에 형성된 물질적·비물질적 교환관계를 의미한다. 교환이 이루

〈표 3-1〉 사회적 특성에 따른 통합사회 구성요소

통합사회 구성요소	사회적 특성	사회 갈등 구성요소
신뢰	태도	불신
포용성	관계	배제
행복	가치	불행

어지기 위해서는 사회 구성원 간의 상호 신뢰가 전제되어야 한다. 신뢰는 관계가 형성되기 이전부터 구성되는 타인에 대한 종합적 평가(summary of evaluation)이며 관계는 교환이 실질적으로 이루어지는 상태를 의미한다. 구성원 간의 상호 신뢰를 바탕으로 지속적인 교환이 이루어지면서 새로운 가치가 창출되므로 가치는 교환을 통해 창출되는 산물로 이해할 수 있다. 이때 교환은 단순한 재화, 노동, 서비스 등의 거래만을 의미하는 것은 아니며, 보다 넓은 의미에서 각 개인이 지니고 있는 가치와 감정의 교류 및 공유에 이르기까지 확장된 개념이다. 또한 사회 구성원 간의 교환은 반드시 양방향적일 필요는 없으며 일방적인 제공도 교환의 범주에 포함된다.

신뢰는 원활한 사회적 교환관계가 이루어지기 위한 전제조건이다. 신뢰에 대한 일반적인 정의는 특정 행위자가 다른 행위자에게 기대하는 바람직한 행태나 상태가 이루어질 것이라는 믿음이다. 개별 행위자 간의 신뢰가 확대될수록 사회적 안정과 결속이 유지되고 협력이 증진될 가능성이 높다(Misztal, 1996). 특히 사회체제에 대한 신뢰는 단순히 국가, 정부, 사법기관 등과 같은 공식화된 체계뿐만 아니라 사회 전반을 아우르는 비공식적 체계가 잘 작동되고 있다는 믿음으로 확장된다. 그리고 불변적인 규범에 의해 형성되는 것이 아니라 합리적 이성, 소통, 관용의 상호작용을 통해 가변적으로 형성되며 실질적인 관계가 이루어지면서 확대된다.

신뢰가 지닌 가치는 행위자들 간 실질적인 사회적 관계가 형성되면서 구현된다. 이 경우 특정 행위자가 다른 행위자를 '배제하지 않음'이 전제되어야 한다. 배제는 사회적 관계의 단절을 의미하므로 궁극적인 사회통합의 장애물이며 사회적 관계를 통해 형성되는 다양한 가치의 창출을 어렵게 한다. 베르나르(Bernard, 1999)와 젠슨(Jenson, 1998)은 사회적 결속을 공식적·격식적 차원과 실질적·행태적 차원으로 분류한다. 사회적 배제는 사회적 결속의 단절과 분절된 사회적 관계를 의미하며 구조적 차원과 인지적 차원으로 분류할 수 있다. 구조적 차원에서 사회적 배제는 정상적인 교환관계로부터의 격리, 인간으로서의 존엄성, 사회적 참여, 경제적 복지 등과 같은 기본적인 권리가 부인된 상태를 말하며(윤진호 외, 2004; 강신욱, 2006; Pierson, 2009), '빈곤', '실업' 등과 같은 경제적 소외를 의미하는 용어로 이해되기도 한다(Silver, 1994). 보다 넓은 의미에서 사회적 배제는 정치, 경제, 사회 등 모든 영역에서 발생 가능한 다차원적인 개념이며, 시간의 흐름에 따라 변화하는 동태적인 현상이다(Mayers, Bergman, and Salais, 2001: 34-67; 윤인진·이진복, 2006). 그러므로 사회구조적인 차원에서 포용성 확대는 기본권 보장, 교육기회 확대 등 공식화된 수단을 통한 배제된 구성원의 구제를 의미한다. 반면 행태적인 측면에서 포용성의 증가는 정치, 사회, 경제 각 분야에서 집단이나 국가 혹은 개인 간 사회적 상호 작용에서 나타나는 동태적인 인지적 불일치의 감소를 의미한다고 할 수 있다. 특히 사회 구성원 간의 이질성 극복을 통한 사회통합을 지향하기 위해서는 보다 적극적인 차원의 포용성이 요구된다.

행복은 사회통합을 통해 창출되는 가치이다. 과거 개인의 행복은 이기적인 인간욕구의 결과물로 여겨졌고 개인 고유의 특성에 좌우되기 때문에 사회통합과는 무관하거나 과도한 행복추구의 결과로 사회통합을 저해하는 요인으로 이해되기도 하였다. 그러나 행복은 사회적 산물임과 동시에 오직 사회적 관계를 통해서만 창출되는 가치이다. 개인의 행복이 욕구의 충족을 통해 이루어지고 모든 인간의 욕구가 무한하다고 가정한다면 그 욕구는 영원히 만족되지 못하기 때문에 끊임없이 불행한 개인만이 존재할 뿐이다. 그러나 인간은 사회적 관계를 반복하며 학습과 경험을 통해 자신의 욕구를 통제한다. 그러므로 개인의 행복은 욕구의 무한한 충족과정을 통해 획득되는 것이 아니라 사회적 관계 속에서 욕구의 수준을 낮춤으로써 달성된다(Durkheim, 1997).

나. 다원적 정체성과 통합사회

사회적 관계는 개인과 개인이 직접적으로 참여하는 소규모 공동체뿐만 아니라 다양한 이해가 충돌하는 국가와 세계사회 등 다층적 차원에서 형성된다. 개인이 정체성을 부여하는 개인적·사회적 관계의 범위와 개개인이 연계 혹은 결속되어 있다고 생각하는 수준에 따라 통합사회의 범위와 수준이 결정된다. 사회적 개인이 참여하는 사회적 관계는 개인을 중심으로 한 사회적 장(social field)을 형성하는데 이는 사회구조적인 측면보다 인지적·심리적 차원에서 이루어진다.

본 장에서는 개인이 인지하는 사회적 관계와 참여의 장이 다층적으로 형성되어 있으며, 각 층은 통합사회의 구성요소인 신뢰, 포용성, 행복에 독립적으로 영향을 미칠 것이라고 본다. 사회적 개인은 혈연과 지연으로 연결되어 있고, 자신이 참여하는 공동체의 일원이며, 넓게는 특정 국가의 시민권을 지니고, 세계사회의 일원이기도 하다. 혈연, 지연, 공동체가 개인이 직접적으로 참여하는 사회적 관계에 의해 형성되는 반면, 국가와 세계사회는 직접적인 연결망은 없더라도 개인의 인지 수준에 따라 또 다른 사회적 장을 형성한다. 각각의 장이 개인에게 제시하는 의미체계는 다르기 때문에, 통합사회의 구성요소에 미치는 영향의 방향성도 상이할 수 있다. 예를 들어 국가에 대한 충성도가 높은 개인은 동질성이 높은 사람들이나 공동체에 대한 신뢰 수준이 높은 반면 그렇지 않은 사람들에 대해서는 배타적인 속성을 나타낼 수 있다. 반면 개인주의적 가치관이 높은 사람은 국가와 같은 사회체제에 대한 신뢰 수준은 낮은 반면 이질적 타자에 대해서는 상대적으로 높은 포용적 태도를 보일 수 있다. 각각의 사회적 장이 지니는 특징과 통합사회에 미치는 차별적인 영향요인은 다음과 같다.

(1) 개인주의

개인주의는 자신의 정체성을 인격체인 개인에게 부여하는 가치관을 의미하며, 종종 집단주의에 대비되는 개념으로 사용된다(황호영 외, 2005). 특정 문화권은 개인주의나 집단주의로 분류할 수 있는데, 일반적으로 개인주의는 자기 지향적 혹은 가족 지향적인 반면, 집단주의는 자신들이 속한 집단의 구성원을 지향하는 개념으로 이해된다(Wagner and Moch, 1986). 하지만 개인주의와 집단주의는 반드시 상반된 개념은 아니며(Schartz, 1990), 양자 간의 관계는 고정된 속성이 아니라 사회체제의 변화와 맥락과 함께 한다. 예를 들어 트리앤디스(Triandis, 1995)의 경우 산업화와 부의 증가로 인해 집단주의적 사회로부터 개인주의적 사회로의 전환이 발생한다고 보고 있다.

여기에서는 개인주의적인 속성이 통합사회에 미칠 영향은 양방향적일 것으로 예상된다. 일반적으로 개인에 대한 정체성 부여는 타인에 대한 존중의 의미도 포함하고 있으므로 신뢰나 포용성에 긍정적인 영향을 미칠 수 있으나, 과도한 정체성을 부여하거나 소규모 혈연·지연에 매몰될 경우 타인에 대한 배타적 속성은 늘어날 것이다.

(2) 공동체주의

공동체주의는 개인이 속해 있거나 활동 중인 공식·비공식적 집단 및 지역에 정체성을 부여한 가치관을 의미한다. 공동체는 매우 신축적인 개념으로 좁게는 개인을 둘러싼 가족으로부터 넓게는 세계 전체로 확장이 가능하며, 공동의 연대의식, 호혜적 관계, 정서적 연결망, 사회연결망 등이 결합된 개념이다(이종수, 2008; 최종렬, 2004). 공동체주의는 개인주의와는 달리 비인격체인 공동체에 정체성을 부여하기 때문에 국가주의 혹은 민족주의와 공통분모를 지닌다. 그러나 어떤 공동체에 참여하느냐의 문제는 부분적으로 개인의 선택에 달려 있기 때문에 자율성의 측면에서 공동체주의와 국가주의 간 차이를 지닌다. 또한 공동체주의는 개인주의적 자유주의와 전체주의적 권위주의에 대한 반성으로부터 출발하며, 보수와 혁신, 우파와 좌파라는 이분법적 해석의 틀을 극복하려는 목적을 지니고 있기도 하다(예: 손철성, 2007).

공동체주의는 사회통합의 가치에 긍정적 효과와 부정적 효과를 동시에 지닐 것으로 예상된다. 개방적인 공동체일 경우 규범과 정보를 상호 공유하고 사회자본을 형성하는 긍정적 효과를 지닌다(Khondker, 2004). 공동체가 좋은 사회를 갖추는 데 초점을 맞추고 있다면(이종수, 2010: 9), 공동체는 집단 내부의 신뢰를 바탕으로 사회적 자본을 증진시키는데 기여한다(Putnam, 1993). 사회적 자본은 공동체에 대한 신뢰, 복종, 상호주의, 정보의 공유, 집단 이익을 위한 개인 이익의 희생 등으로 구성된다(Khondker, 2004). 그러므로 긍정적인 의미의 공동체주의가 강화된다면 공동체에 대한 몰입과 헌신이 이루어지고 이를 통해 사회 전체에 대한 신뢰, 포용성, 개인의 행복감이 향상될 수 있다. 그러나 밀도가 높고 구속력이 강한 공동체는 배타성을 높여 사회갈등을 심화시키는 부정적 효과를 지니기도 한다(Granovetter, 1973). 개인주의와 마찬가지로 공동체주의도 공동체의 이해관계가 지나치게 개입될 경우 폐쇄적인 속성이 나타날 수 있기 때문이다. 따라서 공동체주의는 사회통합을 구현하기 위한 완전한 대안이라고 볼 수 없다(장용석 외, 2009). 본 장에서는 통합사회의 구성요소에 미치는 영향의 방향성도 다르게 나타날 가능성을 제기한다.

(3) 국가주의

국가주의는 개별 행위자가 자신의 정체성을 주권국가와 동일시하거나 정체성의 기반을 국적 혹은 시민권에 두고 있는 것을 의미한다. 국가주의는 사람들이 특정 근대국가의 구성원으로서 동등한 자격을 추구하면서 시작되었다(Held, 1989: 197). 국가는 단일의 행정체계에 종속되어 있으며, 명확히 구분되는 영토 내에 존재하는 집합적 존재(Giddens, 1984)이므로 영토와 행정체제 내에서는 동질적이지만 다른 국가와는 분명히 구분되는 이질성을 지닌다.

근대 시민사회의 발전은 16세기 이후 근대국가의 주권 및 행정권의 형성과정과 밀접하게 연계되어 있다(Giddens, 1981: 169). 근대국가의 주권 개념과 중앙집권적인 행정체계의 형성 이후 비인격적인 국가에 정체성이 부여되고 이러한 정체성을 바탕으로 근대국가 내부에서 동질성을 지닌 시민의 개념이 확립되었다. 국가를 중심으로 발전된 국가주의 혹은 민족주의는 근대 유럽국가의 내부적 갈등요소를 완화하는 데 중요한 역할을 수행하였다. 국가주의는 봉건귀족과 부르주아 간의 갈등, 부르주아와 노동자 간의 갈등이라는 두 가지 큰 축의 계층 간 갈등을 완화하는 데 기여하였다(Giddens, 1981).

그러나 사회통합을 달성하기 위해 강제적인 수단이 동원되었다는 측면에서 사회통합에 대한 국가주의의 기여는 제한적이다. 무엇보다 근대국가의 출현 과정이 종교, 경제적 이익, 인종, 언어 등과 같은 다양한 형태의 소속집단과는 무관하게 지리적 영역과 정치적 충성심이 수렴된 형태로 나타났다는 점에서 국가주의는 근본적인 한계를 지니고 있다(Gellner, 1983). 국가주의는 종종 대내외적 사회 갈등의 근원이 된다. 개인과 개인, 집단과 집단, 국가와 국가 간의 협소한 동질성 추구는 사회통합기제로서 국가주의가 지닌 한계를 반영한다. 국가의 정체성을 인종과 역사의 연속성과 결부시키고 국가의 제도적 구조를 전위집단이 규정한 전체주의적 규칙에 구속시킨 파시즘이 타자에 대한 영속적인 투쟁을 강조했다는 점(Seers, 1983; Haas, 1986)은 국가주의가 지닌 한계의 대표적인 예이다.

(4) 세계사회와 세계시민주의

세계시민주의는 개인이 자신을 세계시민사회의 일원으로 여기며 자신의 정체성 기반을 세계사회에 근거하는 가치체계로 정의할 수 있다. 세계시민사회라는 용어는 20세기 중반 이후 세계화 과정에서 출현하였으나, 고대 그리스와 13세기 이후 유럽지역에서도 세계시민 혹은 세계시민사회라는 개념은 존재해 왔다. 세계시민주의는 개인,

공동체, 국가를 넘어서는 개념이다. 근대국민국가체제가 주권적 개념의 틀 내에서 현상유지를 위한 배타적이고 비공유적 속성을 지니고 있는 반면, 세계시민주의는 주권적 구속을 넘어 매개적이고 공유적이며 미래지향적인 속성을 지닌다(김상준, 2007).

세계시민주의는 전 세계를 포괄하는 공유된 가치가 존재한다는 가정으로부터 출발한다. 공유된 가치는 일련의 문화적 배열로 구성되며 합리화된 제도적·문화적 질서로 구축된다. 이러한 문화적 질서는 개별 행위자들의 이해관계나 계산에 의해 집합적으로 구성되었다기보다 행위자로서의 '역능적 지위(empowered actor)'가 부여된(Meyer et al., 1997) 중립적이고 보편적인 가치로서 확산된다(Meyer et al., 1997; Meyer and Jepperson, 2000). 그러므로 세계시민주의의 가치체계 적용방식은 다른 가치체계에 비해 상대적으로 낮은 이해관계를 나타낸다.

세계사회의 작동 과정은 비국가적 속성에 의존하는 반면 이를 수용하고 전파하는 중요한 행위자는 국가라는 역설적 성격을 지닌다. 그러나 세계사회는 주권국가의 권위나 강제성을 지니고 있지 않다. 세계사회 자체는 자발적이고 탈중심적이다. 제2차 세계대전 이후 주권국가의 독립(Strang, 1990), 정부의 구조적 확대(Kim et al., 2002; Jang, 2000) 역시 행위자들의 합리적인 선택의 결과라기보다 합리화된 제도의 확산으로 간주된다. 또한 전 세계적 환경문제의 이슈화(Frank, 1997; Frank et al., 2000), 인구문제(Barrett and Frank, 1999), 교육문제 및 인권문제(Ramirez et al., 1997; 구정우 2007), 소수자 문제 등 초국적 이슈와 세계시민주의적 아젠다가 확산되는 것 역시 규범화된 제도적 압력에 대한 자율적 혹은 수동적 조응의 결과이다. 세계시민주의는 행위자들의 자율성을 근간으로 하지만 세계문화의 확산에 따라 '의도하지 않은 가치체계'를 수동적으로 수용한 결과로서 나타나기도 한다.

세계시민주의는 국가를 넘어선 가장 넓은 인간사회를 대상으로 한 가치체계이다. 또한 인권이나 평화와 같은 가장 보편화된 가치를 추구한다. 그러므로 본 연구는 세계시민주의를 지향하는 개인은 상대적으로 낮은 배타성을 보일 가능성이 높으며 보편화된 가치의 개선가능성을 믿고 있기 때문에 상대적으로 긍정적이고 사회체제에 대한 신뢰수준도 높을 것으로 예상한다(장용석 외, 2011b).

2. 통합사회의 핵심가치 실증 분석을 위한 연구 방법

가. 자료 및 표본

본 장에서는 신뢰, 포용성, 행복 등의 통합사회 구성요소에 국가주의, 개인주의, 공동체주의, 세계시민주의가 미치는 영향을 실증적으로 분석하기 위해 세계가치관조사(World Value Survey)의 5차 자료인 2005~2008년 웨이브 자료를 이용하였다. 제5차 세계가치관조사 자료는 전 세계 57개국 80,829명을 대상으로 사회문화적 가치관에 대한 설문정보를 제공한다. 이 연구에서는 결측값이 있는 관측치를 제외한 37개국 26,692명의 가치관 조사 자료를 분석에 이용하였다.

나. 종속변수: 신뢰, 포용성, 행복

본 장에서는 사회 구성원들의 통합사회에 대한 인식이 국가주의, 개인주의, 공동체주의, 세계시민주의 등의 주관적 가치들에 의해 어떻게 결정되는지 실증 분석하기 위하여 통합사회의 구성요소를 신뢰, 포용성, 행복으로 나누어 종속변수를 설정하였다. 우선 사회체제에 대한 신뢰는 정부, 의회, 사법기관 등과 같은 공공기관에 대한 신뢰를 비롯해 언론이나 시민단체 등과 같이 사회체제의 일부를 구성하는 비-공공 분야에 대한 개인의 신뢰수준을 의미한다. 세계가치관조사 문항은 종교(v131), 군대(v132), 언론(v133), 텔레비전(v134), 노동조합(v135), 경찰(v136), 사법체계(v137), 정부(v138), 정당(v139), 의회(v140), 공공서비스(v141), 주요 기업(v142), 환경보호운동(v143), 여성운동(v144), 자선단체(v145)에 대한 개인의 신뢰 수준을 측정하였다. 응답 척도는 '상당히 신뢰함(1점)'부터 '전혀 신뢰하지 않음(4점)'으로 구성되었으며, 각각의 기관 혹은 사회체제에 대한 신뢰 수준을 역코딩한 뒤 요인점수를 산출하여 사회체제 신뢰지수를 구성하였다. 사회체제 신뢰지수를 구성하는 각 문항의 cronbach's alpha 값은 0.89로 높은 내적 타당성을 나타냈다.

포용성은 이질적 사회 구성원에 대한 거부감이 없음을 의미한다. 본 연구는 세계가치관조사에서 응답자가 사회적으로 소외되거나 배제된 9개 인구집단이 자신의 이웃으로 사는 것에 개의치 않을 경우 1, 살기 원치 않을 경우 0으로 코딩하여 이를 합산하였다(0점~9점). 이들 인구집단에는 마약중독자(v34), 타 인종(v35), AIDS 감염자(v36), 외국인 노동자(v37), 동성애자(v38), 타 종교 신자(v39), 술고래(v40), 미혼동거자(v41), 타 언어 사용자(v42)가 포함된다. 9개 이질적 구성원에 대한 포용성 여부의 cronbach's alpha 값은 0.67로 일정 수준 이상의 내적타당성을 확보하였다.

개인의 행복과 삶에 대한 만족은 제5차 세계가치관조사 설문문항의 '행복감(v10)' 문항과 '삶에 대한 만족(v22)'을 묻는 질문을 이용하였다.

행복감은 ‘매우 행복하다(1점)’부터 ‘매우 행복하지 않다(4점)’의 측정 척도를 역코딩하였다. 본 분석에서는 행복감과 삶의 만족도에 대한 응답을 요인분석하여 도출된 요인점수를 행복 지수로 이용하였다.

다. 독립변수: 개인주의, 공동체주의, 국가주의, 세계시민주의

본 장에서는 개인주의, 공동체주의, 국가주의, 세계시민주의를 독립변수로 설정하여 통합사회의 구성요소인 신뢰, 포용성, 행복에 미치는 가치체계의 영향을 분석하기 위해 개인주의, 공동체주의, 국가주의, 세계시민주의를 독립변수로 설정하였다. 특히 각각의 가치체계가 통합사회에 미치는 다면적인 영향을 측정하기 위해 각각을 2가지 이상의 개념으로 측정하였다. 먼저 개인주의는 이기주의, 개인의 자율성, 혈연과 지연의 네 가지 변수로 측정하였다. 우선 이기주의는 무임승차, 탈세, 동성애, 매매춘, 이혼 등(v198-v207) 반-사회적 행위의 정당화 가능성을 묻는 문항(1~10점)에 대해 요인점수를 산출하여 측정하였으며, 점수가 높을수록 이기주의 정도가 크다고 보았다. 각 문항에 대한 cronbach's alpha 값은 0.84로 높은 수준의 내적타당성을 나타냈다. 개인의 자율성 변수는 질문 문항 중 “나는 내 자신을 자율적인 개인이라고 생각한다”라는 문항(v214)에 대한 동의여부(매우 동의함 1점, 매우 동의하지 않음 4점)를 역코딩하여 측정하였다(1~4점). 혈연과 지연은 가족관계(v4)와 친구관계(v5)를 얼마나 중요시하는지 여부(매우 중요함 1점, 매우 중요하지 않음 4점)를 역코딩하여 각각의 변수로 구성하였다(1~4점).

국가주의 변수는 국가에 대한 자부심, 국가에 대한 충성, 개인의 정체성을 국가에 두고 있는지 여부로 측정하였다. 국가에 대한 자부심은 세계가치관조사 문항 중 “당신은 (자신의 국적)이 얼마나 자랑스럽습니까?"라는 문항(v209)을 이용하였으며, 매우 자랑스러움(1점)부터 전혀 자랑스럽지 않음(4점)의 응답 척도를 역코딩하여 변수를 구성하였다. 국가에 대한 충성은 "당신은 나라를 위하여 싸울 의사가 있습니까?"라는 문항(v75)을 이용하였으며, 싸울 의사가 있다고 응답한 경우는 1, 그렇지 않은 경우는 0으로 코딩하여 측정하였다. 개인의 정체성을 국가에 두고 있는지 여부는 "나는 내 자신을 국가의 시민이라고 생각한다"라는 문항(v212)에 대한 동의 정도로 측정하였으며, 매우 동의함(1점)부터 매우 동의하지 않음(4점)의 척도를 역코딩하여 변수를 구성하였다(1~4점).

공동체주의는 공동체에 대한 소속감과 공동체에 대한 참여를 측정 변수로 두었다. 소속감은 자신의 정체성을 공동체에 부여하는지에 대한 동의 여부(v211)로 측정하였으며, 매우 동의할 경우 1점, 매우 동의하지 않을 경우 4점의 척도를 역코딩하여 변수로 구성하였다(1~4점). 공동체 참여는 종교조직, 스포츠 단체, 교육 및 예술단체, 환경운동조직 등과 같이 응답자가 실제 활동하는 단체(v24~v31, v33)의 수를 합산하여 측정하였다.

세계시민주의는 개인을 세계시민의 일원으로 생각하는지에 대한 동의여부(v210)를 이용하였으며, 매우 동의함(1점)부터 매우 동의하지 않음(4점)의 척도를 역코딩하여 측정하였다(1~4점). 또한 국제평화유지(v179), 환경보호(v180), 개발도상국 원조(v181), 난민(v182), 인권(v183) 등과 같은 주요 글로벌 이슈의 문제해결 주체가 UN이나 국가간 협력체라고 생각할 경우 1로 코딩하고 이를 합산하여 측정하였다(0~5점). 변수의 개념 및 측정 방식과 기술통계량은 〈표 3-2〉와 〈표 3-3〉과 같다.

마지막으로 본 분석은 통합사회의 국가별 특성을 통제하기 위해

〈표 3-2〉 변수의 개념 및 측정

범주	변수	개념	측정
종속 변수	사회체제 신뢰	정부, 언론, 교육체계, 기업 등과 같은 사회체제 구성요소에 대한 믿음	정부, 기업, 언론, 민간단체활동 등에 15가지 사회문제에 대한 신뢰도 문항(4점 척도)의 요인점수
	포용성	비동질적(예: 타 언어, 종교)이거나 위험하다고 인식된 (예: 전과자, 마약중독자) 사람을 배제하지 않는 것	마약중독자, 타 인종, 타 언어, 동성애자 등의 이웃 거주에 대한 비배제 여부(각 1점) 합산(0~9점)
	행복	삶의 만족도와 행복감	삶의 만족도 지수(1~10점)와 행복도 지수(1~4점)에 대한 요인점수
개인 주의	개인의 자율성	개인의 정체성을 비-사회적 개인과 동일시	자신을 자율성을 지닌 개인으로 여기는지 여부(4점 척도)
	이기주의	개인적 이익을 위한 공적 자원의 무단 이용 및 반-사회적 행동을 정당화	무임승차, 자살, 음주, 거짓말, 이혼, 탈세 등을 정당화할 수 있는지 여부(10점 척도)를 묻는 10개 문항에 대한 요인점수
	혈연 중시	소규모 가족관계 중요시	가정 내 생활의 중요성(4점 척도)
	지연 중시	개인적 연결망을 중요시	삶에서 친구가 차지하는 중요성(4점 척도)
공동체 주의	공동체에 대한 소속감	개인의 정체성을 지역사회와 동일시	자신을 지역사회공동체의 일원으로 여기는지 여부(4점 척도)
	공동체에 대한 참여	다양한 사회조직에 참여하여 적극적으로 활동	정치, 민간, 예술, 자선단체 등에 참여하여 적극적으로 활동할 경우 1점, 합산(0~9점)
국가 주의	국가에 대한 소속감	개인의 정체성을 국가와 동일시	자신을 국가의 시민으로 여기는지에 대한 동의 여부(4점 척도)
	국가에 대한 자부심	국가에 대한 자랑스러움	국적에 대해 자랑스러워하는 정도(4점 척도)
	국가에 대한 충성	국가에 대해 충성할 의지	국가를 위해 싸울 의사가 있을 경우 1, 그렇지 않으면 0
세계 시민 주의	세계시민사회 소속감	개인의 정체성을 세계시민사회와 동일시	자신을 세계시민의 일원으로 여길 경우 1, 그렇지 않으면 0
	문제해결 주체로서 국제사회의 중요성	글로벌 이슈의 문제해결주체가 국제사회라고 인식	국제평화, 환경, 빈국원조, 난민, 인권문제의 해결 주체가 UN, 국가간 공조, 국가 간 협력조직일 경우 1점, 합산(0~5점)

〈표 3-3〉 변수의 기술통계량

범주	변수	N	평균	표준편차	최솟값	최댓값
종속변수	사회체제 신뢰	26,692	0.00	0.96	-2.49	2.46
	포용성	26,692	5.86	2.06	0	9
	행복	26,692	0.96	0.96	-3.22	1.56
개인주의	개인의 자율성	26,692	2.99	0.90	1	4
	이기주의	26,692	0.04	0.93	-1.09	3.68
	혈연 중시	26,692	1.09	0.33	1	4
	지연 중시	26,692	1.61	0.69	1	4
공동체주의	공동체에 대한 소속감	26,692	3.31	0.66	1	4
	공동체에 대한 참여	26,692	0.90	1.31	0	9
국가주의	국가에 대한 소속감	26,692	3.51	0.59	1	4
	국가에 대한 자부심	26,692	3.51	0.69	1	4
	국가에 대한 충성	26,692	0.74	0.44	0	1
세계시민주의	세계시민사회 소속감	26,692	3.07	0.78	1	4
	문제해결 주체로서 국제사회의 중요성	26,692	3.01	1.53	0	5
통제변수	낮은 교육수준	26,692	0.32	0.47	0	1
	중간 교육수준	26,692	0.44	0.50	0	1
	사회적 지위	26,692	3.25	0.98	1	5
	성별	26,692	0.51	0.50	0	1
	연령	26,692	41.58	16.35	15	98
	소득	26,692	5.04	2.23	1	10
	결혼상태	26,692	0.62	0.48	0	1

임의절편모형(random intercept model)을 이용하여 개인주의, 공동체주의, 국가주의, 세계시민주의가 통합사회의 구성 요소인 사회체제 신뢰, 포용성, 행복에 미치는 영향을 분석하였다. 고정효과 모형을 이용하면 각 국가별 변수를 고정 값으로 추정하게 되는데, 이 경우 본 연구에서 검증하고자 하는 주요 더미 변수의 효과를 확인할 수 없는 문제가 발생한다. 그러므로 본 연구는 계층선형모형(hierarchical linear model)에서 상위 계층(국가)이 절편에 미치는 효과를 추정하는 임의절편모형(random intercept model)을 이용하여 개별 독립변수가 종속변수에 미치는 영향 요인을 검증하였다.

3. 통합사회의 핵심가치 국가 간 비교 분석 결과

본 장은 통합사회가 다양한 차원으로 구성되어 있으며 통합사회의 구성요소가 반드시 상호보완적이지 않을 것이라는 논의로부터 출발하였다. 〈표 3-4〉에 제시된 상관관계분석 결과 사회신뢰와 포용 간의 상관관계는 -0.11로 나타났으며, 포용과 행복 간의 상관계수는 0.07로 상관성이 높지 않음을 보여준다. 이는 본 장에서 제시한 통합사회의 구성요소인 사회신뢰, 포용, 행복 간의 관계가 상호 별개의 차원을 반영하고 있음을 의미한다. 또한 국가별로 통합사회 요소를 표준화한 지수를 비교분석한 결과에서도 특정 구성요소의 수준이 높더라도 다른 구성요소와 정비례하지 않는 것으로 나타났다. 예를 들어, 스웨덴의 경우 포용성과 행복의 표준화 지수는 각각 0.70, 0.45로 비교대상 국가군 중 가장 높은 것으로 나타났으나 사회신뢰 수준은 0.09로 비교대상 국가군 중 11위로 나타났다. 또한 베트남의 경우 사회신뢰 수준은 1.81로 비교대상 국가군 중 가장 높은 수준을 보였으나, 포용성은 -0.68로 매우 낮은 것으로 나타났다.

이와 같은 결과는 신뢰, 포용성, 행복이 통합사회의 서로 다른 차원을 구성함과 동시에 개인주의, 공동체주의, 국가주의, 세계시민주의에 의해 서로 다른 영향을 받을 가능성을 제기한다. 이론적 논의를

〈표 3-4〉 상관관계 분석 결과

	변수	1	2	3	4	5	6	7	8	9	10
1	사회체제 신뢰	1.00									
2	포용성	-0.11	1.00								
3	행복	0.17	0.07	1.00							
4	개인의 자율성	0.07	-0.01	0.03	1.00						
5	이기주의	-0.08	0.16	0.03	0.02	1.00					
6	혈연 중시	-0.04	0.01	-0.09	-0.02	0.08	1.00				
7	지연 중시	-0.03	-0.03	-0.11	-0.09	-0.02	0.17	1.00			
8	공동체에 대한 소속감	0.16	-0.04	0.05	0.17	-0.13	-0.08	-0.05	1.00		
9	공동체에 대한 참여	0.12	-0.01	0.14	-0.01	0.01	-0.02	-0.04	0.07	1.00	
10	국가에 대한 소속감	0.13	-0.03	0.06	0.19	-0.11	-0.07	-0.06	0.48	0.07	1.00
11	국가에 대한 자부심	0.21	-0.05	0.16	0.06	-0.15	-0.11	-0.04	0.21	0.06	0.33
12	국가에 대한 충성	0.16	-0.11	0.04	0.04	-0.11	-0.05	-0.04	0.09	0.03	0.13
13	세계시민사회 소속감	0.16	-0.06	0.10	0.19	-0.04	-0.05	-0.05	0.33	0.09	0.23
14	문제해결 주체로서 국제사회의 중요성	-0.05	0.10	0.02	0.04	0.10	-0.01	-0.02	-0.05	0.01	-0.04
15	낮은 교육수준	0.04	-0.05	-0.07	-0.06	-0.12	0.04	0.08	0.07	-0.10	0.02
16	중간 교육수준	-0.01	-0.01	0.00	0.01	0.00	-0.02	0.02	-0.02	-0.01	-0.01
17	사회적 지위	0.00	-0.01	-0.21	-0.08	-0.11	0.02	0.08	0.02	-0.11	-0.02
18	성별	-0.01	-0.02	-0.01	0.02	0.00	0.05	0.00	0.01	0.03	0.02
19	연령	-0.01	0.05	-0.01	-0.02	-0.03	0.02	0.04	0.05	-0.02	0.04
20	소득	0.06	0.04	0.23	0.04	0.10	-0.05	-0.05	-0.02	0.12	0.00
21	결혼상태	0.05	-0.03	0.09	-0.03	-0.04	-0.08	0.05	0.04	0.00	0.03

	변수	11	12	13	14	15	16	17	18	19	20
11	국가에 대한 자부심	1.00									
12	국가에 대한 충성	0.20	1.00								
13	세계시민사회 소속감	0.16	0.08	1.00							
14	문제해결 주체로서 국제사회의 중요성	-0.07	-0.03	-0.01	1.00						
15	낮은 교육수준	0.12	0.01	0.00	-0.08	1.00					
16	중간 교육수준	-0.02	0.00	-0.02	0.01	-0.61	1.00				
17	사회적 지위	0.03	0.00	-0.04	-0.03	0.29	-0.01	1.00			
18	성별	0.02	0.14	0.02	0.04	-0.02	0.01	0.01	1.00		
19	연령	0.02	-0.04	-0.09	-0.04	0.20	-0.12	0.00	0.03	1.00	
20	소득	0.01	0.03	0.05	0.06	-0.25	0.02	-0.44	0.02	-0.09	1.00
21	결혼상태	0.03	0.04	-0.03	-0.03	0.08	-0.04	-0.03	0.03	0.29	0.09

통해 제기되었던 통합사회의 복합성과 영향요인의 다양성을 검증하기 위해 임의절편모형을 이용한 분석 결과는 다음과 같다.

〈표 3-5〉에 제시된 분석 모형에는 교육수준, 사회적 지위, 성별, 연령, 소득, 결혼상태 등이 통제변수로 포함되었다. 교육수준이 낮은 응답자가 사회체제에 대한 신뢰 수준은 높은 것으로 나타난 반면, 포용성은 낮은 것으로 분석되었다. 이러한 결과는 사회적 지위가 높은 응답자일수록 사회체제에 대한 신뢰 수준은 낮은 반면, 포용성은 높은 것과 맥락을 같이 한다. 사회적 지위가 높은 응답자는 그렇지 않은 응답자와 비교하여 행복 수준은 낮은 것으로 분석되었다. 또한 남성이 여성에 비해 사회체제 신뢰 수준이 낮았으며, 연령대가 높을수록 사회체제 신뢰 수준은 높아지지만, 포용성이나 행복 수준은 낮아졌다. 높은 소득수준은 전반적으로 통합사회 구성요소에 긍정적인 영향을 미치는 것으로 나타났는데, 이는 통합사회의 필요조건으로 기본적인 경제력이 확보되어야 함을 의미한다. 마지막으로 기혼자는 미혼자에 비해 사회신뢰나 행복 수준이 높은 것으로 나타났으며 포용성에서는 유의미한 차이가 나타나지 않았다.

이와 같은 개인적 특성을 통제하고 개인주의, 공동체주의, 국가주의, 세계시민주의가 통합사회에 미치는 영향을 분석한 결과는 다음과 같다. 첫째, 사회 구성원의 정체성을 개인에게 부여함으로써 나타나는 개인주의는 통합사회에 전반적으로 부정적인 영향을 미치는 것으로 나타났다. 기본적으로 개인주의의 근간이 되는 개인의 자율성은 사회체제, 포용성, 행복과 모두 긍정적인 상관관계를 나타내고 있었으나 개인이 투영하는 정체성의 범위가 좁을수록 통합사회 구성요소에 미치는 영향은 부정적이었다. 특히 지연을 중시하는 성향의 경우 사회체제신뢰, 포용성, 행복과 부정적인 상관관계를 보이고 있었으며,

〈표 3-5〉 분석 결과

독립변수		사회체제 신뢰	포용성	행복
개인주의	개인의 자율성	0.019** (0.006)	0.027* (0.013)	0.017* (0.007)
	이기주의	-0.002 (0.006)	0.143** (0.013)	-0.041** (0.007)
	혈연 중시	-0.021 (0.016)	0.042 (0.033)	-0.149** (0.016)
	지연 중시	-0.064** (0.008)	-0.070** (0.016)	-0.123** (0.008)
공동체주의	공동체에 대한 소속감	0.088** (0.009)	-0.039* (0.019)	0.027** (0.010)
	공동체에 대한 참여	0.041** (0.004)	-0.052** (0.009)	0.045** (0.004)
국가주의	국가에 대한 소속감	0.019 (0.010)	0.027 (0.021)	-0.019 (0.011)
	국가에 대한 자부심	0.160** (0.008)	-0.119** (0.018)	0.154** (0.009)
	국가에 대한 충성	0.126** (0.012)	-0.024 (0.026)	0.010 (0.013)
세계시민주의	세계시민사회 소속감	0.066** (0.007)	-0.023 (0.015)	0.056** (0.008)
	문제해결 주체로서 국제사회의 중요성	-0.011** (0.003)	0.021** (0.007)	0.003 (0.004)
통제변수	낮은 교육수준	0.090** (0.016)	-0.358** (0.035)	0.024 (0.017)
	중간 교육수준	0.038** (0.014)	-0.244** (0.029)	0.020 (0.014)
	사회적 지위	-0.025** (0.006)	0.052** (0.013)	-0.117** (0.006)
	성별	-0.064** (0.010)	0.026 (0.021)	-0.017 (0.011)
	연령	0.001** (0.000)	-0.006** (0.001)	-0.004** (0.000)
	소득	0.011** (0.003)	0.032** (0.006)	0.064** (0.003)
	결혼상태	0.036** (0.011)	-0.014 (0.023)	0.157** (0.012)
상수		-1.239** (0.094)	6.532** (0.217)	-0.314** (0.086)
sigma_u		0.446** (0.052)	1.078** (0.126)	0.357** (0.042)
sigma_e		0.803** (0.003)	1.692** (0.007)	0.849** (0.004)
rho		0.144** (0.029)	0.288** (0.048)	0.150** (0.030)
Observations		26,692	26,692	26,692
Number of country		37	37	37

주: *p<0.05, **p<0.01; 괄호 안은 표준편차.

혈연을 중시하는 경향은 행복과 부정적인 관계를 나타내고 있었다. 다만 개인주의가 극대화된 이기주의적 성향은 행복에 부정적인 영향을 보이고 있었으나, 포용성과는 긍정적인 상관관계를 나타내고 있었다. 이는 자신의 일탈행위(예: 자살, 음주, 거짓말)에 대한 정당화 기준을 타인에게도 적용하기 때문에 나타나는 현상으로 이해된다. 즉, 자신의 무임승차 행위가 정당화되기 때문에 타인의 똑같은 일탈행위도 관용적으로 받아들인다는 것이다.

둘째, 공동체에 대한 소속감과 공동체에 대한 참여로 측정한 공동체주의는 사회체제 신뢰와 행복과는 긍정적인 관계를 보이고 있었으나 포용성과는 부정적인 관계가 있는 것으로 나타났다. 사회체제가 개인 간의 복합적인 상호작용을 통해 형성된다면 공동체에 대한 개인의 소속감 증대와 적극적인 공동체 활동 참여는 사회체제에 대한 신뢰가 담보되어야 한다. 즉, 공동체의 형성은 기본적으로 집단 내부에 대한 신뢰를 바탕으로 형성되기 때문에(Putnam, 1993), 사회적 자본을 형성하여 사회 전체의 신뢰 수준을 높이는 데 기여한다는 것이다(Khondker, 2004). 또한 개인은 사회적 관계를 통해 자신의 욕구 수준을 통제하며 이 욕구가 달성되었을 때 행복감을 느끼기 때문에 공동체에 대한 높은 수준의 소속감과 참여의 정도는 개인의 행복 수준을 증가시키는 데 기여한다. 이는 부분적으로 공동체 활동이 상호주의 혹은 집단이익을 위한 개인의 희생을 요구하며(Khondker, 2004), 공동체에 참여하는 개인이 이러한 요구에 순응하기 때문에 가능해진다. 반면, 공동체에 대한 과도한 소속감이나 특정 집단이나 공동체에 대한 참여 수준이 증가할 경우 상대적으로 다른 집단이나 공동체에 대한 이해와 포용성은 낮아질 가능성이 높아진다. 이러한 결과는 지나친 공동체주의로 인한 폐쇄성을 지적한 장용석 외(2009)의 연구 결과와도 맥락을 같이 한다.

셋째, 국가주의에 대한 분석 결과는 공동체주의와 마찬가지로 사회체제 신뢰나 행복에는 긍정적인 영향을 미치는 반면 포용성과는 부정적인 관계인 것으로 나타났다. 개인의 정체성을 국가에 부여하는 정도는 통합사회 구성요소 전반에 걸쳐 유의미한 영향이 나타나지 않았으며 국가에 대한 자부심이 높을수록 사회신뢰나 행복 수준은 높은 반면, 포용성은 낮은 것으로 나타났다. 근대국가의 등장과 더불어 국가라는 공간적 · 인지적 영역은 영역 내부의 사회 구성원을 결속시켜 왔다. 특히 국가를 중심으로 한 시민사회의 형성은 사회계층 간 갈등을 완화하는 데 기여하였다(Giddens, 1981; 1984). 그러나 사회 갈등 완화기제로서 국가의 역할은 영토 내부에 한정되어 있어 사회통합의 범위를 영토 외적인 차원으로 확대할 경우 근본적인 한계에 직면한다.

마지막으로 세계시민주의는 이와 같은 국가주의의 한계를 극복하기 위한 대안으로 제시할 수 있다. 시민사회에 대한 소속감은 사회신뢰와 행복에 긍정적인 영향을 미치고 있었으며, 환경, 인권 등과 같은 초국가적 문제해결 과정에서 국제사회의 중요성에 대한 인식 수준이 높을수록 포용성은 증가하는 것으로 나타났다. 반면 국제사회의 역할에 대한 인식이 높을수록 사회체제에 대한 신뢰 수준은 낮아지고 있었다. 이는 세계시민주의가 확대될수록 상대적으로 국가의 역할이 지닌 중요성에 대한 인식이 낮아지기 때문으로 해석된다. 또한 사회체제 신뢰를 측정하는 지표가 정부, 교육체계 등과 같은 국가체제에 대한 신뢰수준을 반영하고 있기 때문에 이와 같은 결과는 국가가 해결하지 못하는 문제에 대한 대안으로서 세계사회의 중요성에 보다 무게를 두는 것으로 이해할 수 있다.

4. 소결

본 장에서는 통합사회의 다원적 가치와 영향 요인을 규명하기 위한 탐색적 시도로서 사회 구성원들 간의 태도와 관계 그리고 가치를 기준으로 신뢰, 포용성, 행복의 세 가지 구성 요소를 제시하였다. 신뢰는 사회적 안정과 결속을 유지하기 위한 기본적인 전제조건이며, 신뢰를 전제로 한 사회적 관계의 확대를 통해 포용성이 제고된다. 마지막으로 행복은 사회적 관계를 통해 창출되는 최종적인 가치로 인간의 무한한 욕구를 충족 가능한 수준으로 제한한다. 사회통합은 근본적으로 사회적 관계 속에서 형성되는 가치이며, 개인과 개인이 맺는 실질적인 관계와 함께 인지적·심리적 차원의 수용성에 의해 결정된다. 따라서 본 장에서는 사회적 관계에 대한 개인의 인식 수준이 개인이 맺고 있는 사회적 관계에 따라 다층적으로 형성되어 있기 때문에 통합사회의 개별적인 구성 요소에 미치는 영향도 다를 것이라고 보았다. 특히 본 분석에서는 통합사회의 구성요소에 미치는 영향 요인을 개인과 소규모 사회적 연계를 중심으로 하는 개인주의, 개인이 소속된 공식·비공식적 집단을 중심으로 하는 가치체계를 의미하는 공동체주의, 개인이 속한 국가에 정체성을 부여하는 국가주의와 국가주의의 한계를 극복하기 위한 대안으로서의 세계시민주의에 주목하였다.

세계가치관조사(world value survey) 자료를 이용하여 통합사회의 다원적 요소와 네 가지 영향 요인에 대한 실증 분석 결과는 다음과 같은 함의를 제시한다. 첫째, 본 분석 결과는 통합사회의 구성요소가 반드시 서로 정비례하지 않을 가능성을 제기한다. 사회통합이 다원적인 가치체계에 의해 구성되고 개념적으로 상호 구분되어 각 구성요소가 독립적으로 사회통합의 가치를 구현한다면, 통합사회의 구성요소가 서로 배타적으로 형성되거나 때로는 반비례할 가능성마저 내포하고 있다. 사회체제에 대한 신뢰 수준과 포용성 간에 부정적인 상관관계가 형성되어 있다는 점이 이러한 주장을 뒷받침한다.

둘째, 통합사회의 구성요소가 상호 배타적이거나 혹은 다른 방향성을 지니고 있으므로 이에 영향을 미치는 요인도 서로 다른 방식으로 작동할 수 있다. 예를 들어, 공동체 참여 수준은 사회체제 신뢰와 행복에 긍정적인 영향을 미치는 반면 포용성에는 부정적으로 작용하고 있었으며, 이기주의는 개인의 행복에는 부정적인 영향을 미치지만 포용성에는 긍정적으로 작용하고 있었다.

셋째, 본 장에서는 사회통합의 궁극적 가치를 규명하기 위해 기존에 국가체제를 중심으로 논의되어 왔던 사회통합을 세계시민사회로 확대하여 접근하였다. 특히 환경이나 인권 등과 같이 국경을 초월한 보편적 가치구현을 추구한다면, 기존의 국가 중심 사회통합기제에는 한계가 있다(장용석 외, 2011b). 또한 국가 중심의 사회통합은 일정 부분 강제성을 지니고 있으며, 필연적으로 다른 국가나 다른 민족에 대한 배타성을 특징으로 하기 때문에 세계사회 전체를 포괄하는 사회통합을 달성하기 어렵다. 실증 분석 결과는 세계시민주의가 신뢰, 포용성, 행복을 증진시키는 데 긍정적으로 작용하고 있는 것으로 나타나 부분적으로 포용성을 제약하는 국가주의의 한계점을 보완할 수 있는 가치체계인 것으로 나타났다. 그러나 분석 결과에 의하면 세계시민주의는 특정한 문제를 해결하는 과정에서 국가역할의 한계를 전제로 하고 있기 때문에 사회통합기제로서 세계시민주의가 작동하기 위해서는 일정 부분 국가주의, 공동체주의, 개인주의와 상호 보완이 이루어져야 할 것이다.

본 장에서는 개념적 혹은 실증적인 측면에서 통합사회를 다원적 가치체계로 이해하고 이를 검증하기 위해 여러 국가의 시민들을 대상으로 한 조사 자료를 활용하였다는 점에서 개념적·이론적 논의를 중심으로 하는 기존의 연구와 차별화된다. 또한 통합사회를 구성하는 요소의 다원성과 더불어 이에 영향을 미치는 요인이 다층적으로 형성되고 상호보완적인 특성을 지니고 있을 가능성을 제기하였다는 점에서 의미를 지닌다. 그러나 본 장에서는 신뢰, 포용성, 행복을 개별적인 통합사회 구성요인으로 파악하고 있어, 이러한 구성요소가 사회통합을 실질적으로 구현하는 방식을 규명하고 있지 못하는 한계가 있다. 따라서 향후 연구에서는 개인, 공동체, 국가, 세계사회로 연계되어 사회통합이 구현되는 방식과 경로를 실제 사례와 더불어 구체적으로 규명하는 작업이 요구된다.

제4장

통합사회 실현을 위한 한국의 정책 분석

제4장 통합사회 실현을 위한 한국의 정책 분석

최근 들어, 국정 운영 패러다임은 '개발', '성장', '발전' 등의 경제적 측면을 넘어 '공동체', '다양성', '관용', '통합' 등의 사회적 측면을 함께 강조하는 형태로 변화하고 있다(장용석 · 조희진, 2013). 경제 발전과 함께 사회 구성원 모두가 공평한 대우를 받고 이들의 다양성을 포용하여 서로 신뢰하고 협력할 수 있는 사회 공동체를 건설하는 것은 장기적으로 국가의 경쟁력을 높일 수 있기 때문이다. 따라서 통합사회의 실현이 중요하다는 점에 대해 전 세계적으로 공감하고 있다. 무엇보다 한국은 압축적인 경제 성장과 더불어 세계화, 정보화, 민주화로 인한 급속한 사회 변화를 겪으면서 다양한 가치체계가 공존하게 됨에 따라 사회 갈등의 양상도 복잡해지고 있다. 이에 한국은 통합사회 실현의 필요성에 대해 더욱 크게 공감하고 있다(장용석, 2013).

예를 들어, 2010년 OECD 27개 국가들 중 한국이 2번째로 사회 갈등 정도가 높은 것으로 나타났는데 이 수치는 종교 분쟁을 심하게 겪고 있는 터키를 제외하면, 사회 갈등의 정도가 가장 심각한 국가임을 의미한다. 특히 한국은 2005년 OECD 27개 국가 중 4번째로 사회 갈등 정도가 높았었다. 그에 비하면 2010년 한국은 사회 갈등의 양상이 더욱 악화되었음을 알 수 있다. 사회 갈등은 주로 이념, 세대,

지역, 성별 등 서로 다름을 인정하지 못 해서 발생하는 경우가 많다. 한국은 여러 사회 갈등 유형 중에서도 경제적 이해에 따른 갈등 수준이 가장 심각한 것으로 나타났다. 2013년 12월, 문화체육관광부에서 발표한 결과에 따르면, 응답자의 약 83%가 한국 사회의 경제적 부의 분배가 공정하게 이루어지지 못하였다고 인식하고 있었으며, 응답자의 약 86%가 한국 사회의 경제적 양극화가 심각한 편이라고 생각하고 있었다. 특히, 응답자 본인의 가정경제 수준이 중산층보다 낮다고 생각할수록 경제적 부의 분배가 공정하게 이루어지지 못한다고 인식하고 있는데, 이는 계층 갈등의 심각성을 잘 보여 준다. 즉, 다른 사람들과 비교하였을 때 느끼게 되는 상대적 박탈감 때문에 오는 사회 갈등이 한국의 가장 큰 사회 문제임을 알 수 있다. 이에 정부는 누구에게나 동등한 기회를 부여하고 결과에 대해 스스로 책임을 지도록 함으로써 사회로부터 배제되지 않고 사회 구성원 간에 결속력을 다질 수 있도록 다양한 정책적 노력을 기울이고 있다.

구체적으로는 사회 갈등 해소를 통해 사회통합을 실현할 목적으로 2009년 대통령 직속의 사회통합위원회가 발족되었고, 2013년에는 국민대통합위원회를 신설하여 사회통합을 넘어 국민대통합의 시대로 나아가기 위한 발판을 다지고 있다. 사회 갈등을 그대로 방치할 경우, 사회 구성원들 간의 응집력, 결속력이 저해되어 공동체 건설이 어려워짐은 물론 사회 체제에 대한 불신이 팽배해질 수 있다(장용석, 2013). 이는 사회 공동의 목표를 향한 추진 동력을 상실케 하므로 통합사회로의 진전을 가로막는다. 더욱이 사회 속의 개인, 국가 속의 사회, 세계 속의 국가를 아우르는 통합사회를 상정한다면, 국가는 개인을 위험으로부터 안전하게 보호하여 행복한 삶을 영위하도록 하고, 자발적으로 국제사회에 참여하여 국제 문제를 해결하도록 협력해야 한다. 하지만 국가 내의 사회 갈등이 지속될 경우, 국제사회 일원으로서 국제 문제를 해결할 의지와 역량은 물론 국민 개개인의 삶의 질까지 낮아진다.

따라서 본 장에서는 사회 갈등을 해소하고 경제 성장을 넘어 사회 발전을 이끄는 통합사회의 실현이 선진일류국가로 도약하기 위한 한국의 최우선 과제임을 인지하여, 이와 관련된 정책들이 어떻게 시행되고 있는지 살펴보고자 한다. 무엇보다 '개인의 자유와 안전이 보장되고 관용과 신뢰를 바탕으로 건설된 공동체이며 국제사회에 기여하는 사회'로 정의되는 통합사회의 실현을 위해서는 공동체 건설을 통해 사회 협력을 촉진시키는 사회적 자본의 역할이 중요하다. 개인의 자유나 권리 보호뿐 아니라 공동체적 가치를 중시하는 통합사회를 구현하기 위해서는 사회적 책임, 배려, 관용 등을 실천하여 사회 갈등을 줄이고 사회 구성원들 간의 공감대를 형성하여 사회적 신뢰를 구축하는 것이 우선되어야 하기 때문이다(김세원 외, 2011; 장용석 외, 2011b). 특히, 이러한 사회적 자본은 사회 구성원 모두가 공평한 대우를 받고 균등한 기회를 보장받는 등 기존에 행해지던 각종 불공정 관행이 개선될 때 더욱 공고해질 수 있다. '출발은 물론 경쟁 과정을 공평히 함으로써 경쟁자들이 그 결과에 대해 공감하고 스스로 책임지는 사회, 즉, 부패가 없고 균등한 기회가 보장되며, 약자를 배려해 그들이 다시 일어설 수 있도록 뒷받침하는 사회'가 될 때, 사회 구성원 개개인의 권익과 가치가 높아지고 이들 간의 신뢰와 협력, 관용을 바탕으로 공동체를 건설할 수 있는 것이다.

이에 본 장에서는 OECD 회원국들과의 국가 간 비교 분석 결과 및 세부 정책 분석을 토대로 사회적 자본 구축 및 사회 갈등 해소와 관련된 기존 정책들의 한계를 밝히고 어떠한 점에서 보완이 이루어져야 하는지 제안하고자 한다. 먼저, 사회적 자본 구축과 관련된 기존 정책들의 문제를 파악하기 위해 공정성의 개념이 특히 강조되었던 이명박 정부의 2009년부터 2011년까지의 정책들로 한정하여 살펴보았다. 사회 갈등 해소와 관련해서는 2012년 사회통합위원회에서 시행했던 정책들을 중심으로 살펴보았다.

1. 이론적 논의[1)]

Bourdieu(1986)에 의해 처음 사회적 자본이라는 개념이 도입된 이래 정치학, 경제학 등 많은 학문 영역에서 이에 대하여 연구하기 시작하였다. 사회적 자본이란 사회적 관계나 네트워크 구조에 배태되어 있는 자본으로 Putnam(1993)은 이에 대해 '상호이익을 위한 협동과 협력을 촉진시키는 네트워크, 규범 및 사회적 신뢰와 같은 사회적 특성'이라 정의하였다(신광철 외, 2010). 사회적 자본이 확충되었을 때 사회 구성원들 사이에 발생할 수 있는 다양한 갈등의 상황을 줄여 신뢰를 구축할 수 있으며 사회 및 국가의 공통된 목적을 향한 결속력을 다질 수 있다(Coleman, 1988; 박영미, 2009; 장용석 외, 2009). 또한 사회적 자본 확충은 Fukuyama(1995)가 제시한 것처럼 국가의 경제 성장 및 정치, 사회 발전에 긍정적인 영향을 미칠 뿐 아니라 과거부터 현재까지 지속되어 오던 각종 불공정 관행을 개선하여 통합사회, 더 나

1) 본 절은 한준 · 김위정 · 장미혜 · 장용석 · 김연화 · 홍성인(2011)의 특임장관실 연구보고서 '공정사회 구축을 위한 사회적 자본 확충 방안'의 연구 결과를 기반으로 발전된 논의를 재구성한 것이다.

아가서는 진정한 선진일류국가로 거듭나도록 한다.

이러한 사회적 자본을 구축하기 위해서는 관련 제도의 정비, 상태의 개선, 의식의 전환이 필요하다. 사회적 자본은 공식적인 법적 제도와도 밀접히 연계되므로 정부의 정책 및 제도가 개선될 때, 사회 구성원들의 신뢰를 바탕으로 한 네트워크의 구축과 공동체 의식의 함양이 가능하다(김승현, 2008). 특히 사회적 자본은 어떠한 원칙이나 정책의 합의에 이르는 과정이나 절차가 공정할 때 배가 된다(Thibaut & Walker, 1975; 이승신 · 백병성, 2011, 재인용). 예를 들어, 모든 사람에게 공정하게 법을 적용시키고 공공 영역에서의 정책 결정을 둘러싼 과정이 부패하지 않고 청렴하며 모든 국민이 균등한 기회를 보장받는 등 절차적 공정성이 확보되었을 때 사회 구성원들 간의 갈등이 발생할 확률이 낮아지고 상호 간의 신뢰를 바탕으로 한 협력적 네트워크를 구축할 수 있다. 이러한 절차적 공정성의 제고는 제도 개선을 통해 가능하다.

Putnam(1993)은 수평적 결사체의 참여 수준으로 측정한 사회적 자본 수준이 높은 북부 이탈리아 지역에서 지방 자치의 효과가 높았음을 밝혔고 Fukuyama(1995)도 타인에 대한 신뢰 수준으로 측정한 사회적 자본 수준이 높은 미국, 일본 등에서 경제 성장의 정도가 높았음을 밝혔다(김승현, 2008). 이는 사회적 자본에 해당하는 결사체 참여, 신뢰, 네트워크 등의 수준이 높아야 국가가 목표로 하는 바를 달성할 수 있음을 의미한다. 특히, 투자나 투입 비용에 비례하여 이익을 보상받는 분배적 · 결과적 공정성이 높을 때 사회적 자본도 풍부해진다. 타인과 비교하였을 때, 개인의 투입 대비 결과가 동일할 경우 각 개인들은 형평, 공정을 경험하게 되고 그렇지 못 할 경우 불공정을 경험하게 된다(이승신 · 백병성, 2011, 재인용). 즉, 결과가 공정할 때 사회 구성원들 간의 신뢰가 높아지고 결사체 참여 등 공동체적 가치가 적극 발휘됨으로써 통합사회로 나아갈 수 있는 것이다. 또한 개인의 자유 보장 등 기본적인 권리를 모두에게 균등하게 제공하고 사회 안전망 구축 등 국가의 보호를 필요로 하는 사회적 약자들을 배려하는 등 현재의 상태를 개선함으로써 분배적·결과적 공정성을 높이는 것도 사회 구성원들 간의 신뢰를 높이고 협력을 촉진시키는 중요한 기제이다.

이에 더하여 사회적 자본 구축을 위해서는 국민들의 의식 공유가 중요하다. Putnam(1993)은 자발적 조직에의 참여를 통해 신뢰를 증진시킬 수 있다고 설명하면서 신뢰, 시민적 연대, 참여를 강조하였다. 그러나 자발적 결사체에 참여한다고 해서 사회적 자본이 증진되는 것이 아니라 이미 어느 정도 신뢰 수준이 높은 사람들이 자발적 결사체에 참여할 확률이 높다(Stolle & Rochon, 1998). 즉, 국민들이 사회적 신뢰를 축적하고 참여적 연대를 이루는 것은 법, 제도 등에 의해 영향을 받기도 하지만 문화적 요소에 의해서도 크게 영향을 받음을 의미한다(김승현, 2008). 따라서 사회적 자본이 작동하기 위한 문화적 공감대가 형성되어 있어야 한다. 예를 들어, 각종 불공정한 상황을 줄이기 위한 사회, 행정, 경제, 정치적 노력들에 대해 국민들이 긍정적으로 평가할 때 사회 전반에 대한 신뢰가 높아지고 사회적 자본도 풍부해진다. 또한 사회 구성원들 간에 공통의 가치를 공유해 나갈 때, 상호교류가 활발해져 제도 및 일반 신뢰 수준을 제고할 수 있다(박통희, 2010).

사회적 자본을 확충함으로써 통합사회를 실현하기 위해서는 정부, 기업, 시민을 대상으로 하는 정책들이 균형 있게 추진되어야 한다. 한국은 경제발전을 급속히 이루면서 정부와 기업 간 유착 관계를 비롯하여 각종 부정부패, 비리, 탈세 등의 문제가 심각하게 나타났다. 이는 사회 구성원들 간의 갈등 유발, 정부나 기업 특히 대기업에 대한 국민들의 신뢰 저하, 더 나아가서는 국가의 통합 수준을 저해하는 결과를 초래하였다. 이에 정부와 경제 주체인 기업을 대상으로 공정성을 저해하는 행위를 줄이기 위한 각종 정책적 노력이 확대되어야 한다. 그뿐 아니라 직접적으로 시민들의 삶이 절차와 결과에서 공정해질 수 있도록 이들을 대상으로 한 정책적 노력도 강화되어야 한다. 특히 통합사회를 구현하기 위해서는 공동체적 가치의 함양을 통해 시민들 간의 사회적 결속력을 다지는 것이 중요하다. 이는 강자와 약자 간의 소통과 화합이 이루어질 수 있는 환경 조성과 배려, 관용의 문화가 성립되었을 때 가능하므로 이에 대한 정책 역시 확대될 필요가 있다(장용석 외, 2011b).

이와 같이 사회적 자본을 축적함으로써 통합사회를 실현하기 위해서는 정부, 기업, 시민들을 대상으로 제도 정비, 상태 개선, 의식 전환을 목적으로 하는 정책을 강화시켜야 한다. 이를 통해 부정부패가 없는 청렴한 정부, 공정한 거래 질서 확립 등을 기반으로 대기업과 중소기업 간의 상생 구조 조성, 사회적 약자에 대한 배려와 관용의 문화를 확립함으로써 일반 신뢰 수준 제고가 가능해진다. 또한 아무리 제도가 개선되고 객관적 지표를 통해 불평등 및 불공정 상태가 개선되었다 하더라도 개별 구성원들이 이를 체감하지 못하고 주관적 의식에 변화가 없다면 소용이 없다. 국민들이 제도를 신뢰하고 결과에 대해 공감하는 의식의 공유가 더해질 때 진정한 의미에서의 통합사회가 완성될 수 있다. 사회적 자본에 대한 이러한 이론을 바탕으로 현 정부의 정책이 어떠한 부분에서 부족한지 확인하고 이를 토대로 향후 정책의 방향을 제시하도록 한다.

2. 분석 대상 및 방법

본 장에서는 통합사회 실현을 위한 사회적 자본 구축 관련 정책들을 살펴보고 어떠한 정책적 보완이 이루어져야 하는지 제시하고자 한다. 특히 이 책은 통합사회 실현 및 사회적 자본의 구축을 위해서는 관련 제도의 정비, 상태의 개선, 의식의 전환이 필요하다고 보고 있다.

정부 부처의 정책들을 내용분석(content analysis)하기 위하여 각 부처의 2009, 2010년 정책 백서와 2011년 업무 계획서, 국정감사 업무보고, 정책보고서 자료에 기재되어 있는 추진 정책을 분석 대상에 포함하였다. 분석에 포함된 백서들은 고용노동백서, 경제백서, 공정거래백서, 국민권익백서, 문화관광백서, 보건복지백서, 행정안전백서이다. 또한 문화관광부는 공정사회를 홍보하기 위하여 '우리가 만드는 공정사회'라는 국정 포털 사이트를 운영함으로써 공정사회 실천을 위한 5대 추진방향과 총 26개의 주요 실천과제를 제시하고 있다. 이 정책들은 공정사회 실현을 위한 이명박 정부의 핵심 기조를 의미하기 때문에 분석 대상에 포함시켰으나 그중 이 책의 목적에 맞는 사회적 자본 확충과 관련된 정책들로 한정하였다. 그 결과 총 26개의 주요 실천과제 중 23개의 실천과제가 본 분석 대상에 포함되었다.

주관 부서의 2009, 2010년 정책 백서, 2011년 업무 계획서에서 제시하는 추진 정책 및 공정사회 포털 사이트에서 제시하는 주요 실천과제들을 검토한 결과 공정사회 구현을 위한 정책들 중 사회적 자본과 관련된 정책들은 총 60개(주요 실천과제 23개, 주관부서의 추진 정책 37개)였다. 이 책은 60개의 정책들을 제도, 상태, 의식이라는 3가지 정책 목표와 정부, 기업, 시민이라는 3가지 정책 대상 영역으로 구분

〈표 4-1〉 사회적 자본 구축을 위한 정책 방향 및 주요 실천 과제

5대 추진 방향	주요 실천과제
공정한 법 · 제도 운영과 부패 없는 사회	· 공직자 부패고리 차단 · 공정하고 투명한 양형(구형) 기준 수립 · 수사절차의 투명성 · 공정성 제고 · 정직한 보험질서 확립 · 국가유공자 심사 · 선정의 공정성 제고
균등한 기회가 보장되는 사회	· 지역인재 선발 확대 · 신입생 구성 다양화 등 입학사정관제 내실화 · 지방 공공부문 인사 공정성 확보 · 정부 · 공공기관 특채 제도 개선 · 3대(성 · 연령 · 비정규직) 고용차별 시정
권리가 보장되고 특권 없는 사회	· 각종 '전관예우'성 관행의 개선 · 청소년 아르바이트 근로자 권익 보호 · 연예산업의 공정 영업질서 조성 · 공정한 병역의무 부과 및 병역이 자랑스런 사회 분위기 조성 · 고액 · 상습 체납자 특별 관리 · 역외탈세 방지 인프라 구축
건강한 시장경제로 활력 있는 사회	· 실효성 있는 납품단가 조정체계 구축 · 중소기업 기술자료 보호 강화 · 공정한 의약품 유통질서 확립 · 불공정 약관 · 규정 정비 · 서민금융 피해방지 · 구제 강화
약자를 배려하고 재기를 지원하는 사회	· 경제적 능력 등을 고려한 벌금 부과 · 소액 영세납세자 권리 구제 강화 · 일한 대가로 제대로 받기 실천—'3대 고용질서' 확립 · 중소기업인 재기지원 및 금융채무불이행자 신용회복지원 강화 · 출소자의 안정적 사회복귀 지원

출처: 공정사회 홈페이지. fair.korea.kr

하여 내용 분석하였다.

통합사회 실현을 위한 사회적 자본 확충과 관련된 정책들을 총 9개 영역2)으로 구분하고 각 영역의 비중을 살펴보기 위하여 이에 해당하는 정책들에 '1'의 비중을 두었다. 여러 영역에 중복되어 해당하는 정책들은 그 비중을 나누어 분석하였다. 예를 들어, 제도와 상태, 제도

2) 제도-정부, 제도-기업, 제도-시민, 상태-정부, 상태-기업, 상태-시민, 의식-정부, 의식-기업, 의식-시민으로 총 9개 영역에 해당한다.

와 의식, 상태와 의식과 같이 두 영역에 포함되는 정책의 경우에는 각각 '0.5', 세 영역에 모두 포함되는 정책의 경우에는 각각 '0.3'의 비중을 두어 분석하였다.

3. 통합사회 실현을 위한 사회적 자본 구축 정책 분석

가. 정책의 편향성: 제도 및 상태 개선 중심의 정책, 의식 전환을 위한 정책의 부족

분석 결과, 9개의 주관부처에서 추진한 사회적 자본 확충을 위한 정책은 총 37개이며 영역별로는 제도 28.5%, 상태 58.3%, 의식 13.2%의 비중을 차지하였다(표 4-2 참고). 이는 정부 부처에서 시행하고 있는 정책이 주로 상태 개선 목적에 치중되어 있으며, 의식 전환을 위한 정책들은 상대적으로 부족함을 의미한다. 또한 정부와 기업을 대상으로 하는 정책보다 시민을 대상으로 하는 정책이 다수를 차지하고 있었다.

각 부처들에서 시행된 정책 현황들을 보다 구체적으로 살펴보면, 우선 정부 대상의 정책은 주로 정부 신뢰도를 제고하기 위한 제도 개선에 초점이 맞춰져 있었다. 예를 들면, 공정거래위원회, 국민권익위원회, 행정안전부 등에서 청렴성 제고를 위한 공직기강 감찰 강화, 청렴도 측정 대상 기관 확대, 공직윤리제도의 엄정한 운영 및 공직자 비리 처벌 강화 등이 주된 정책들이다. 이는 법과 제도를 강화함으로써 법치주의를 실현하고 공직 부패를 철폐하여 국민들의 정부 신뢰도

〈표 4-2〉 사회적 자본 확충과 관련된 정부 부처의 추진 정책 (단위: 개수)

	제도	상태	의식	합계
정부	1.1	3.1	0.3	4.5(12.2%)
기업	4.1	5.1	1.8	11(29.8%)
시민	5.3	13.3	2.8	21.4(58.0%)
합계	10.5(28.5%)	21.5(58.3%)	4.9(13.2%)	36.9(100.0%)

주: 진하게 표시된 부분은 영역별로 정책 수가 가장 적은 부문.

를 높이고자 했음을 의미한다.

기업 대상의 정책으로는 주로 투명하고 공정한 시장경쟁 질서 확립을 위한 제도, 상태 개선과 관련된 것들이 많았다. 의식 전환을 위한 정책으로는 자율적인 경쟁 문화 확립, 공정과 책임의 노사문화 확립 등에 한정되었다. 현재 한국 사회는 대기업과 중소기업 간의 불신이 고착화되어 있음에도 불구하고 대기업과 중소기업의 동반 성장 문화를 조성하려는 정책들은 미비한 것으로 나타났다. 즉, 대기업과 중소기업 간 비시장적 거래 질서 등 불공정거래 타파, 정부 정책에 대한 중소기업의 불신 해소, 기업에 대한 사회 구성원의 불신 해소, 공정한 노사관계 구축 등 기업 부문에서 사회 구성원들의 의식 전환이 필요함에도 불구하고 이와 관련된 정책들이 상당히 부족한 것으로 나타났다.

시민 대상의 정책들은 정부·기업 대상의 정책들보다 좀 더 다각적인 차원에서 추진되고 있었다. 그 예로, 자원봉사자에 대한 제도적 지원 강화, 다문화 가족 지원 강화, 취약계층들의 사회 참여 지원 강화 등 관련 제도 및 상태를 개선하기 위한 정책들이 대표적이다. 하지만 의식 전환을 위한 정책들이 성에 대한 사회적 지지 강화, 평등문화 확산, 성 격차 감소 등 '여성'이라는 특정 대상에 한정되다 보니 다양한 대상을 폭넓게 아우르지 못한 한계가 있다. 결과적으로 정부, 시민, 기업 모든 영역에서 의식 전환을 위한 정책적 노력이 매우 부족한 것으로 나타났다.

〈표 4-3〉은 2009년부터 2011년까지 추진한 각 영역별 정책의 주관부서를 구분하여 분석한 것이다. 진하게 표시된 부분은 영역별로 정책 수가 가장 많은 부문을 표시한 것이다. 공정거래위원회의 경우, 기업 대상, 그리고 상태 개선을 위한 정책을 가장 많이 시행하고 있었다. 보다 구체적으로는 시장 중심으로의 경제 운영 패러다임 전환을 위한 법령 정비, 시장질서 저해행위 제재를 통한 사회적 인프라 구축,

〈표 4-3〉 주관부처별 사회적 자본 확충 정책의 영역별 비교 (단위: 개수)

	정부	기업	시민	합계	제도	상태	의식	합계
공정거래위원회	1	5	3	9 (24.4%)	3	4	2	9 (24.4%)
고용노동부	0	1.9	3	4.9 (13.3%)	2.3	2.3	0.3	4.9 (13.3%)
행정안전부	2.2	0	1.9	4.1 (11.1%)	1.1	2.4	0.6	4.1 (11.1%)
여성가족부	0	0	5	5 (14%)	0.5	4	0.5	5 (14%)
금융위원회	0	1	2	3 (8.1%)	1	1.5	0.5	3 (8.1%)
기획재정부	0.3	1.6	1	2.9 (7.9%)	1.1	1.8	0	2.9 (7.9%)
보건복지부	0	0.5	3.5	4 (10.8%)	1.5	2.5	0	4 (10.8%)
문화관광부	0	1	2	3 (8.1%)	0	2	1	3 (8.1%)
국민권익위원회	1	0	0	1 (2.3%)	0	1	0	1 (2.3%)
합계	4.5 (12.2%)	11 (29.8%)	21.4 (58.0%)	36.9 (100%)	10.5 (28.5%)	21.5 (58.3%)	4.9 (13.2%)	36.9 (100%)

주: 진하게 표시된 부분은 영역별로 정책 수가 가장 많은 부문.

대·중소기업 동반성장을 위한 거래질서 개선, 소비자 권익제고를 위한 공정거래환경 조성 및 문화 확산 등의 정책이 있다. 행정안전부의 경우, 주로 정부와 시민을 대상으로 한 상태 개선 목적의 정책들로 편중되었다. 그 예로, 취약계층에 대한 일자리 우선제공, 공직자진출 기회 확대 등이 있다. 주관부서별 추진정책을 세부적으로 비교해 보았을 때에도, 행정 효율화, 시장경제 질서 확립이라는 뚜렷한 정책 목표를 가진 행정안전부, 공정거래위원회, 기획재정부를 제외하고는 시민 대상의 정책이 가장 많이 시행되고 있었다. 정책들의 목적 또한 의식 전환보다는 상태 개선이 대부분임을 재확인할 수 있었다. 하지만 국민의 권리 보호 및 구제, 부패방지를 위해 설립된 국민권익위원회의 경우, 설립 취지에 맞게 사회적 약자의 민생 고충을 해결하고 이들에 대한 인식을 제고할 수 있도록 기업, 시민 대상의 다양한 정책들을 시행해야 함에도 불구하고 관련 정책이 하나도 없다는 점은 앞으로 크게 개선해 나가야 할 부분이라 사료된다.

〈표 4-4〉는 사회적 자본 확충과 관련된 각 해당부처의 구체적인 프로그램명을 모두 나타낸 자료이다. 이를 보면 알 수 있듯이 사회적 자본의 핵심이라 할 수 있는 신뢰를 구축하기 위한 의식 전환 정책들이 절대적으로 부족하였다. 특히, 한국의 경우 공적 신뢰 수준이 다른 OECD 국가들에 비하여 상당히 낮음에도 불구하고 국민들의 대정부 신뢰도 제고를 위한 의식 전환 정책이 매우 부족하였다. 이는 앞으로 통합사회 실현을 위한 정부의 정책적 노력이 부단히 이루어져야 함을 의미한다.

이상의 결과를 바탕으로 현행 사회적 자본을 확충하기 위한 정책들의 문제점을 다음과 같이 요약할 수 있다. 첫째, 정부, 기업, 시민의 의식 개선과 관련된 정책이 매우 부족하다. 정부에 대한 공적 신

〈표 4-4〉 사회적 자본 확충과 관련된 정부 정책명

	제도	상태	의식
정부	-신뢰받는 공직사회 조성(행정안전부) -국정성과를 창출하는 선진정부 구현(행정안전부) -공공부문 공정성제고(기획재정부)	-국격 향상, 국가 경쟁력 향상을 위한 청렴세상 만들기(국민권익위원회) -국정성과를 창출하는 선진정부 구현(행정안전부) -신뢰받는 공직사회 조성(행정안전부) -역량강화와 신뢰성 제고를 통한 새로운 위상정립(공정거래위원회) -공정하고 품격있는 사회조성(행정안전부)	-국정성과를 창출하는 선진정부 구현(행정안전부)
기업	-시장활력 제고를 위한 공정거래제도 선진화(공정거래위원회) -공공부문 공정성제고(기획재정부) -공정한 금융질서 확립(금융위원회) -공정한 틀이 확립된 사회(보건복지부) -노사 한마음 일터 가꾸기(고용노동) -대/중소기업 동반성장을 위한 거래 질서 개선(공정거래위원회) -든든하고 활기찬 일터 만들기(고용노동부) -중소기업의 경쟁 여건 개선(공정거래위원회)	-경제체질 개선과 건전성제고(기획재정부) -공공부문 공정성제고(기획재정부) -공정한 금융질서 확립(금융위원회) -공정한 기회와 경쟁(문화관광부) -노사 한마음 일터 가꾸기(고용노동부) -대/중소기업 동반성장을 위한 거래 질서 개선(공정거래위원회) -든든하고 활기찬 일터 만들기(고용노동부) -시장경쟁질서 확립 및 경쟁문화 확산(공정거래위원회) -중소기업의 경쟁 여건 개선(공정거래위원회)	-기업의 자율적인 공정경쟁문화 확산(공정거래위원회) -노사 한마음 일터 가꾸기(고용노동부) -시장경쟁질서 확립 및 경쟁문화 확산(공정거래위원회)
시민	-고용위기를 극복(고용노동부) -공정사회 구현을 위한 금융이용자 보호 강화(금융위원회) -공정하고 품격있는 사회조성(행정안전부) -공정한 틀이 확립된 사회(보건복지부) -공평한 출발기회가 제공되는 사회(보건복지부) -더 많은 사람이 함께 일하기(고용노동부) -서민 생활 안정(기획재정부) -서민생활 안정을 위한 경쟁촉진시책 강화(공정거래위원회) -실질적인 소비자 주권 실현(공정거래위원회) -여성과 아동이 안전한 사회(여성가족부) -일을 통해 스스로 일어서기(고용노동부)	-경제위기로 어려움을 겪고 있는 서민들의 생활안정과 미래사회 변화에 대한 선제적 대처를 정책목표로 수립(보건복지부) -고용위기를 극복(고용노동부) -공정사회 구현을 위한 금융이용자 보호 강화(금융위원회) -공정하고 품격있는 사회조성(행정안전부) -공평한 출발기회가 제공되는 사회(보건복지부) -국격에 맞는 여성 인력 활용(여성가족부) -더 많은 사람이 함께 일하기(고용노동부) -서민 생활 안정(기획재정부) -서민금융 내실화(금융위원회) -서민생활 안정을 위한 경쟁촉진시책 강화(공정거래위원회) -성숙한 다문화 사회 조성(여성가족부) -성숙한 성평등사회(여성가족부) -소비자권익 제고를 통한 공정한 거래환경 조성(공정거래위원회) -실질적인 소비자 주권 실현(공정거래위원회) -여성과 아동이 안전한 사회(여성가족부) -온가족 희망 보듬기(여성가족부) -일을 통해 스스로 일어서기(고용노동부) -재도전이 가능한 사회(보건복지부) -지방자치 선진화와 지역경제 활성화(행정안전부) -취약계층의 문화권 향유와 민생안정 지원(문화관광부)	-공정하고 품격있는 사회조성(행정안전부) -문화를 통한 행복 체험(문화관광부) -서민금융 내실화(금융위원회) -성숙한 성평등사회(여성가족부) -소비자권익 제고를 통한 공정한 거래환경 조성(공정거래위원회)

뢰, 사회 구성원들 간의 연대감, 네트워크, 참여를 위한 의식을 개발하고 발전시키기 위한 정책들이 상당히 미비한 실정이다. 예를 들어, 구성원들 간의 의사소통 및 참여를 위한 인터넷 구축과 이를 통한 정보 접근도는 매우 높은 수준이지만 사회적 자본 확충에 필요한 의식 개선과 관련된 정책들은 상당히 부족하다. 의식 개선에 대한 정책이 시행되고 있다 하더라도 구체적이지 못한 정책 목표를 상정하고 있어 시행 가능성도 낮고 시행에 따른 효과도 담보할 수 없다. 예를 들어, 금융위원회와 문화관광부에서 추진하고 있는 '서민금융 내실화' 정책의 경우 나눔 문화 확산을 목표로 내세우고 있지만 이를 시행하기 위한 전략이 구체적으로 제시되어 있지 않다.

물론 예산 투입에 따른 가시적인 성과를 창출하기 위해서는 의식 전환을 위한 정책들보다 제도 및 상태에 초점을 맞춘 정책들이 많을 수밖에 없을 것이다. 그럼에도 불구하고 인식 전환을 위한 정책들이 전무하다는 것은 현재 정부의 정책들이 편향되어 있음을 반증한다. 한국이 선진국 반열에 오른 현 시점에서 제도나 상태를 개선하기 위한 단기적인 목표의 정책만으로는 더 이상 사회적 자본, 특히 사회 구성원들의 신뢰를 확충하기 어렵다.

둘째, 정부에 대한 신뢰, 즉 공적 신뢰 구축을 위한 정책이 매우 미비하다. 현재, 공적 신뢰 구축을 위한 정책은 엄정한 공직 기강 확립이라는 정책 목표만 내걸고 있을 뿐 구체적인 전략이 구성되지 못하고 있다. 또한 사회적 자본 확충을 위한 공정성 제고 정책 중 공적 신뢰 구축에 반하는 전략들이 제시되고 있는 문제도 나타나고 있다. 일례로 정책 세부 전략 중 "선진정부 구현"이라는 목표 아래 "사소한 절차위반은 면책, 감경한다"는 내용은 국민으로부터의 신뢰를 반감할 수 있다. 특히, 기존의 정책은 부패 고리 차단, 공직사회 기강확립과 같은 협소한 의미의 공적 신뢰 형성에 초점을 두고 있는데, 향후 정책은 정부사업, 제도, 법의 운영 및 공공서비스 전반에 대한 신뢰까지 포괄할 수 있도록 그 범위가 확대되어야 한다. 현재는 이에 대한 정책이 상대적으로 부족하고 그중에서도 관련 의식 개선을 위한 정책이 전무한 것으로 파악된다.

셋째, 시민 대상의 사회적 자본 확충을 위한 정책이 특정 부분에 편중되어 있다. 제도나 상태 개선 목적의 정책들은 자원봉사 및 기부활동 독려, 다문화 가족 및 취약계층 지원 등 그 내용이 다각적이지만, 의식 전환을 위한 정책들은 여성, 성평등 등 매우 협소한 차원에서 시행되고 있었다. 시민 부문에서 양성평등과 취약계층에 대한 지원정책뿐만 아니라 소득불균형 해소, 사회규범(법, 사회질서 등)에 대한 시민의식 개선, 공동체 의식 함양 등도 사회적 자본의 확충 방안이 될 수 있음을 간과해서는 안 된다. 따라서 향후에는 민주적 가치, 태도, 상호신뢰 형성을 위한 장기적 관점의 교육과 학습의 지원 및 지역적 참여구조를 확보할 수 있는 방안이 필요하다.

나. 기업, 시민 대상의 정책 부족: 국가 간 비교를 통한 의식 개선 정책의 중요성

사회적 자본 확충 정책들의 가장 큰 문제는 의식 전환을 위한 정책이 부족하다는 것이었다. 국민들 간의 연대와 참여를 통한 공동체 의식 함양, 이를 바탕으로 한 신뢰가 구축되어 있지 않다면, 완전한 의미의 통합사회를 이룰 수 없다. 더욱이 서로 공감하고 배려하는 신뢰와 협력의 문화가 충분히 조성되었을 때, 법적 절차 및 과정, 현재 상태 개선을 위한 정책들의 수용성이 높아지고 그로 인한 효과도 더욱 커진다. 따라서 공동체 의식을 함양하고 사적·공적 신뢰를 확보하기 위해서는 정부를 비롯한 기업과 시민 대상의 의식 개선과 관련된 정책 개발이 필히 이루어져야 한다. 장기적인 관점에서 의식 개선을 위한 정책이 얼마나 중요한지는 한국과 OECD 회원국의 세계가치관조사 결과를 비교해 보면 알 수 있다.

우선 여성 정책부터 살펴보면, 한국은 유교 사상에 의한 가부장적 문화가 정착되어 왔기 때문에 고용 및 교육 등에서 여성이 배제되는 현상이 끊임없이 나타나고 있다. 이에 정부는 2010년 3월, 여성가족부를 신설하여 '성숙한 성평등사회'의 일환으로 여성이 취업할 수 있는 영역을 확대하고 여성의 적극적인 사회활동 참여를 위해 성별영향평가 및 일자리 인프라를 강화하는 등의 정책을 추진하고 있다. 그럼에도 불구하고 OECD 회원국과 비교하였을 때 여성에 대한 한국의 의식 수준은 여전히 낮게 나타나고 있다. 이를 보다 구체적으로 파악하기 위해 세계가치관조사의 성별에 따른 정치 리더 적합성에 대한 설문 문항을 활용하여 OECD 회원국과 한국의 결과를 비교분석하였다. 다음은 이에 관한 세계가치관조사의 설문문항이다.

※ D059 전체적으로 보았을 때 남성이 여성보다 정치적 리더에 더 적합하다고 생각하십니까? (On the whole, men make better political leader than women do?)

① Agree strongly
② Agree
③ Disagree
④ Strongly disagree

위의 설문문항에 대한 응답수준이 4점에 가까울수록 남성이 정치적 리더로서 더욱 적합하다고 인식하는 성차별적 관행에 동의하지 않음을 의미한다. OECD 국가들 중 1990년대와 2000년대 모두 데이터가 존재하는 국가들과의 비교를 통해 그 점수와 순위를 살펴본 결과는 〈표 4-5〉와 같다.

1994~1999년의 OECD 17개국 평균은 2.92이나 한국은 그보다 훨씬 낮은 2.27로 나타나 14위를 차지하였고 2005~2007년에는 한국이 가장 낮은 17위를 차지하는 것으로 나타났다. 2005~2007년의

〈표 4-5〉 OECD 국가들의 성별에 따른 정치 리더 적합성에 관한 인식 수준 순위

순위	국가명	1994~1999	순위	국가명	2005~2007
1	Norway	3.41	1	Norway	3.45
2	Sweden	3.33	2	Sweden	3.31
3	Finland	3.20	3	Spain	3.24
4	Germany	3.13	4	Switzerland	3.20
5	New zealand	2.95	5	France	3.20
	평균	2.92	6	Germany	3.15
6	Australia	2.90	7	Canada	3.08
7	Spain	2.89	8	Finland	3.03
8	United states	2.76	9	New zealand	2.99
9	Chile	2.60	10	United Kingdom	2.93
10	Mexico	2.56		평균	2.92
11	Czech republic	2.43	11	Australia	2.91
12	Hungary	2.41	12	United states	2.86
13	Japan	2.35	13	Mexico	2.81
14	South korea	2.27	14	Chile	2.58
15	Turkey	2.27	15	Japan	2.56
16	Poland	2.21	16	Poland	2.54
17	Slovakia	2.12	17	South korea	2.44

주: 값이 클수록 공정수준이 높은 것임.

한국은 2.44로 1994~1999년에 비해 소폭 상승하기는 하였으나 다른 국가들과 비교하였을 때 매우 낮은 수치에 해당하므로 정치리더로서 남성이 적합하다고 인식하는 국민들이 상대적으로 많음을 알 수 있다. 이는 국민들이 여전히 성별에 따른 차별, 불평등의 문제를 일종의 관행처럼 자연스레 받아들인다는 것을 의미한다. 이러한 결과는 정부가 여성가족부를 새로 신설하여 성평등을 위한 법, 제도를 정비하고 여성의 지위를 높이기 위한 각종 정책들을 꾸준히 실현하였음에도 불구하고 국민들의 의식 수준은 그에 따르지 못하고 있는 현실을 보여주고 있다. 무엇보다 여성에 대한 사회적 지지 강화, 평등 문화 확산 등을 통해 성숙한 성평등사회로 나아가는 데 필요한 의식 개선을 위한 정책들이 다른 분야보다 적극적으로 실현되고 있음에도 불구하고 여성에 대한 국민들의 인식이 크게 전환되지 못하고 있다는 사실은 현재 정책에 한계가 있음을 의미한다. 한국 정부가 본격적으로 '여성' 대상의 정책을 시행해 온 역사가 다른 국가들에 비해 짧은 것도 그 이유 중 하나일 것이다. 따라서 여성에 대한 편견과 선입견이 고착화되어 있는 인식을 변화시키기 위해서는 성평등 문화를 정착시키기 위한 정책적 노력이 보다 강화되어야 하고 이러한 노력이 장기적으로 꾸준히 이루어져야 한다.

반면, 인권과 관련된 정부의 정책은 국민들의 인식을 개선시키는 데 두드러진 성과를 보여주었다. 인권에 관한 국민들의 의식 수준 변화를 분석하기 위하여 인권을 얼마나 중요하게 생각하는지를 묻는 세계가치관조사의 설문 항목을 활용하였다. 이를 OECD 국가들과 비교하여 한국의 수준이 얼마나 변화했는지 살펴보았다. 다음은 인권에 대한 세계가치관조사의 설문문항이다.

※ E124 귀하는 개인 인권이 얼마나 존중받고 있다고 생각하십니까?
(How much respect is there for individual human rights nowadays in this country? Do you feel there is)
① A great deal of respect for individual human rights
② Fairly much respect
③ Not much respect
④ No respect at all

인권에 관한 한국 국민들의 인식 수준을 OECD 국가들과 비교하기 위해서 전체 응답자 중 '① A great deal of respect for individual human rights / ② Fairly much respect' 항목에 응답한 사람들의 비율을 지수화하였으며 이 값이 클수록 인권에 대한 의식 수준이 높음을 의미한다. 분석 결과, 한국은 1990년대에 비하여 2000년대 인권 의식 수준이 상당히 높아진 것을 확인할 수 있다. 1999~2004년의 OECD 평균은 59.05인 반면, 한국은 47.08로 나타났는데 2005~2007년에는 69.89로 상승하여 이 시기의 OECD 평균인 61.13을 훨씬 상회하는 수치를 보였다.

이는 정부가 2001년에 인간의 존엄성과 가치를 구현하고 민주적 기본 질서 확립을 위한 인권 전담 국가기관으로 '국가인권위원회'를 설립하고 '국가인권정책기본계획(National Action Plan: NAP)'을 통하여 주요 인권 개선안을 상정, 시행하는 등의 다양한 노력들을 보여준 결과라 할 수 있다.

외국인 근로자에 대한 시민들의 인식 수준 역시 과거에 비하여 상당히 개선되었다. 이를 확인하기 위하여 세계가치관조사의 외국인 근로자에 대한 정부의 역할 관련 설문 문항을 활용하였다. 다음은 외국

〈표 4-6〉 OECD 국가들의 인권의 중요성에 관한 인식 수준 순위

순위	국가명	1999~2004	순위	국가명	2005~2007
1	Canada	81.88	1	Canada	86.30
2	Sweden	75.70	2	Sweden	84.61
3	United States	73.85	3	Korea	69.89
4	Spain	62.68	4	United States	64.48
5	Japan	62.30	5	Spain	63.28
	평균	59.05		평균	61.13
6	Czech Republic	56.70	6	Mexico	55.15
6	Chile	56.70	7	Japan	53.17
8	Korea	47.08	8	Czech Republic	48.34
9	Mexico	47.05	8	Chile	48.34
10	Turkey	26.59	10	Turkey	37.78

주: 값이 클수록 공정수준이 높은 것임.

인 근로자에 대한 인식 수준을 분석하기 위한 세계가치관조사의 설문 문항이다.

※ E143 해외에서 국내로 유입되는 외국인 근로자에 대하여 정부가 어떠한 일을 해야 한다고 생각하십니까? (How about people from other countries coming here to work. Which one of the following do you think the government should do?)

① Let anyone come who want to

② Let people come as long as there are jobs available

③ Place strict limits on the number of foreigners who can come here

④ Prohibit people coming here from other countries

OECD 회원국과 비교함으로써 한국의 위상을 확인하기 위하여 전

체 응답자들 중에서 '① Let anyone come who want to / ② Let people come as long as there are jobs available' 항목에 응답한 비율을 지수화하였다. 그 값이 클수록 외국인 근로자에 대한 공동체 의식 수준이 높음을 의미한다. 분석 결과, 1994~1999년의 한국은 53.91로 OECD 평균인 51.33에 비해 약간 높은 수준이었으나 2005~2007년에 61.81을 기록함으로써 총 15개의 OECD 국가들 중 3위로 대폭 상승하였다.

〈그림 4-1〉은 1인당 GDP에 따른 외국인 근로자에 대한 각국의 인식 수준을 비교한 것이다. 한국은 OECD 국가들뿐 아니라 경제발

〈표 4-7〉 OECD 국가들의 외국인 근로자에 대한 정부의 역할 인식 수준 순위

순위	국가명	1994~1999	순위	국가명	2005~2007
1	Spain	71.60	1	Switzerland	72.69
2	Chile	61.65	2	Sweden	71.11
3	Mexico	61.55	3	Korea	61.81
4	New Zealand	59.39	4	Australia	59.64
5	Switzerland	58.45	5	Mexico	57.47
6	Australia	57.07	6	Chile	57.33
7	Germany	55.67	7	Norway	56.93
8	Korea	53.91	8	Spain	55.18
	평균	51.33		평균	54.95
9	Japan	49.58	9	Turkey	51.09
10	Norway	47.40	10	Germany	49.54
11	Sweden	41.85	11	Finland	48.95
12	Turkey	40.97	12	Poland	47.98
13	Finland	39.68	13	New Zealand	47.28
14	United States	37.53	14	Japan	45.29
15	Poland	33.70	15	United States	42.02

주: 값이 클수록 공정수준이 높은 것임.

전 수준이 비슷한 다른 국가들보다도 외국인 근로자에 대한 인식 수준이 높음을 알 수 있다.

이와 같이 한국의 인권과 외국인 근로자에 관한 국민들의 의식 수준은 1990년대보다 개선되었다. 이는 타인의 경험을 비롯하여 다양한 사람들의 가치를 인정하고 이들을 포용하는 의식 개선과 관련된 정부의 여러 정책들이 실제 국민들의 의식 전환에 도움이 되었음을 증명한다.

한편, 한국을 비롯한 여러 국가에서 소수의 대기업에 경제력이 집중되는 현상이 나타나고 있다. 권력과 자본이 풍부한 대기업이 이를 악용하여 중소기업과의 격차를 더욱 크게 벌리고 있는 것이다. 특히, 한국은 예전부터 정경유착의 문제를 비롯하여 여론호도, 정책왜곡 등을 통해 대기업에게 유리한 방향으로 국가 운영 질서를 재편하여 사적 이익을 추구하는 경우가 매우 많았다. 이는 중소기업과 대기업 간의 불균형을 야기함으로써 대기업에 대한 국민들의 불신을 높이고 각

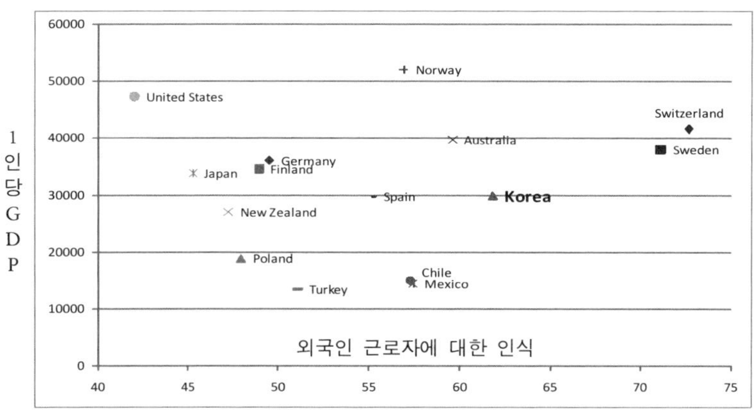

〈그림 4-1〉 1인당 GDP(PPP)와 외국인 근로자에 대한 인식 수준 비교(2005~2007)

종 사회 갈등을 조장함으로써 통합사회 구현을 가로막는다. 이의 현상을 구체적으로 파악하기 위해 세계가치관조사의 대기업에 대한 국민들의 인식과 관련된 설문 항목을 활용하였다. 다음은 이에 관한 세계가치관조사의 설문문항이다.

※ E069_13 몇 가지 조직들을 제시하겠습니다. 각 조직에 대하여 얼마나 신뢰하는지 말씀해주시기 바랍니다(대기업을 얼마나 신뢰하십니까?). (I am going to name a number of organizations. For each one, could you tell me how much confidence you have in them: is it a great deal of confidence, quite a lot of confidence, not very much confidence or none at all? Major companies….)

① A great deal
② Quite a lot
③ Not very much
④ None at all

이 설문 항목은 대기업에 대한 신뢰 수준을 묻는 것으로 그 값이 클수록 대기업에 대한 신뢰 수준이 높은 것을 의미하도록 역코딩하여 분석하였다. 대기업에 대한 신뢰 수준이 높을수록 다른 경제 주체와 조화로워 사회적 자본 확충을 위한 의식 수준이 높다는 것을 의미하기 때문이다. 1994~1999년과 2005~2007년의 결과를 비교하면, 1994~1999년의 OECD 평균은 2.27이었으나 한국은 그보다 낮은 2.12로 대기업에 대한 신뢰 수준이 매우 낮은 수준이었다. 2005~2007년의 결과에서는 OECD 평균이 2.21, 한국은 2.33으로 신뢰 수준이 상승한 것으로 나타났다. 그러나 거의 대부분의 국가에서 대기업에 대한 신뢰 수준이 과거에 비해 감소함에 따라 OECD 회원국

〈표 4-8〉 OECD 국가들의 대기업에 대한 신뢰 수준 순위

순위	국가명	1994-1999	순위	국가명	2005-2007
1	Sweden	2.52	1	Norway	2.48
2	Norway	2.52	2	Sweden	2.42
3	Australia	2.42	3	Korea	2.33
4	Finland	2.37	4	Finland	2.31
5	United States	2.35	5	New Zealand	2.30
6	Poland	2.33	6	Japan	2.27
7	New Zealand	2.29	7	Switzerland	2.27
8	Spain	2.27		평균	2.21
	평균	2.27	8	Turkey	2.16
9	Switzerland	2.25	9	Australia	2.15
10	Japan	2.25	10	United States	2.11
11	Turkey	2.16	11	Poland	2.11
12	Chile	2.16	12	Spain	2.09
13	Korea	2.12	13	Chile	2.08
14	Germany	2.04	14	Mexico	2.06
15	Mexico	2.04	15	Germany	1.99

주: 값이 클수록 공정수준이 높아짐.

의 평균도 다소 하락하는 현상을 보였다. 이는 한국의 대기업에 대한 신뢰 수준이 과거보다 개선되었다고 보기 어려움을 의미한다. 한국만 보았을 때 과거에 비해 그 신뢰 수준이 상승하였지만 2005~2007년 시기의 OECD 평균이 하락했기 때문이다. 따라서 대기업과 중소기업 간의 공생, 상생 경영이 가능함을 보여주어 대기업에 대한 국민들의 의식 수준을 제고할 필요가 있다.

지금까지의 분석 내용을 종합해 보았을 때 사회적 자본의 확충을 위해서는 정부, 기업, 시민 대상의 정책을 균형적으로 시행해야 함을 알 수 있다. OECD 국가들과 한국의 설문조사 결과 비교를 통해서도

알 수 있듯이, 서로의 입장을 존중하고 배려하는 문화를 조성하여 공동체적 가치를 실현해 나갈 때, 사회 구성원 간의 상호작용을 높임으로써 신뢰 수준을 제고할 수 있다. 그뿐 아니라 각종 부정부패 및 불공정 관행 등이 없어지고 누구나 균등한 기회를 가져 사회 구성원으로서 자부심과 긍지를 느낄 수 있을 때 정부, 기업, 국회 등 제도에 대한 신뢰도 높아질 수 있다. 이 과정을 거쳐 공동체적 문화, 협력적 문화, 공생의 문화가 범사회적으로 형성될 때, 통합사회의 실현은 물론 더불어 잘 사는 사회, 국민 모두가 행복한 사회로 나아갈 수 있다.

4. 통합사회 실현을 위한 사회 갈등 해소 정책 분석[3)]

지금까지 통합사회 실현을 위한 사회적 자본 구축, 확충의 현황을 분석하고 국민의식 수준을 OECD 회원국과 비교하여 살펴보았다. 이와 더불어 통합사회 실현을 위해서는 사회적 자본 구축은 물론 사회 갈등의 해소도 중요한 과제이다. 이후에는 사회 갈등의 의미와 함께 사회 갈등 해소를 위한 정책을 분석함으로써 향후 정책적 제언을 도출하고자 한다. 사회 갈등은 사회 집단이 권력, 사회적 지위, 희소 자원 등을 차지하기 위해 상대 집단을 의식하여 서로 경쟁하는 상태로 정의할 수 있다 (Oberschall, 1978). 사회 갈등은 갈등의 기능, 원인, 진행 단계 등 다양

3) 본 절은 장용석(2013)의 국민대통합정책연구협의회 이슈보고서 vol 1: 국민통합 진단과 과제[제3장: 한국의 사회 갈등 현주소와 국민통합을 위한 중장기 정책과제]의 연구 결과와 장용석 외(2015)의 '국민통합정책의 진단과 대안: 2012년 사회통합위원회 정책을 중심으로'[정부역량과 정부의 질 향상을 위한 정책사례연구(이은국 편, 연세대학교 대학출판문화원)]를 기반으로 발전된 논의를 재구성한 것이다.

한 기준으로 분류할 수 있는데 그중 계층갈등, 세대갈등, 남녀갈등, 이념갈등, 지역갈등이 가장 대표적인 유형이다(March & Simon, 1958; Robbins, 1983; Katz, 1964; Luthans, 1992; Deustch, 1973; Kriesberg, 2003). 이는 자신의 이해관계 혹은 가치관이 타인과 양립하지 않을 때 주로 발생하는데 이를 방치할 경우 집단 간 불신과 반목, 더 나아가서는 사회 분열까지 야기한다(서문기, 2004).

무엇보다 한국 사회는 짧은 시간 동안 압축적인 경제 성장을 거치면서 산업화, 민주화, 세계화, 정보화의 과정을 동시에 경험함에 따라 갈등의 양상도 매우 복잡해지고 있다. 특정 계급이나 계층을 둘러싼 갈등뿐 아니라 지역, 성별, 교육, 소수자, 이념 등 다양한 영역에서의 갈등이 전방위적으로 발생하고 있는 것이다. 특히, 경제적 이해관계를 둘러싼 갈등에서 가치관의 갈등으로 전환되고 있는 서구 사회와 달리 한국 사회는 이 두 가지 성격의 갈등을 동시에 겪고 있다는 점이 특징적이다(김호기, 2007; 박길성, 2008). 더 큰 문제는 광범위하게 일상화되어 있는 사회 갈등을 조정하고 관리, 제어할 수 있는 제도적 역량이 미흡하다는 사실이다(박길성, 2008). 이와 같이 갈등 관리가 제대로 이루어지지 않다 보니 사회 갈등이 끊이지 않고 지속되는 악순환이 발생하는 것이다. 이는 한국 사회의 통합을 가로막는 가장 주요한 요인으로 작용하고 있다.

이러한 문제 의식을 바탕으로 정부는 2009년 사회통합위원회를 설립하여 사회 갈등 해소를 위한 다각적인 정책들을 시행해 왔다. 하지만 〈그림 4-2〉의 사회 갈등지수의 국가 간 비교 결과를 살펴보면, 한국 정부의 정책적 노력들이 갈등 관리는 물론 갈등 해소로 이어지지 않음을 간접적으로 확인할 수 있다.

이상의 내용을 좀 더 구체적으로 파악하기 위해 다각적인 차원에

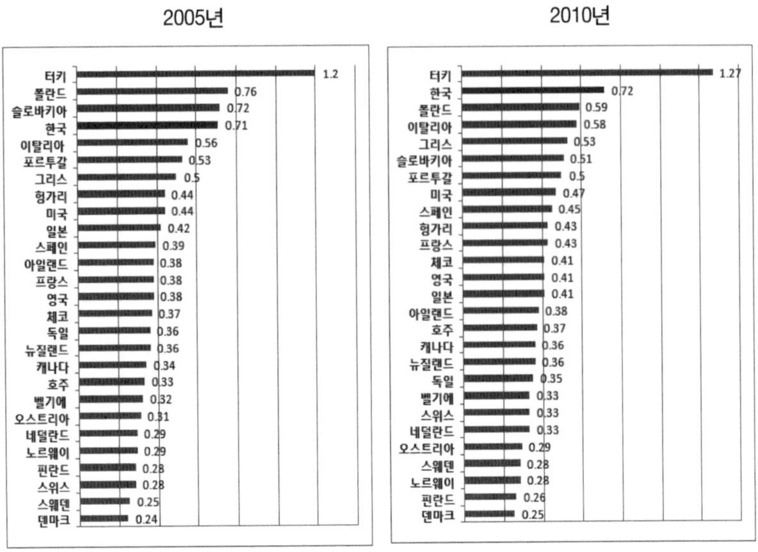

자료: 박준(2013), 장용석(2013) 재인용.

〈그림 4-2〉 사회 갈등지수의 국가 간 비교(2005년과 2010년)

서 OECD 국가와 비교 분석한 결과를 토대로 한국의 사회 갈등 해소 정책의 문제점을 거시적으로 살펴보고 2012년에 실시되었던 사회통합위원회의 세부 정책들을 분석하도록 한다. 이를 바탕으로 통합사회를 실현하기 위하여 필요한 정책적 방향들을 제안하고자 한다.

가. '성장'과 '분배'에 대한 이분법적인 사고로 인한 분절적 정책 시행

국민들에게 가장 심각한 갈등유형으로 인지되는 계층갈등은 소득 수준에 따른 상대적 박탈감에 의해 발생되는 경우가 많다. 빈곤층 및 사회적 약자들을 위한 보호 장치가 잘 구축되어 이들이 상대적인 박탈감 및 소외감을 덜 느낄 때 계층갈등이 감소할 수 있다. 특히, 빈곤층을 위한 보호 장치는 소득 수준, 교육 수준 등에 따라 향유하게 되는 기회의 차별을 줄임으로써 능력과 의지만 있으면 누구나 경제, 사회적 성과를 얻을 수 있도록 한다. 이때 사회 구성원 전체의 만족도가 커지고 부유층을 향한 반감도 줄어든다. 하지만 한국은 OECD 국가들과 비교하였을 때 사회적 약자를 위한 보호장치 등 사회적 형평성을 높이기 위한 노력이 매우 부족한 것으로 나타났다.

〈표 4-9〉를 살펴보면, 한국은 OECD 국가들의 평균에 비해 GDP 대비 공공사회지출 비중이 매우 낮은 것으로 나타났다. 이 지표는 정부가 사회적 약자들을 보호하기 위해 노력하는 정도를 보여주는데 OECD 34개국 중 한국은 33위로 최하위권에 머물러 있다. 즉, 사회적 약자들을 보호하고 이들의 삶의 질을 개선하기 위한 정부의 노력이 부족한 것이다. 반면, 한국의 지니계수에 따른 소득 분배의 형평성 정도는 OECD 국가 평균과 거의 비슷한 수준인 것으로 나타났다. 이 수치는 정부가 각종 세금 및 사회보장분담금 등으로 재분배정책을 실시한 이후에 발생하는 가처분소득의 불평등 정도를 의미한다. OECD 국가들과 비교하였을 때, 소득 분배의 불평등 정도는 보통 수준이나 GDP 대비 공공사회지출 비중이 매우 낮게 나타나는 것은 한국 사회가 그동안 성장 위주의 발전 전략에 치중해 왔기 때문이라 사

〈표 4-9〉 OECD 국가들의 사회적 형평성 관련 지표 비교(2010년)

구분	지니계수		빈곤율(%)		실업률(%)		고용보호수준		공공사회지출비중	
	지표	순위	지표	순위	지표	순위	지표	순위	지표	순위
Australia	0.336	26	14.6	27	5.2	8	1.2	28	16.0	26
Austria	0.261	9	7.9	9	4.4	5	1.9	16	26.4	3
Belgium	0.259	8	9.4	17	8.3	20	2.2	11	26.3	4
Canada	0.324	23	12.0	24	8.0	18	0.8	32	16.9	23
Chile	0.494	34	18.4	32	8.2	19	2.7	9	10.6	31
Czech Republic	0.256	4	5.5	1	7.3	14	2.0	14	18.8	19
Denmark	0.248	2	6.1	2	7.5	16	1.5	22	26.1	5
Estonia	0.315	21	12.5	25	16.9	33	-	-	13.0	30
Finland	0.259	8	8.0	10	8.4	23	2.0	14	24.8	8
France	0.293	13	7.2	6	9.4	24	3.0	4	28.4	1
Germany	0.295	15	8.9	14	7.1	12	2.1	12	25.2	6
Greece	0.307	19	10.8	18	12.6	30	2.7	7	21.3	12
Hungary	0.272	10	6.4	3	11.2	28	1.7	21	22.9	9
Iceland	0.301	16	6.4	4	7.5	16	1.2	27	14.6	29
Ireland	0.293	13	9.1	15	13.7	31	1.1	30	16.3	24
Israel	0.371	30	19.9	33	6.7	11	1.4	26	15.5	28
Italy	0.337	27	11.4	22	8.4	23	1.9	19	24.9	7
Japan	0.329	24	15.7	29	5.1	7	1.4	24	18.7	20
Korea	0.315	21	15.0	28	3.7	2	1.9	18	7.6	33
Luxembourg	0.288	11	8.5	13	4.4	5	3.3	2	20.6	14
Mexico	0.476	33	21.0	34	5.3	9	3.1	3	7.2	34
Netherlands	0.294	14	7.2	5	4.5	6	2.0	15	20.1	17
New Zealand	0.33	25	11.0	20	6.5	10	1.4	25	18.4	22
Norway	0.25	3	7.8	8	3.6	1	2.7	8	20.8	13
Poland	0.305	18	11.2	21	9.6	26	1.9	18	19.8	18
Portugal	0.353	29	12.0	23	10.8	27	2.9	6	22.5	10
Slovak Republic	0.257	5	7.2	7	14.4	32	1.4	23	15.7	27
Slovenia	0.236	1	8.0	11	7.3	14	2.5	10	20.3	16
Spain	0.317	22	14.0	26	20.1	34	3.0	5	21.6	11
Sweden	0.259	8	8.4	12	8.4	23	1.9	20	27.3	2
Switzerland	0.303	17	9.3	16	4.2	3	1.1	29	18.5	21
Turkey	0.409	32	17.0	30	12.0	29	3.7	1	10.5	32
United Kingdom	0.342	28	11.0	19	7.9	17	0.8	32	20.5	15
United States	0.378	31	17.3	31	9.6	26	0.2	33	16.2	25
OECD 평균	0.314		11.1		8.5		1.9		19.2	

자료: 사회통합위원회(2012)에서 재구성.

료된다. 사회 구성원들의 소득 격차가 과거에 비해 많이 감소한 것은 한국의 경제 발전과 더불어 전체적인 소득 수준이 높아진 것에서 기인한 바가 크다.

절대적인 소득 수준이 높아지더라도 상대적으로 소외감, 박탈감을 느끼는 빈곤층, 사회적 약자들은 항상 존재하므로 이들의 삶을 보다 풍요롭게 하고 안정적인 생활을 영위할 수 있도록 기초적인 보호 장치가 있어야 한다. 하지만 〈표 4-9〉에서 보듯이, 한국은 빈곤층, 사회적 약자들을 배려하는 정책들이 매우 부족함을 알 수 있다. 중위소득의 50% 이하로 생활하는 인구 비율을 뜻하는 한국의 빈곤율은 15%로 상당히 높게 나타나고 있다. 이는 OECD 국가들의 평균인 11.1%를 상회하며 OECD 34개국 중 28위에 해당하는 수치로 한국의 빈곤층 비율이 여타 OECD 국가들에 비해 상대적으로 높음을 의미한다. 그럼에도 불구하고 기초생활수급자에 대한 자격 심사가 매우 엄격해지면서 이들의 수는 매년 감소하고 있다. 결국 빈곤층들을 구제하기 위한 노력에는 상당히 소극적임을 알 수 있다.

반면, 정규직에 대한 고용보호수준의 경우, 한국은 OECD 34개국 중 18위를 차지하는 등 비교적 양호한 것으로 나타났다. 이는 한국 정부가 사회적 약자를 보호하기 위한 정책보다는 정규직 근로자와 같은 사회적으로 안정적인 위치의 구성원들을 보호하기 위한 정책들에 치중하고 있음을 보여준다. 따라서 이에 대한 정책 점검이 필요함을

〈표 4-10〉 연도별 기초생활수급자 수 (단위: 명)

	2006년	2007년	2008년	2009년	2010년	2011년	2012년	2013.11
기초생활 수급자 수	153만 4,950	154만 9,848	152만 9,939	156만 8,533	154만 9,820	145만 9,254	139만 4,042	138만 5,040

자료: 한국일보 2013.12.16.일자에서 재구성.

알 수 있다. 다양한 계층을 아우르는 정책의 부족은 상대적 빈곤감, 소외감을 증폭시켜 계층 간 갈등을 심화시킨다.

이상의 결과들은 한국이 그동안 '성장'과 '분배'를 이분법적으로 바라보고 이의 실현을 위한 정책들을 분절적으로 시행해 오면서 나타난 것들이라 할 수 있다. 국가 경제 성장을 위해서는 사회적 약자보다는 비교적 안정된 사회적 직위를 가진 구성원들의 생활수준을 높이는 것이 비용 대비 효과가 더 크기 때문이다. 그러나 '성장'과 '분배'를 구분하는 분절적인 정책들은 특정 계층을 소외시켜 국가 전체의 후생수준을 낮추게 되는 결과를 야기할 수 있다. 따라서 '성장'과 '분배'를 동시에 고려함으로써 전체 사회 구성원들의 삶의 질을 향상시킬 수 있는 방안을 고려하는 것이 필요하다. 특히, 경제적 불평등의 심화는 사회 갈등의 정도를 높이지만, 경제적 형평성의 지나친 강조도 사회적 수용성을 낮추기 때문에 이 둘을 적절히 조화시키는 것이 필요하다(장용석 외, 2012). 이는 2012년 사회통합위원회의 설문조사 결과에 의해서도 설명된다. 성장과 분배 중 어느 것이 우선되어야 하느냐는 질문에 조사 대상의 34%가 성장 우선이라고 응답하였으며 32.1%가 분배 우선이라고 응답하였다(사회통합위원회, 2012). 2011년의 경우에는 성장 우선이라고 응답한 비율이 24.3%, 분배 우선이라고 응답한 비율이 40.6%인 것으로 나타나 2012년에 비해 성장과 분배에 대한 시각이 불균형적이었음을 알 수 있다. 이를 통해 시간이 경과하면서 성장과 분배 정책의 고른 균형과 이 둘을 동시에 증진시킬 수 있는 정책의 중요성이 점점 높아지고 있음을 파악할 수 있다.

나. 소통, 다양성, 행복을 추구하는 전 세계적 패러다임에 조응하지 못하는 한계

과거에는 국민국가가 사회를 하나로 결속시키고 통합시키는 핵심 동력으로 작용하였다. 그러나 1990년대 들어 세계화가 급속히 진행되면서 국가 간의 경계가 허물어짐에 따라 국가뿐 아니라 조직, 개인 간의 상호작용도 증가하게 되었다. 이 현상이 가속화되면서 초강력국가가 정치, 경제, 사회적으로 전 세계를 지배하던 시대는 종결되었다. 이에 따라 주변 국가들의 권위와 조직 및 개인의 지위, 더 나아가서는 사회적 약자로 일컬어졌던 여성, 아동, 노동자 등의 권위가 향상되기 시작하였다(Meyer et al., 1997; Meyer & Jepperson, 2000; 장용석 외, 2012; 장용석 · 조희진, 2013). 사회 구성원 모두의 권리와 이들이 지닌 다양성을 존중해야 하는 시대로 접어든 것이다.

그뿐 아니라 사회 구성원들이 지향하는 가치나 가치 간의 우선순위가 각기 다른 다원화된 사회로 접어들면서 사회 갈등의 양상도 매우 복잡, 다양해졌다. 즉, 과거와 같은 국가의 강제적인 사회통합 기제만으로는 이들을 하나로 결속, 응집시키기 매우 어려워진 것이다(장용석 외, 2012). 이러한 상황에서 사회 구성원들이 진정으로 소통하고 공감할 수 있는 기회를 넓혀주고 이들을 한데 아우르면서 포용하는 것이 매우 중요해졌다(장용석, 2012). 무엇보다 사회 구성원 모두를 존중해주고 주체로 인정해 줌으로써 그들 각자가 사회 속에서 만족감과 행복을 느낄 수 있게 해야 한다.

그러나 한국은 여전히 존재하는 가족주의적 · 폐쇄적 성격, 위계질서 등으로 인해 서로의 다양성을 인정하고 포용하는 문화가 정착되지 못하였다. 이에 계층 갈등, 이념 갈등, 세대 갈등, 지역 갈등, 남녀 갈등 등의 사회 갈등이 빈번하게 나타나고 있다. 더욱이 서로 간의 의견 차를 좁히지 못한 채 갈등 상황이 종결되거나 갈등 발생 후 몇 년이 지나도 해결되지 못하는 경우가 많다. 예를 들어, 경남 밀양에서는 송전탑 건설을 두고 정부와 지역 주민 간의 갈등이 매우 극렬하게 나타났으며, 충남 가로림만은 조력 발전소 건설을 두고 7년째 마찰을 빚고 있다(KBS 뉴스, 2013). 이 원인은 정부나 지방자치단체가 지역 주민들로 하여금 해당 사업을 충분히 공감하고 이해할 수 있도록 설득시키지 못한 채 사업을 일방적으로 추진한 데에 있다. 이러한 공공갈등은 점차 지역갈등, 이념갈등으로 심화되어 가고 있는 상황이다.

이에 더하여 한국에 잔존하고 있는 학연, 지연 등 폐쇄적 연대 문화가 나와 내가 속한 집단이 아닌 다른 집단을 배제하는 결과를 낳기도 하였다. 국민들은 여전히 다른 집단 구성원들에게 이질감을 느끼기 때문에 구성원들을 하나로 결속시키는 데 어려움이 따른다. 특히, 계층, 이념, 세대, 지역, 남녀별로 서로에 대해 선입견을 가지고 불신하는 경우가 많기 때문에 갈등 현상이 더욱 심화되고 있다. 이처럼 한국은 소통, 다양성, 행복 등을 강조하는 방향으로 변화하는 전 세계 사회질서 패러다임에 조응하지 못하고 있다. 이러한 문제는 OECD 국가들과 한국의 주요 지표들을 비교해 보면, 더욱 쉽게 파악할 수 있다.

우선, 남녀 간의 갈등 수준 및 남녀에 대한 국민들의 의식 수준을 대리하는 World Economic Forum의 The Global Gender Gap Report에 있는 'Gender Gap Index(2006~2010)'와 세계가치관조사에서 '고등교육을 받는 것이 여자보다 남자가 더 중요한지'를 묻는 내용을 OECD 국가들을 중심으로 살펴보았다. 그 결과는 〈표 4-11〉과

〈표 4-11〉 남녀 성별 격차와 성별 고등교육 수혜의 중요성에 대한 인식 비교

순위	국가명	남녀 성별 격차(2005)	순위	국가명	성별 고등교육 수혜의 중요성(2005~2007)
1	Sweden	0.81	1	Norway	3.82
2	Norway	0.80	2	France	3.65
3	Finland	0.80	3	Sweden	3.54
4	Germany	0.75	4	Switzerland	3.44
5	New Zealand	0.75	5	Spain	3.4
6	United Kingdom	0.74	6	Canada	3.36
7	Spain	0.73	7	New Zealand	3.33
8	Canada	0.72	8	Australia	3.31
9	Australia	0.72	9	Finland	3.29
10	United States	0.70	9	Germany	3.29
11	Switzerland	0.70		평균	3.26
	평균	0.70	11	Turkey	3.23
12	Poland	0.68	11	United States	3.23
13	France	0.65	13	United Kingdom	3.22
14	Mexico	0.65	14	Poland	3.04
15	Chile	0.65	15	Korea	2.96
16	Japan	0.64	16	Chile	2.89
17	Korea	0.62	17	Mexico	2.88
18	Turkey	0.59	18	Japan	2.85

주: 남녀 성 격차 지수(0~1 척도)와 성별 고등교육 수혜의 중요성(0~4 척도) 모두 값이 클수록 남녀 간의 차이가 적다는 것을 의미함.
자료: 장용석 외(2011b) 재인용.

같다.

2005년에 해당하는 남녀 성 격차 지수와 2005~2007년의 고등교육 수혜에 성별 차이를 둬야 하는지에 대한 인식 조사 모두 한국이 OECD 18개국의 평균보다 훨씬 낮은 것으로 나타났다. 스웨덴이나 노르웨이 등은 남녀 성 격차 지수 및 세계가치관조사 결과 모두 최상

위권을 차지하였다. 이 국가들은 남녀 모두 사회 주체로서 동등하다는 인식이 일반화되어 있어 남녀 갈등을 유발할 가능성도 낮다. 그러나 한국은 경제수준이 보다 낮은 터키나 그 수준이 비슷한 스페인, 뉴질랜드보다 남녀 간 격차가 훨씬 큰 것으로 나타났다. 특히, 세계가치관조사 결과에서 OECD 국가들 중 한국은 1990년대와 2000년대 모두 하위권에 속하였다.[4] 이는 시간의 경과에 따라 다양성을 인정하는 방향으로 전 세계 가치관이 변화하여 왔음에도 한국은 그에 잘 조응하고 있지 못함을 의미한다. 즉, 한국에는 여전히 여성보다 남성을 중시하는 풍토가 존재하며 그 관행이 지속되다 보니 국민들의 의식에도 부정적 영향을 미치는 것이다.

무엇보다 남성보다 여성의 객관적 역량이 월등함에도 불구하고 남녀 차별 문화로 인해 여성들의 사회 진출이 어려운 경우가 많다. 2007년의 경우 사법고시, 행정고시, 외무고시의 여성 합격자 비율이 각각 35.2%, 49.0%, 67.7%를 차지하는 등 여성들의 활약이 두드러졌지만, 2007년의 국가별 남녀권한척도(Gender Empowerment Measure)를 살펴보면, 여성들의 사회진출이 다른 국가들에 비해 상당히 제한적으로 이루어졌음을 알 수 있다. 한국은 93개국 중 64위를 차지하였으며 1위인 노르웨이와의 격차가 매우 컸다. 노르웨이의 의회 여성 점유율이 37.9%, 행정관리직 여성 비율이 30%, 전문기술직 여성 비율이 50%였던 것에 비해 한국의 의회 여성 점유율은 13.4%, 행정관리직 여성 비율은 8%, 전문기술직 여성 비율은 39%인 것으로 나타났다. 이를 통해 한국 여성의 사회적 위치가 상대적으로 얼마나 낮은지 체감할 수 있다(장용석 외, 2011b; 주재선, 2008). 이상의 결과에서

4) 1990년대 OECD 국가들의 평균은 3.12이지만 한국은 2.68을 기록함으로써 OECD 국가들의 평균에 훨씬 못 미치는 것으로 나타났다.

보듯이, 국민들에게 성별에 따른 차별 의식이 계속해서 존재하는 이상 남녀 간의 갈등은 지속될 수밖에 없으며 통합을 실현하는 데에도 어려움이 따르게 된다.

남녀 갈등뿐 아니라 계층, 이념, 세대, 지역 갈등 등 다양한 사회 갈등을 유발하는 원인으로 상호 신뢰의 부족을 들 수 있다. 서로 간의 신뢰가 전제되지 않으면 사회 구성원들 간의 결속력도 약해지고 사회나 국가의 목표를 향한 협력이 어려워져 지속가능한 발전이 불가능해지므로 불신의 문제를 근본적으로 해결하는 것이 중요하다(Coleman, 1988; 박영미, 2009; 장용석 외, 2009). 〈표 4-12〉는 세계가치관조사의 일반인 신뢰 수준을 OECD 국가들과 비교한 것이다.

한국의 일반인 신뢰 수준은 1990년대와 2000년대 모두 OECD 19개국 평균에 못 미치는 것으로 나타났다. 노르웨이나 스웨덴, 뉴질랜드, 핀란드 등은 일반인 신뢰 수준이 매우 높다. 특히, 뉴질랜드의 경우 한국과 경제수준이 비슷함에도 일반인 신뢰 수준이 상당히 높은 것으로 나타났다. 또한 한국은 여타 OECD 국가들과는 달리 시간의 경과에도 신뢰도가 높아지지 않았다. 이러한 점에서 볼 때 사회 구성원 간의 신뢰도를 높이기 위한 방안 마련이 시급함을 알 수 있다. 신뢰에는 사회 구성원들이 자신의 이익을 위해 다른 사람들을 해하지 않을 것이라는 믿음이 내포되어 있다. 이에 사회 구성원들 간의 신뢰가 충분한 사회에서는 거래비용도 감소하고 공동의 이익을 위한 협력과 조정이 더욱 수월해진다. 그뿐 아니라 서로의 다양성을 인정해 주고 포용하는 관용의 정신도 높아져 사회 갈등을 줄일 수 있다. 따라서 이를 개선할 수 있는 정책적 노력이 확대되어야 한다(박종민 · 김왕식, 2006; 장용석 외, 2011b).

한국은 일반인에 대한 신뢰뿐 아니라 외국인에 대한 신뢰 수준도

〈표 4-12〉 일반인에 대한 신뢰 수준 비교

순위	국가명	1994~1999	순위	국가명	2005~2007
1	Norway	0.65	1	Norway	0.74
2	Sweden	0.60	2	Sweden	0.68
3	New Zealand	0.49	3	Finland	0.59
3	Finland	0.49	4	New Zealand	0.51
5	Japan	0.42	4	Switzerland	0.51
6	Australia	0.40	6	Australia	0.48
7	Switzerland	0.37	7	Canada	0.42
8	United States	0.36	8	United States	0.40
	평균	0.34	9	Japan	0.39
9	Germany	0.33		평균	0.36
10	Mexico	0.31	10	Germany	0.34
11	Korea	0.30	11	United Kingdom	0.30
11	Spain	0.30	11	Korea	0.30
11	United Kingdom	0.30	13	Italy	0.29
14	Czech Republic	0.29	14	Spain	0.20
15	Slovak Republic	0.27	15	Poland	0.19
16	Hungary	0.23	15	France	0.19
17	Chile	0.21	17	Mexico	0.16
18	Poland	0.18	18	Chile	0.12
19	Turkey	0.05	19	Turkey	0.05

주: 0~1로 지수화함, 1990년대와 2000년대의 조사대상 국가는 서로 다름.
자료: 장용석 외(2011b) 재인용.

굉장히 낮다. 〈표 4-13〉은 세계가치관조사의 일반인 및 외국인에 대한 신뢰 수준을 OECD 국가들과 비교한 것이다. 한국은 일반인 및 외국인에 대한 신뢰가 OECD 국가들의 평균보다 훨씬 낮은 것으로 나타났다. 그중에서도 외국인에 대한 신뢰가 매우 낮았다. 이는 앞의 사회적 자본 구축 부분에서 살펴본 '외국인 근로자에 대한 정부의 역할'을 묻는 세계가치관조사의 결과(p. 142)와는 상반된다. 정부가 외

〈표 4-13〉 일반인 및 외국인에 대한 신뢰 수준 비교(2005~2007)

순위	국가명	일반인 신뢰	순위	국가명	외국인에 대한 신뢰
1	Norway	0.74	1	Sweden	0.91
2	Sweden	0.68	2	Norway	0.85
3	Finland	0.59	3	United Kingdom	0.79
4	New Zealand	0.51	4	France	0.78
4	Switzerland	0.51	5	United States	0.77
6	Australia	0.48	6	Australia	0.76
7	Canada	0.42	6	Canada	0.76
8	United States	0.40	8	Switzerland	0.75
	평균	0.36	9	Finland	0.71
9	Germany	0.34		평균	0.58
10	United Kingdom	0.30	10	Spain	0.49
10	Korea	0.30	11	Poland	0.46
12	Italy	0.29	12	Italy	0.44
13	Spain	0.20	13	Netherlands	0.42
14	Poland	0.19	14	Germany	0.41
14	France	0.19	15	Chile	0.32
16	Mexico	0.16	16	Korea	0.28
17	Chile	0.12	17	Turkey	0.27
18	Turkey	0.05	18	Mexico	0.26

주: 0~1로 지수화함.
자료: 장용석 외(2011b) 재인용.

국인 근로자들의 유입을 엄격히 규제하는 것에 대해서는 반대하면서 실상 이들에 대한 신뢰는 낮은 것이다. 한국 국민들은 경제에 도움을 주는 외국인 근로자 규제에 대해서는 반대하여 정부의 역할을 강조하지만, 외국인 근로자들을 사회 구성원으로 신뢰하는 것에 대해서는 그 수준이 낮게 나타나고 있다. 이 결과는 한국 특유의 연고주의 문화로 인해 다른 집단 구성원들에게 배타적인 태도를 취하는 현상을 잘 반영한다. 다문화사회로 접어든 2011년을 기준으로 국내에 체류

하고 있는 외국인은 1,395,077명이며 국내에서 출생한 아이 20명 중 1명은 다문화 가정에서 태어난 것으로 나타났다(사회통합위원회, 2012). 이와 같이 외국인들의 유입이 많은 시대에 이들을 신뢰하지 못하고 거부감을 표시하게 되면, 이들과의 갈등이 심화될 뿐 아니라 지역 갈등, 이념 갈등, 세대 갈등으로 확대될 수 있으며 자칫하면 국가 간 갈등으로도 이어질 수 있다. 따라서 외국인과의 소통 채널을 마련하여 신뢰를 형성해야 한다. 또한 서로 다르다는 것을 인정하고 이들을 사회 구성원으로서 존중해 줘야 한다. 이러한 노력들을 바탕으로 국민들의 의식이 개선될 때 진정한 사회통합을 실현할 수 있으며 사회 구성원 모두가 행복해진다.

이와 같이 한국은 OECD 국가들에 비해 다양성을 인정하고 포용하는 문화가 정착되어 있지 않기 때문에 국민들도 무의식적으로 성별, 인종 등이 다르다는 이유만으로 거부감을 표시하는 경우가 많다. 특히, 다른 집단에 대한 불신이 매우 커 이들과 소통하거나 공감을 형성하려 하지 않으므로 사회 갈등이 점차 심화되고 있는 것이다. 결국 한국은 구성원들의 다양성을 인정하고 존중함으로써 모두가 행복해지는 사회로 나아가려는 전 세계적인 변화의 추세와는 상반된 양상이 나타나고 있다.

다. 국제사회에의 기여가 중요, 그러나 한국은 미흡

통합사회란 보통 국민들이 어떠한 사안에 배제되지 않은 상태, 그리고 이들 간의 응집력과 결속력이 높은 상태를 의미한다. 경제, 정치, 사회, 문화 전 영역에서 정당성, 포용, 참여, 소속감, 수용 등의 정도가 높을 때 통합사회의 수준도 높다고 할 수 있다(장용석 외,

2012). 기존의 연구들은 주로 사회통합을 중심으로 다루었으며, 이에 대해 개인의 자유와 안전을 보장하고 관용과 신뢰를 바탕으로 타인을 포용하는 공동체적 가치의 함양으로 설명하였다. 즉, 사회통합의 범위가 개인, 사회, 국가 내부로 한정되어 있는 것이다. 그러나 세계화 시대로 접어든 현재, 국가의 역할은 이제 해당 국가의 경계를 넘어 국제사회 일원으로서 글로벌 공동체를 이끌어가는 것으로 확대되고 있다.

환경, 인권, 빈곤 등의 이슈들은 전 세계적으로 나타나는 문제들이기 때문에 국가 내부의 역량만으로 해결하기 어렵다. 국제공동체로서 그 역할과 책무를 다하기 위해서는 전 세계 공동의 문제를 함께 해결하기 위한 협력의 자세가 요구된다. 이에 국제사회에 자발적으로 참여하여 인류에게 닥친 문제들을 해결하려는 의지와 역량이 함께 더해질 때 공동체적 가치를 실천할 수 있으며 국제사회로부터 신뢰를 얻고 진정한 통합사회를 실현할 수 있는 것이다(장용석 외, 2011a). 무엇보다 사회통합이 국가의 내적 발전을 위해 진행 중인 행동 및 노력이라면, 통합사회는 이것이 실현된 상태, 즉 국가경제사회발전의 바람직한 모습·목표·방향·이상향으로서 국제사회에 미치는 영향까지 포괄한다. 따라서 통합사회는 '개인은 행복하고 사회는 관용하고 소통하며 국가는 지구촌 공동체의 일원으로서 권리와 책무를 다하는 모습'이라 할 수 있다.

이상의 논의를 바탕으로 다른 국가들과의 비교를 통해 국제사회 기여에 대한 한국의 위상을 파악하고자 하였다. 국제사회 기여도는 국제 정부기구 참여를 통한 국제사회에의 참여, 공적개발원조 및 평화유지활동을 통한 국제협력으로 측정할 수 있다. 이 내용을 국가 간 비교한 결과는 〈표 4-14〉와 같다.

분석 결과, 한국은 국제사회 참여가 아직도 저조한 편인 것으로 나타났고 평화유지활동을 통한 국제협력은 다른 항목보다 높은 편에 속하는 것으로 나타났다. 한국이 경제 선진국 반열에 오르면서 개발도상국의 발전을 위한 공적개발원조에의 참여가 증가하고 UN, OECD 등의 가입을 통해 대외적인 활동을 넓혀감에 따라 국제협력의 정도도 시간이 경과하면서 조금씩 높아지는 추세를 보이고 있다. 그러나 국제사회 참여의 정도는 거의 하위권에 머물고 있다.

국제사회의 일원으로서 국가, 사회, 개인들이 다양한 전지구적 사회문제 해결을 위해 적극적으로 동참하는 것은 한 국가의 위상을 높일 뿐 아니라 글로벌 시민의 미덕으로 여겨진다(장용석 외, 2011a). 특히, 국제기구에의 적극적인 참여는 인권신장, 환경보호, 빈곤퇴치 등 전 세계적으로 중요시 여기지는 보편적 가치와 규범에 대한 우리 사회 구성원의 이해의 폭을 넓히고, 국가 간 협력에 기여하는 계기를 경험할 수 있다(Meyer et al., 1997). 따라서 국제기구에 참여함으로써 보편적 가치를 적극적으로 실현해 나갈 때 국제사회의 일원으로서의 역량을 확보할 수 있으며 공동체적 가치도 실현할 수 있다.

또한 다문화·다인종 사회로 접어들면서 다양한 가치체계가 공존함에 따라 사회 갈등의 범위가 국제적으로 확장되고 있기에 국제사회

〈표 4-14〉 한국의 국제사회 기여 순위 연도별 추이

구분		순위					자료
		1990	1995	2000	2005	2008	
국제사회 참여	국제정부기구참여(39)	29	32	33	34	34	COW
국제협력	공적개발원조(39)	29	22	24	28	27	OECD
	평화유지활동(37)	10	12	16	26	14	UN

주: ( )는 비교대상 국가 수, OECD 국가 포함.
자료: 장용석 외(2011a)에서 재구성.

에의 참여는 더욱 중요한 의미를 지닌다. 사회 갈등을 원만히 해결하기 위해서는 다양한 문화와 가치체계를 이해하고 수용하는 과정이 우선되어야 하는데 국제사회에의 참여는 이를 촉진시킨다. 즉, 국제사회의 일원으로서 글로벌 공동체 형성에 기여하려는 노력이 적극적으로 이루어질 때 국가의 위상이 높아짐은 물론 글로벌 시민으로서의 덕목을 실천함으로써 신뢰를 확보할 수 있으며 세계화 시대의 진일보한 통합을 실현할 수 있게 된다.

라. 사회통합위원회의 기존 정책 분석 결과

한국 정부는 통합사회 실현을 위해 그동안 다양한 정책들을 시행하여 왔다. 그럼에도 불구하고 앞의 결과에서 보듯이, 통합사회 수준은 매우 낮고, 사회 갈등 수준은 매우 높은 것으로 나타났다. 이의 심각성을 인지한 정부는 사회 갈등 해소를 목적으로 2009년에 사회통합위원회라는 전담 조직을 설립하였다. 이후 사회통합위원회는 〈표 4-15〉, 〈표 4-16〉과 같은 다양한 정책들을 시행하였다(김미숙 외, 2012).

사회통합위원회는 갈등 유형별로 갈등 수준을 낮추기 위한 다양한 프로그램들을 시행해 왔음에도 불구하고 국민들은 여전히 사회 갈등

〈표 4-15〉 사회통합위원회에서 시행해 온 정책의 예

갈등유형	예
계층갈등	사회지도층 나눔/봉사 프로젝트, 사회경제적 양극화 해소 방안 마련 등
이념갈등	보수/진보 간 대화, 미래한국 사회통합 정책연구 등
세대갈등	국제다솜학교, 북한이탈주민 지원정책, 세대 간 소통 및 봉사활동 등
지역갈등	풀뿌리 지역화합운동 활성화, 지역 소통 간담회 등

자료: 김미숙 외(2012)에서 재구성.

〈표 4-16〉 2012년 사회통합위원회의 시행 정책

구분		내용	평가 및 과제
소통 문화 확산을 위한 활동	소통 아카데미 운영	-2012년 소통아카데미의 대주제: 소통과 공감 -서울소통아카데미: 소통의 의미와 방법에 대해 1기당 3명의 강사가 세부 내용 강의, 1회당 일반시민 200명 -강의 내용: 1) 사회통합과 소통의 벽, 이렇게 넘어라, 2) 세계와 소통하는 희망스토리, 3) FUN과 소통, 유머가 이긴다, 4) 인문학에서 배우는 소통의 길, 5) 한국경제와 복지, 6) 유머로 소통하라. 관객과 소통하는 인생, 7) 소통하는 삶을 만드는 인생 5계, 8) 자연과 나의 시(詩) 그리고 더불어 사는 삶, 9) 무엇이 한국을 정상으로 달리게 하는가?	-사례 중심의 교육 확대 -강의 간의 상호 연계성 부족
	사회 지도층 나눔·봉사 프로젝트	-2010~2011년: 기부금의 소득공제 확대, 전문모금기관 운영 투명성 제고 방안, 나눔교육 제도화 등 기부활성화 위한 제도 개선 -매월 4째주 토요일: 지도층의 나눔·봉사의 날 지정 -실천 사례: 저소득층 주거환경 개선 활동, 소외계층 지원 활동, 종합 재능나눔 활동 등 -사회 갈등 치유를 위한 나눔과 봉사 정책 토론회 개최	-더 많은 사회지도층의 참여 -프로젝트에 대한 과학적 평가와 연구를 통한 정책 수립 -자원봉사 패러다임의 변화: 소외계층의 사회적 참여 지원
	세대 소통 프로젝트 확대 보급	-2011년부터 실시, 2012년 확대 운영 -청춘다방: 총 5개월(20주) 동안 매주 금요일 오후 1~7시 동국대학교 구내 커피점인 '보니애 커피'에서 실시, 노인-청년, 교수-학생 간 바람직한 소통 모델 형성 -생활의 달인 교실: 노인세대가 자신의 경험과 지혜를 젊은 세대에게 전수하는 방식, 사회통합위원회와 한국노인인력개발원 및 6개 대학교가 협업, 4월부터 11월까지 총 117회 운영(전국 5개 지역), 내용은 요리, 생활예절, 편의생활 등 다양	-교수-학생 간 소통의 기회가 기대했던 것보다 적었음.
	청소년·부모·교사가 함께하는 소통캠프 운영	-'소통을 위한 동행 1박 2일'의 슬로건으로 '가정과 학교 내 소통활성화 방안'을 주제로 진행 -교육대상: 고등학생 90명, 교사 20명, 부모 20명, 전문가 20명 등 150명 기준 -총 2회 실시: 봄방학 기간 1차, 여름방학 기간 2차 -주요 내용: 소통관련 특강, 소통체험, 분임토의, 소통드라마 시연, 실천 전략 다짐 등	-확대 운영 필요 -청소년 대비 성인(부모, 교사)의 비율 확대 -참여 학습 시간 확대
	풀뿌리 지역화합 운동 활성화	-정부 중심의 하향적 접근과 달리 지역에 기반 둔 주민 조직의 자발적 네트워크 형성, 신뢰와 협력을 증진해 나가는 활동 -풀뿌리 지역화합운동 단체들 간 상호교류의 장 형성, 지역화합운동 우수사례 경진대회 개최, 우수사례집 발간·배포 -주요 사례: 영-호남 교류 대학생 간담회, 영-호남 학술 세미나, 삼도봉 만남의 날 행사(경상도, 전라도, 충청도), 경진대회 및 우수사례집 발간	-영-호남 외 다양한 지역화합 실천 확대 -일회성보다는 간담회 등의 모임 정례화를 통해 지속성 있는 사업 발굴 -사업내용의 적극적 홍보 필요
	사회통합 UCC 공모전	-사회통합위원회와 한겨레신문사 부설 한겨레사회정책연구소 주관 -공모전 수상작품들을 CD로 제작, 중·고등학교 및 청소년지원센터에 배포	-일회성에 그치지 말고 지속적인 추진 필요

다양한 대화의 장 마련	보수-진보 사회통합 이슈 대토론회	-1차 대토론회: 2012년 5월 18일(금), 새로운 남북관계 및 통일정책을 구상, 모색하는 토론회 개최 -2차 대토론회: 2012년 9월 21일(금), 사회통합을 위한 새로운 자본주의와 복지국가 모델이란 주제로 개최	-다양한 주제 발굴 필요
	공생발전 위한 시민단체 소통 간담회	-2012년 12회 개최, 시민사회단체장 등 총 489명 참석 -소통간담회 주요 내용: 여수엑스포 성공개최를 위한 도민 통합방안, 세계조리사대회의 성공적 개최 방안, 청소년 폭력 근절 대책 논의, 다문화가정의 갈등해소 방안, 사회통합을 위한 환경갈등 해소방안, 소통과 화합을 통한 경상남도 발전방안, 지속가능한 충주 발전과제와 방향 등 -소통간담회에서 제기된 건의사항: 소관부처 및 해당 지자체에 전달	-소통간담회 내에서 제기된 건의사항을 정책에 반영하려는 노력 확대
사회 통합 대안 모색	사회정책 서비스 전달체계 개편 추진	-현행 중앙 주도의 경직적인 사회정책서비스 전달체계: 사각지대 발생, 서비스 남용, 서비스 파편화 -2011년 시작, 전달체계 개선 문제는 중앙부처뿐 아니라 광역지자체, 기초지자체의 조직, 기구 개편 및 이에 따른 예산, 인력 소요 등 연구/검토 분야 방대, 국민들에게 끼치는 영향이 커 2012년에도 계속과제로 추진 -2011년부터 2012년 7월까지 계층분과위원회 산하에 소위원회 설치: 사회정책 관련 각계전문가 12명 구성, 16차례 회의, 지자체 현장방문, 사례발표대회, 정책토론회 개최 등 -개편안: 사회정책서비스를 각 지자체에서 관리 수행, 중앙정부는 사회정책서비스를 총괄하는 컨트롤타워의 역할 실시	
	사회 경제적 양극화 해소 방안 마련	-2012년 3~6월: 우리사회 대표적인 사각지대 현장 방문 -현장방문 결과 수렴된 의견 토대로 계층분과위원회 산하 소위원회(양극화 대책팀) 구성, 퀵서비스 근로자 보호 방안, 새벽인력시장 일용근로자 지원 방안, 극빈층 주거안정방안, 학생근로자 지원 방안 등 4개 소과제 지원 방안 모색 -관계전문가 및 관계부처 의견 수렴 위한 정책토론회 개최	-사회 보호 사각지대에서 어려움 겪고 있는 취약계층 지원 방안 마련 확대
	국가 공론 위원회의 설립 방안 마련	-국가기관의 정책결정과 국민의 여론이 상충하는 국론분열의 상황을 사전적으로 예방, 조율할 수 있는 방안 모색 -프랑스의 대규모 개발사업 갈등예방 위한 국가공공토론위원회 벤치마킹, 가칭 국가공론위원회 설립 및 운영방안 마련, 국가공론위원회의 효과적・안정적 운영을 뒷받침할 법률(안) 마련하여 입법화 추진 -위원회의 위상: 독립성을 가진 행정기구로서의 위상을 법률로 보장, 기구 운영의 중립성과 신뢰성 확보하도록 함. -인원: 총 19명(갈등관리전문가, 환경단체대표 포함) -기능: 갈등사안에 직접 개입하여 사안 조정이나 중재 기능은 없음, 다만 정부사업의 내용과 목적에 관한 정보를 대중에게 전달, 광범위한 의견 수렴 통한 사회적 공감대 형성이 목표	-국가공론위원회의 설립 추진 노력 강화 -갈등 관리 노력도 함께 확대
연구 과제	미래 한국 사회통합 정책 연구		
	정보통신기술을 활용한 지역사회 통합 방안 연구		
	세대 간 소통・화합 방안 연구		
	주요 국가별 다문화 정책사례 연구		
	한국의 다문화 사회 통합정책 연구		

자료: 사회통합위원회(2012)에서 재구성.

수준이 심각하다고 느끼고 있다. 또한 혐오시설 건설 등과 관련된 갈등 사례가 언론에서 빈번하게 보도되고 있어 통합사회의 수준이 높아지지 않았음을 실감할 수 있다. 이에 통합사회 실현을 위한 기존 정책들의 내용들을 파악하고 어떠한 한계를 가지고 있는지 분석하여 새로운 정책들을 제안하고자 한다. 이를 위해 국민대통합위원회[5)]의 전신인 사회통합위원회에서 2012년에 시행했던 사회통합 실현을 위한 정책들을 평가함으로써 통합사회 수준을 제고하는 데 필요한 중장기적 정책 과제들을 제시하도록 한다.

이상과 같이 사회통합위원회는 국민들의 자발적 참여를 유도하여 소통, 화합의 문화를 조성함으로써 사회통합을 달성하기 위해 다양한 활동들을 펼쳐 왔다. 그동안의 사회통합을 위한 정책들이 정부 주도의 하향식 성격을 띠고 있던 반면, 이상의 정책들은 국민, 시민단체의 자발적 참여를 독려하였다는 점에서 진일보하였다. 또한 계층 갈등, 이념 갈등, 지역 갈등, 세대 갈등 등 사회 갈등 전반을 줄이기 위한 정책 연구, 실천 운동 및 소통 채널 구축 등을 통해 국민들의 인식을 제고하려는 노력이 매우 활발히 이루어졌다. 그럼에도 불구하고 국민들이 느끼는 사회 갈등 수준은 높게 나타나고 있다. 이에 기존의 정책들이 가지는 한계점을 다음과 같이 제시하고자 한다.

(1) 국민들 간의 신뢰와 공감 형성의 근간이 되는 정책 부족

사회통합위원회는 소통문화를 확산시키기 위해 소통 아카데미, 사회지도층 나눔・봉사 프로젝트, 세대 소통 프로젝트 확대 보급 등 다

5) 2013년 박근혜 정부가 시작되면서 국민대통합위원회가 신설되었다.

양한 정책들을 시행하여 왔다. 그러나 계층 갈등, 이념 갈등, 지역 갈등, 세대 갈등의 대부분은 제도화된 불평등, 구조화된 불평등에서 비롯된 것이므로 사회 구성원들 간의 신뢰나 공감을 형성하기 어려웠다. 그뿐 아니라 갈등의 양태도 점점 복잡·심화되고 있어 사회 구성원들 간의 신뢰나 공감도 매우 부족한 상태이다. 이러한 상황에서 소통문화 확산, 대화의 장 마련 등을 위한 정책을 아무리 많이 시행하더라도 그 효과는 미미할 수밖에 없다. 특히, 소통 아카데미의 경우에는 소통과 관련된 다양한 내용의 강의를 들으면서 소통의 의미와 방법에 대해 학습하는 것인데 이러한 일방향적인 강의만으로 갈등을 원만하게 해결하고 서로의 공감대를 형성하여 화합을 이끌어 내기에는 부족하다.

서로 간의 신뢰를 높이기 위해서는 소통도 중요하지만, 이에 앞서 불평등이 지속되었던 사회적 관행을 바로잡고 다양성이 존재함을 인정하는 문화를 조성하는 것이 필요하다. 그러나 이를 촉진시키기 위한 정책들은 매우 부족하다. 계층, 성별, 인종 등에 따른 차별의 심각성, 이들의 권리를 존중해야 할 필요성 등을 교육하고 홍보하는 정책을 확대하여 신뢰와 공감의 문화를 조성해 나가야 한다. 앞에서 살펴본 것처럼, 한국은 OECD 국가들에 비해 일반인 및 외국인 신뢰도가 매우 낮기 때문에 신뢰 고양을 위한 정책이 더욱 필요하다. 누구나 인간으로서 존중받아야 할 권리가 있고 사회 주체로서 중요한 역할을 할 의무가 있다는 것을 모든 국민들이 인지하고 있을 때 나와 내가 속한 집단이 아닌 다른 사람, 다른 집단이라는 이유만으로 차별할 수 없게 된다. 이를 바탕으로 상호 신뢰 문화를 구축함으로써 사회 구성원들이 서로 화합하고 결속력을 다져나갈 때 모두가 행복한 사회로 나아갈 수 있다.

(2) 계층갈등 해소를 위한 정책에 비해 세대, 이념, 지역갈등 해소를 위한 정책은 미비

〈표 4-15〉, 〈표 4-16〉을 살펴보면, 계층 갈등 해소를 위한 정책은 '사회 지도층 나눔 · 봉사 프로젝트', '사회정책서비스 전달체계 개편 추진', '사회경제적 양극화 해소 방안 마련' 등으로 세대 · 이념 · 지역 갈등 해소를 위한 정책보다 다양하게 존재한다. 특히, 계층 갈등 해소를 위해 관련 제도를 개편하는 안을 마련하고 보호의 사각지대에 놓인 사회적 약자들을 지원하는 방안들을 추진하는 등 제도 및 상태 개선과 관련하여 다각화된 정책들을 시행하고 있다. 반면, 세대 갈등 해소를 위한 정책은 '세대 소통 프로젝트 확대 보급'과 '청소년 · 부모 · 교사가 함께하는 소통캠프 운영', 이념 갈등 해소를 위한 정책은 '보수-진보 사회통합 이슈 대토론회', 지역 갈등 해소를 위한 정책은 '풀뿌리 지역화합 운동 활성화'로 한정되어 있다.

계층 갈등은 국민들이 가장 심각하다고 인지하는 갈등 유형 중 하나이지만, 이의 해소를 위한 정책들은 다른 유형의 갈등 해소를 위한 정책들에 비해 단기적으로 성과를 드러내기 가장 쉽다. 물론, 계층 갈등 해소를 위한 복지 정책 및 사회보장 정책은 이를 시행하는 정부 부처를 비롯하여, 수혜자들과 비수혜자들 간의 이해관계가 첨예하게 얽혀 있기 때문에 정책 시행 자체만으로 많은 갈등을 빚기도 한다. 하지만 복지, 사회보장 정책 등 사회적 형평성 제고를 위한 정책들은 국민들의 관심도가 높아 정치적 이슈로 부각시키기 쉽기 때문에 관련 제도의 개선안이 가장 빈번하게 논의된다. 이에 계층 갈등 해소를 위한 정책들이 다양하게 존재하는 것이다.

더욱이 계층 갈등은 세대 갈등, 이념 갈등, 지역 갈등에 비해 다른 집단에 대한 고정관념이나 선입견이 상대적으로 덜하다. 이에 계층 갈등은 관련 제도만 잘 마련된다면 원만히 해결할 수 있는 여지가 크다. 하지만 세대 갈등, 이념 갈등, 지역 갈등은 오래 전부터 존재하던 관행, 풍토, 문화 등에 의해 발생하는 것이기 때문에 근본적으로 개선할 수 있는 장기적인 정책이 요구된다. 그럼에도 불구하고 사회통합위원회에서 시행했던 세대 갈등, 이념 갈등, 지역 갈등 해소를 위한 정책은 1박 2일 캠프, 토론회 등 소규모로 진행되거나 일회성에 그친 경우가 대부분이었다. 이러한 정책만으로는 세대 갈등, 이념 갈등, 지역 갈등을 해소하기에 한계가 있다.

무엇보다 젊은층과 중장년층 간의 세대 갈등은 계층 갈등, 이념 갈등, 지역 갈등, 남녀 갈등을 유발하는 또 다른 요인으로 작용하는 경우가 많다. 예를 들어, 젊은층은 진보, 중장년층은 보수의 이념 성향을 대부분 지니고 있으며 젊은층은 도시, 중장년층은 농촌에 거주하고 있는 경우가 많고 젊은층은 남녀 평등, 중장년층은 남성을 선호하는 경향이 강하다. 또한 IMF 이후 청년실업률이 증가하고 비정규직이 확대되면서 젊은층의 경제적 불안이 가중됨에 따라 계층 갈등이 심화될 가능성이 크다. 2012년 사회통합위원회에서 1,500명을 대상으로 '20대는 취업하는 사람이 감소하는 반면, 50대 이상은 중장년 취업자가 많아지고 있는 현상에 대해 어떻게 생각하는지'에 대해 설문조사한 결과, 20대는 30%, 40대는 35%, 60대는 38%의 순응도를 보였다. 20대가 가장 낮은 수준의 순응도를 나타냈다. 일자리에 대한 세대 간의 갈등을 여실히 보여주고 있음을 알 수 있다(사회통합위원회, 2012). 이처럼 경제적·정치적·문화적 이해관계가 복합적으로 얽히면서 젊은층과 중장년층 간의 세대 갈등이 더욱 복잡해지고 다각화되고 있다. 세대 갈등이 전 사회에 미칠 파급효과를 고려하여 경제·정치·문화적 측면에서 이를 해소하기 위한 소통 채널 확대, 소기 성과에 대한 인센티브 제공 등의 다각적인 정책 마련이 필요하다. 그와 더불어 이념 갈등, 지역 갈등 해소를 위한 장기적인 방향의 정책이 보다 확대될 필요가 있다.

(3) 기업과의 협력을 통한 사회 갈등 해소 노력 부족

사회 갈등을 해소하기 위한 사회통합위원회의 정책들은 대부분 위원회가 주축이 되거나 정부 부처, 연구원 등과 공공부문이 중심이 되었다. 기업은 자본, 노동력, 아이디어 등 다양한 측면에서 정부 못지않은 역량을 지니고 있다. 사회 갈등은 그 자체로 복잡한 성격을 지니고 있어 정부 단독으로 이를 해소하기에는 한계가 있다. 이에 기업과의 협력을 통해 사회 갈등을 효과적으로 해결해 나갈 필요가 있다.

예를 들어, 청년실업률 감소를 위한 일자리 창출 정책은 젊은층들의 경제 문제를 해결하여 세대 및 계층 갈등으로 이어지는 것을 막을 수 있는데, 이를 기업과 함께 시행한다면 정책 효과가 배가될 수 있다. 또한 대기업들이 정부와 함께 중소기업 및 중견기업의 성장을 지원하고 이들 기업과 상생하는 환경·문화를 조성해 나가면 중소기업 및 중견기업의 도산을 막아 더 많은 일자리를 확보할 수 있다. 일자리 창출을 주요 목적으로 하는 사회적 기업과도 협력하면 청년실업률을 낮추는 데 도움이 될 것이다(사회통합위원회, 2012).

또한 사회 지도층 나눔·봉사 프로젝트도 국민들뿐 아니라 기업이 함께 참여함으로써 사회적 약자들의 삶의 질 향상에 효과적으로 기여할 수 있다. 다양한 인적 자원을 보유하고 있는 기업이 전문성을 활용하여 빈곤층, 사회적 약자들을 교육시키고 근로 의지를 높여 삶의 활력소를 되찾게 함으로써 풍요로운 사회를 만들어 나갈 수 있다.

이외에도 기업 내에서 빈번하게 발생하는 성차별적 행위, 계층제적 문화 등 다양한 갈등을 야기할 수 있는 요인들을 기업이 자발적으로 감소시켰을 때 인센티브를 제공하는 등의 정책 개발이 필요하다. 기업 내에서의 갈등 해소 노력이 사회 갈등의 심화를 막을 수 있는 중요한 기제이기에 정부와 기업 간의 협력적 거버넌스를 확대할 필요가 있다.

(4) 갈등 관리를 위한 정책 부족

사회통합위원회의 과거 정책들을 살펴보면, 소통, 대화의 장 마련 등 갈등을 사전에 예방하기 위한 문화를 형성하려는 노력이 가장 활발하게 나타나고 있다. 또한 대규모 국책사업의 시행에 따른 갈등을 미리 예방하고자 가칭 국가공론위원회를 설치하여 제도화시키려는 노력이 국민대통합위원회를 통해서도 지속되고 있다. 갈등은 한 가지 사안에 대해 여러 가지 다양한 의견들을 제안하기 때문에 발생하는데 이것이 오히려 사회 발전의 동력이 되기도 한다. 한 가지 방향으로 정해진 길을 가는 것은 사회를 안정시키지만 새로운 도전과 창발을 저해할 수 있다는 점에서 갈등의 순기능이 존재하는 것이다. 반면, 갈등이 방치되었을 경우 사회 분열을 야기할 뿐 아니라 국가 경제에도 큰 타격을 준다. 따라서 갈등이 발생하였을 때, 사회 발전에 직접적으로 도움이 될 수 있도록 이를 효과적으로 관리하는 능력이 매우 중요하다. 즉 갈등관리를 제도화하는 것이 필요하다. 이는 갈등이 발생하였을 때 불만이나 감정을 즉각적으로 드러내는 것이 아니라 민주주의 제도를 통해 순화시켜 정책에 반영하는 것을 의미한다(박준, 2013).

한 예로 ADR(Alternative Dispute Resolution)이 있다. 기존에는 갈등이 발생하면 소송을 통한 사법 판결이나 무시, 회피, 일방적 행동, 지연 등의 독단적 관리가 주로 이루어졌다. 반면, ADR(대안적 관리방식)은 소송을 하지 않고서도 당사자 간 협상, 조정, 중재 등으로 분쟁을 해결하는 방식이다. 이는 미국에서 많이 활용되고 있는 제도로, 당사자 간 합의를 통해 상호 이익을 추구할 수 있도록 하며, 소송보다 신속하게 진행되고 적은 비용이 소요되므로 경제적이다. ADR 외에도 참여민주주의, 숙의민주주의의 실현이 있는데 가칭 국가공론위원회의 모델인 프랑스의 국가공공토론위원회가 대표적인 예이다. 이는 소수 전문가와 이해관계자만의 의견을 수렴해서 정책을 결정하는 방식을 지양하고 참여와 숙의과정을 거쳐 직간접적인 이해관계자들의 의견을 반영하여 정책을 결정하는 방식이다. 〈표 4-17〉을 보면, 조정, 중재, 주민투표 방식에 의한 갈등 해결은 매우 낮은 편이지만 협상에 의한 해결이 행정집행과 비슷한 수준인 것으로 나타나 협상에 의한 갈등 해결이 유효함을 알 수 있다(은재호, 2013).

〈표 4-17〉 사회 갈등 유형에 따른 갈등 해결 방식

갈등 유형	협상	조정	중재	행정 집행	주민 투표	법원 판결	진압	자진 철회	소멸	입법	진행 중	계
환경	16	2	2	25	3	7		12	10	2	10	89
이념	3			8		7	1	3	10	10	2	44
노동	84	4	7	14		4	15	29	10	13	5	185
지역	12	1	1	47	5	7	2	11	12	8	13	119
계층	17	3		29		8	3	4	20	26	1	111
교육	7	1		25		10	2	13	9	8	1	76
계	139	11	10	148	8	43	23	72	71	67	32	624

자료: 은재호(2013) 재인용.

〈표 4-18〉에 따르면, 갈등의 평균지속일은 법원판결이 가장 길고 입법, 주민투표, 행정집행, 협상, 자진철회, 소멸, 진압, 조정, 중재의 순으로 긴 것으로 나타났다(은재호, 2013).

이처럼 갈등을 사전에 예방하기 위한 소통의 문화 형성과 국가공론위원회의 설립과 함께 협상, 조정, 중재 등의 방식을 활용하여 갈등을 효과적으로 관리하기 위한 ADR(대안적 관리방식) 제도를 보다 확대할 필요가 있다. 또한 갈등 발생 시 협상, 조정, 중재의 기능을 수행할 갈등관리전문가 양성 교육, 이들의 역량 함양 방안 등도 강구해야 한다.

이상의 분석 결과들을 바탕으로 통합사회 시대로 나아가기 위해서는 국민들 간의 신뢰나 공감을 형성하기 위한 정책이 확대되어야 하며 사회 갈등 유형에 따른 갈등 해소 정책들을 균형적으로 실시하고 장기적인 관점에서 정책의 방향을 설계하는 것이 필요함을 알 수 있다. 또한 해당부처는 기업과의 협력을 통한 협력적 거버넌스를 구축하고 갈등 발생 시 이를 중재·조정·협상할 수 있는 제도의 확대 등 갈등관리를 위한 정책을 확대해야 한다. 거시적으로는 '성장'과 '분배'의 관점을 균형적으로 조화시켜 정책을 수립함으로써 공존, 공생, 지속가능발전을 실현해 나가도록 하고 국제사회의 일원으로서 환

〈표 4-18〉 해결 방식에 따른 갈등의 평균 지속일

해결 방식	협상	조정	중재	행정 집행	주민 투표	법원 판결	진압	자진 철회	소멸	입법	진행 중	계
건수	139	11	10	143	3	43	23	72	71	67	32	624
평균 지속 일수	372	272	205	497	443	971	308	363	338	736	764	497

자료: 은재호(2013) 재인용.

경, 빈곤, 인권 등의 전 세계적 이슈에 적극 참여하여 글로벌 공동체로서의 가치를 실현하고 글로벌 시민으로서의 미덕을 보여줘야 한다. 이러한 정책들이 지속될 때 다양성, 소통, 행복, 공감 등을 강조하는 전 세계적 사회질서 패러다임에 조응할 수 있다.

5. 소결

본 장에서는 한국이 공동체적 가치를 바탕으로 사회적 자본을 구축하고, 다원화된 사회 갈등을 해소함으로써 통합사회로 도약하기 위한 방향을 제시하고자 하였다. 이를 위해 관련 내용들을 OECD 국가들과 국가 간 비교하여 한국의 위상을 파악하였고, 세부 정책 내용들을 분석하여 기존 정책들의 한계가 무엇인지, 어떠한 점에서 보완이 필요한지 살펴보았다. 관련 정책을 내용 분석할 때 사회적 자본 구축의 경우 공정성의 개념이 강조되었던 이명박 정부의 2009년부터 2011년까지의 정책들로, 사회 갈등 해소의 경우 사회통합위원회에서 시행하였던 2012년의 정책들로 한정하였다. 특히, 본 장은 앞서 살펴본 제2 · 3장의 분석 결과를 토대로 한국의 기존 정책들을 분석하여 통합사회 수준이 유독 낮은 원인을 체계적으로 도출하였다는 데 의의가 있다. 즉, 제2 · 3장에서 통합사회의 큰 그림을 그렸다면, 본 장에서는 한국이 통합사회로 나아가기 위해 어떠한 노력이 더 필요한지 정책 사례 분석을 통해 구체화하였다는 점에서 의의가 있는 것이다.

본 장의 분석 결과를 종합해 보면, 크게 세 가지로 요약할 수 있다. 먼저, 한국은 전반적으로 내가 아닌 다른 사람에 대한 반감이 심한 것으로 나타났다. 하지만 이를 줄이기 위한 정책들, 특히 국민들의 의식을 전환하기 위한 정책들이 상당히 부족하였다. 사회적 자본 구축 및 사회 갈등 해소는 다른 사람들의 가치와 다양성을 인정하고, 포용하는 것에서부터 출발한다. 이때 비로소 상호 신뢰가 구축되고, 서로 공감하며, 활발한 소통을 이어갈 수 있는 것이다. 이러한 사실에 초점을 맞춰 정부 정책이 만들어져야 하지만, 정부는 아직까지 단기적으로 드러나는 성과에 더 민감하게 반응한다. 국민들의 의식을 전환시키는 것은 상당한 시간을 요하며, 그 변화가 잘 드러나지 않기 때문에 문제의 본질을 도외시하는 경우가 많다. 제3장의 분석 결과에 의하면, 공동체에 소속되어 있음을 느낄 때, 신뢰와 개인의 행복도가 높아지는 것으로 나타났다. 특히, 소통, 다양성, 행복 등 개인의 주관적 가치나 만족감, 삶의 질이 국가의 경쟁력을 좌우하는 중요한 척도가 된 현대 사회에서 의지할 곳 하나 없는 개인들의 비율이 OECD 국가 중 1위라는 한국의 현실은 국가적으로도 큰 타격이 아닐 수 없다(OECD, 2015). 따라서 우리 모두가 하나라는 연대 의식, 공동체 의식을 함양할 수 있는 보다 장기적인 안목의 정책적 노력이 강화되어야 한다.

또 하나의 큰 특징은, 지속가능한 발전이 세계 사회가 강조하는 중요한 국정 운영 기조임에도 불구하고, 한국은 여전히 성장, 즉 경제적 가치에 초점을 두는 정책적 경향이 강하게 나타난다는 사실이다. 이는 소득 수준에 따른 불평등, 차별 등의 현상을 완화시키는 데 한계가 있음을 의미한다. 이로 인해 계층 간의 갈등이 더욱 심화되고 있다. 급기야는 계층 간의 갈등이 이념 갈등, 세대 갈등을 촉발시키기도 하며, 상대적인 박탈감에 의한 사기 저하가 우울증, 삶의 의욕 감퇴 등 심리적인 문제로까지 확대되어 사회 구성원들 간의 유기적인 결합을 어렵게 할 수 있다. 결국 성장 위주의 정책은 사회 갈등을 심화시킬 뿐 아니라, 사회 구성원들 간의 신뢰를 저하시켜 사회적 자본의 형성을 제약한다. 특히, 사회 갈등을 효과적으로 관리할 만한 정부의 정책이나 역량이 부족한 현실이 이상의 현상을 더욱 악화시키고 있다. '함께 더불어 사는 삶'이 통합사회의 궁극적인 이상향이라면, 기존의 성장 위주의 정책에서 '형평', '분배', '공유' 등의 사회적 가치를 발전시키고, 두 영역을 균형적으로 조화시킬 수 있는 정책들을 적극적으로 펼쳐야 하며, 사회 갈등을 효과적으로 관리할 수 있는 정책 및 역량을 강화하여 다양한 계층의 사람들이 '공생', '공존'할 수 있는 사회를 만들어야 한다.

셋째, 세계화 시대로 접어들면서 국제사회에의 참여를 통한 국제 거버넌스가 중요해지고 있음에도 불구하고, 한국은 여전히 그 수준이 높지 않다. 제3장의 실증 분석 결과는 세계시민주의가 포용성과 행복을 높이며, 문제 해결 주체로서 국가의 대안이 될 수 있음을 보여주었다. 이는 통합사회의 구성 항목 중 국제사회에의 기여가 포함되어야 하는 이유이기도 하다. 또한 환경, 인권, 빈곤, 복지 등 사회 갈등을 일으키는 문제의 범위가 국가의 영토를 넘어 전 세계로 확장되고 있다. 개인 갈등, 사회 갈등, 국가 갈등, 세계 갈등이 서로 얽혀 더 큰 문제를 낳을 수 있기 때문에 갈등 해소 정책의 범위를 국가 내로 한정시켜서는 안 된다. 따라서 국제사회의 일원으로서 세계 문제 해결에 적극적으로 기여하는 등 글로벌 시민으로서의 덕목을 실천할 수 있는 정책들을 다양하게 마련해야 한다. 무엇보다, 범 지구적인 문제들을 해결하기 위한 국제사회에의 참여와 기여는 글로벌 시민으로서의 자부심과 역량을 드높이고, 서로 간의 결속력을 응축시킴으로써 전 세계가 하나가 되는 진정한 통합사회로 거듭나게 할 것이다.

제5장

결 론

제5장 결 론

이 책은 기존의 사회통합, 사회적 배제, 사회적 보호의 개념을 넘어 통합사회의 개념을 제시하였다. 이 책에서 제시하는 통합사회란 '개인의 자유와 안전이 보장되고 관용과 신뢰를 바탕으로 건설된 공동체이며 국제사회에 기여하는 사회'이다. 이는 '다양한 특성을 가진 구성원들이 공동체에 대한 소속감을 갖고 공동의 비전을 공유하며 긍정적인 관계를 유지하는 국민적 결집력'이라 정의되는 사회통합의 개념을 보다 구체화하여 개인, 사회, 국가, 국제적 차원의 다양한 속성을 포괄하는 방향으로 재정립한 것이다. 특히, 이 책에서 제시하는 통합사회의 개념은 국내 사회에 국한되었던 기존의 개념을 국제적 차원까지 확장시켰다는 점에서 의의가 있다.

통합사회는 국가경제사회발전의 바람직한 모습, 목표, 방향, 이상향으로서 행복한 개인, 더불어 사는 공동체, 국제사회에의 기여를 통해 개인 · 사회 · 국제사회의 균형적 발전과 조화를 강조한다. 이 책은 통합사회의 수준을 측정하기 위해 '개인 보호', '공동체 건설', '국제사회 기여'를 중심으로 지표체계를 구성하였다. 이를 통해 한국의 위상을 분석하기 위하여 1990년부터 2008년까지의 OECD 회원국 31개국과 G20 국가 중 OECD 비회원국 8개국을 포함하여 총 39개의 국가들과 비교하였다. 분석 결과, 통합사회 발전 속도 및 국가 간 격차는 경제성장 부문에 비해 낮은 것으로 나타났지만, 통합사회 구성 영역 중 '국제사회 기여'가 다른 영역에 비해 빠른 발전 속도를 보였고 국가 간 격차도 작은 것으로 나타났다. OECD 회원국과 비회원국 간의 경제적 격차는 점차 커지는 것으로 나타났지만, 통합사회 발전 격차는 소폭 감소하는 것으로 나타나 통합사회 실현을 위한 노력이 OECD 회원국은 물론 OECD 비회원국으로까지 확산되었음을 알 수 있다. 이는 통합사회 실현의 중요성에 대해 전 세계가 공감하고 있음을 의미한다. 하지만 한국의 통합사회 수준은 39개국 전체 평균에 비해 낮은 것으로 나타났다. 이는 통합사회 구성 영역 중 '공동체 건설'의 정도가 시간의 경과에도 더 나아지지 않은 현상에서 기인한다고 볼 수 있다(장용석 외, 2011a, 재인용). 한국은 집단을 중시하면서도 타인에 대한 배타적인 문화를 동시에 가지고 있어 범사회적인 공동체의 건설이 어렵다. 이러한 문화적 한계를 극복하여 관용의 자세를 가지고 서로의 다양성을 인정함으로써 사회 전반의 신뢰를 높이는 등 진정한 의미의 공동체를 건설하기 위한 노력이 부단히 이루어져야 한다.

통합사회는 '개인 보호', '공동체 건설', '국제사회 기여'와 같이 사회를 구성하는 주체의 객관적 상태로 설명되기도 하지만, 주관적 측면에서 한 사회의 구성원들이 공유하는 가치체계로 설명되기도 한다. 즉, 통합사회는 사회 구성원들의 객관적 상태와 주관적 인지 체계를 모두 아우르는 개념이어야 한다. 따라서 통합사회를 사회 구성원들의 주관적·인지적·심리적 요소에 해당하는 행복, 포용, 사회체제 신뢰로도 살펴보았다. 통합사회를 주관적 측면에서 파악할 때, 사회적 관계 속에서 형성되는 가치체계로서 사회 구성원들이 사회적 관계의 범위와 이에 결속된 정도를 어떻게 인지하느냐에 따라 달라진다. 이는 개인과 소규모 사회적 연계를 중심으로 하는 개인주의, 개인이 소속된 공식·비공식적 집단을 중심으로 하는 공동체주의, 개인이 속한 국가에 정체성을 부여하는 국가주의, 국가주의의 한계를 극복하기 위한 대안으로서의 세계시민주의로 표현된다. 이의 인식체계가 통합사회를 구성하는 행복, 포용, 사회체제 신뢰에 어떤 영향을 미치는지 파악하기 위해 세계가치관조사 문항들을 활용하였다. 분석 결과, 개인주의는 통합사회에 대체로 부정적인 영향을 미쳤고 공동체주의와 국가주의는 행복과 신뢰를 높이는 데 긍정적이지만, 포용을 높이는 데 부정적인 것으로 나타났다. 반면, 세계시민주의는 대체로 신뢰, 포용, 행복을 높이는 데 긍정적인 영향을 미치는 것으로 나타나 포용성을 제약하는 국가주의의 한계를 보완한다고 볼 수 있다. 하지만 특정 문제를 해결하는 과정에서 세계사회의 역할을 중요하게 인식할수록 신뢰를 낮추는 것으로 나타나 통합사회 기제로서 세계시민주의가 작동하기 위해 국가주의, 공동체주의, 개인주의와의 상호 보완이 전제되어야 함을 알 수 있다(장용석 외, 2012, 재인용).

결과적으로 국가 간 비교를 통한 한국의 통합사회 위상은 낮은 편에 속한다. 통합사회를 사회체제 신뢰, 포용성, 행복으로 파악하였을 때에도 마찬가지로 한국은 37개국 중 사회체제 신뢰 17위, 포용성 35위, 행복 28위로 사회체제 신뢰를 제외하면 하위권에 속하는 국가로 분류된다.[1] 경제 발전이 우선이었던 시대를 지나 지속가능발전의 시대로 접어드는 현 시점에서, 사회적 가치의 중요성은 나날이 커지고 있다. 특히, 국민들이 국가의 지배를 받는 종속체로서의 개념이 강했던 권위주의적 시대를 지나 민주화, 세계화, 정보화 과정을 거치

1) 2005~2008년의 세계가치관조사 결과에 의한 것이다.

면서 국민들의 권위와 가치가 격상됨에 따라 그들의 개별적 가치를 존중해야 함은 물론 삶의 질이 향상되고 행복한 삶을 영위할 수 있도록 해야 한다(장용석 · 조희진, 2013). 이것이 통합사회가 지향하는 궁극적인 목표인 것이다.

통합사회를 실현하여 국민 개개인 모두가 행복한 사회로 나아가기 위해서는 누구나 균등한 기회를 가지고 차별받지 않는 사회, 서로 간의 신뢰가 두터운 사회, 갈등이 없는 사회가 전제되어야 한다. 즉, 불공정한 관행, 불평등한 차별을 줄여 사회 전반에 대한 신뢰를 높이고 공동체 결속을 다짐으로써 사회적 자본을 확충하려는 노력, 사회 갈등을 해소하기 위한 노력이 필히 이루어져야 한다. 이의 필요성을 인지하여 정부는 통합사회 실현을 위해 다양한 정책들을 펼쳐 왔다. 한국 사회에 고착화되어 있는 잘못된 관행을 단기간에 바꾸기는 어려우므로 정책의 효과를 지금 당장 평가하기에는 한계가 있다. 그럼에도 불구하고 전 세계적 추세와 비교할 때 현재 시행되고 있는 정부 정책들에서 많은 문제점들이 발견되고 있어 이의 개선이 시급한 상황이다. 이에 이 책에서는 지금까지의 분석 결과를 바탕으로 다음의 정책적 방안들을 제시했다.[2)]

우선 제2장의 분석 결과에서도 볼 수 있듯이, 통합사회를 구성하는 항목 중 공동체 건설 수준이 유독 낮은 현 한국의 상황을 개선하기 위해 사회 구성원들이 서로 공감 · 배려하고 참여하여 긍지를 느낄 수 있도록 공동체 의식 함양과 관련된 정책들을 확대해야 한다. 제

2) 한준 · 김위정 · 장미혜 · 장용석 · 김연화 · 홍성인(2011)의 특임장관실 연구보고서 '공정사회 구축을 위한 사회적 자본 확충 방안'의 일부와 장용석(2013)의 국민대통합정책연구협의회 이슈보고서 vol 1: 국민통합 진단과 과제[제3장: 한국의 사회 갈등 현주소와 국민통합을 위한 중장기 정책과제]의 일부를 발췌하여 종합한 내용이다.

3장의 분석 결과에 의하면, 공동체 의식을 가지고 있을 때, 사회 체제에 대한 신뢰나 개인의 행복도가 높아지는 것으로 나타났다. 자신이 고립된 존재가 아닌, 어딘가에 속해 있다는 소속감만으로도 매사에 긍정적으로 임하게 되어 삶이 행복해지고, 사회 체제에 대한 불만도 줄어드는 것이다. 또한, 다양한 구성원들이 속한 공동체에 자발적으로 참여하는 것은 상호교류를 증진시켜 소통의 경험을 쌓고 협력의 규범을 배워 타인에 대한 신뢰를 축적하도록 한다(김태종 외, 2006). 하지만 국민들의 참여를 독려하는 정책들이 상당히 부족한 실정이다. 개인의 가치관, 목표, 생각 등이 매우 다양한 현대 사회에서 이들을 한데 아우르기 위해서는 자신의 의견을 적극적으로 개진할 수 있는 소통의 장을 마련하여 서로 공감할 수 있는 문화를 조성하여야 한다. 예를 들면, 지방자치단체별로 지역협의회 등을 활성화하여 지역 사회에서 발생하는 문제들을 지역 주민들이 스스로 해결하도록 함으로써 자부심과 긍지를 느끼게 하고 공동체 의식을 가지게 해야 한다. 이를 통해 사회 전반에 걸친 신뢰 수준을 제고함으로써 사회적 자본을 구축할 수 있으며, 불필요한 사회 갈등 발생을 줄여 통합사회의 실현을 가능케 한다. 사회적 자본은 일반적으로 오랜 기간에 걸쳐 성숙되는 과정을 거듭해야 하지만, 단기적인 학습 과정을 통해서도 형성된다는 점에서 이와 관련된 정책들을 보다 확대해야 할 필요가 있다(Meyerson et al., 1996).

둘째, 균등한 기회를 제공하여 상생·공생의 가치를 실현할 수 있는 정책들을 확대해야 한다. 취약계층이나 소수자 등도 동일한 선상에서 경쟁할 수 있도록 법과 제도의 개선이 이루어져야 함과 동시에 그들의 삶이 어느 정도 안정될 수 있도록 지원해 줘야 한다. 특히 제2장의 분석 결과에서도 살펴볼 수 있듯이, 2008년 한국의 장애인 배려 관련 법령 개수가 OECD 39개국 중 37위에 해당할 정도로 취약계층에 대한 제도적 지원이 저조한 상태이므로 이의 개선이 시급하다. 공적 지원과 함께 취약계층을 위한 자원봉사 활동, 민간의 기부활동 등을 독려하여 더불어 사는 사회를 만들어야 한다. 공생, 상생의 가치 실현은 기업 영역에서도 이루어져야 한다. 현재 중소기업들은 자원이나 역량이 매우 열악하기 때문에 대기업과 동일 선상에서 경쟁할 수 없는 상황이다. 이 문제를 인지하여 동반성장 관련 법과 제도 등을 마련하기는 하였지만, 대기업이 동반성장 실현에 앞장설 수 있도록 대기업의 의식 개선 관련 정책들도 함께 보완되어야 한다. 구체적으로는 대기업과 중소기업이 함께 하는 '동반성장추진 협의체'와 같은 공동체를 구성하여 활동하도록 하고 동반성장을 이행하는 우수 기업을 널리 알리는 등 중소기업들을 지원하는 정책을 보다 확대해야 한다. 또한 동종 분야의 대기업과 중소기업의 인력을 상호 파견하는 등 대기업과 중소기업 간 협력 분위기를 조성할 수 있는 구체적인 정책들을 마련해야 할 것이다.

셋째, '성장'과 '분배' 등 다양한 가치들을 조화시킨 정책들을 마련하여야 한다. 제4장의 분석 결과에 의하면, 한국 정부의 사회보장 정도가 1990년대부터 최근까지 OECD 국가들 중 최하위권을 차지하는 것으로 나타나 '분배', '형평'과 관련한 정책 보완이 시급하다. 그동안 한국은 성장 위주의 경제 발전 전략에 치중함으로써 교육, 환경, 인권 등 '평등', '형평', '균형'을 핵심 가치로 하는 영역에서조차 '성장'의 가치가 우선시되었다. 즉, 정부에서 시행하는 많은 정책들이 기득권층을 위한 정책으로 전락하는 경우가 많았다. 그러다 보니 경제적 양극화, 반기업 정서 등에 의한 사회 갈등이 점차 심각해지고 있으며 집단(계층) 간 분열, 반목 현상으로까지 심화되고 있다. 이 문제를 극복하기 위해 '성장', '발전'과 '분배', '형평', '복지' 등의 가치를 융합한 '지속가능발전'을 World Bank, UN 등의 국제사회에서 국가가 지향해야 할 중요한 목표로 제시하고 있다. '경쟁', '효율'만을 중시하던 시장경제질서가 사회 주체 간 협력적 관계를 모색하고 '동반성장', '공생발전', '공유가치창출' 등 이질적 가치를 동시에 추구하는 융합적 관점을 지향하는 방향으로 재편되고 있는 것이다(Porter & Kramer, 2011). 따라서 성장 위주의 강제적 사회통합 방식에서 벗어나 성장, 분배, 형평, 공생 등 다양한 가치들이 조화로운 균형을 이룸으로써 모든 국민들이 행복한 통합사회로 나아갈 수 있도록 해야 한다. 최근 정부는 경제 혁신과 재도약을 위한 '경제혁신 3개년 계획'의 구상을 밝히고 3대 추진 전략을 제시하였다. 3대 추진 전략은 ① 우리사회에 만연한 비정상적 관행을 정상화하는 개혁을 통해 기초가 튼튼한 경제를 만들고 ② 창조경제를 통해 역동적인 혁신경제를 만들며 ③ 내수를 활성화해 내수와 수출이 균형 있는 경제를 만들겠다는 내용이다(청와대, 2014). 이는 여전히 성장의 가치가 중심을 이루며 분배와 조화, 공정 등의 가치들을 충분히 담지 못 했음을 보여준다. 향후 실행 계획에는 '성장과 분배의 조화와 균형'의 목표가 포함되어야 할 것이다.

넷째, 통합사회 구성 항목 중 공동체 건설을 촉진시키기 위해서는 사회 갈등 수준을 낮추는 것부터 시작되어야 한다. 이를 효과적으로 이행하려면, 갈등 관리 거버넌스를 구축하고 갈등 관리 역량을 제고하는 것이 중요하다. 사회 갈등을 해소하기 위해 설립된 사회통합위원회의 정책들을 분석한 결과, 정부 부처나 소속 연구소가 참여하는 정책들은 충분했으나 민간 기업과의 협력을 이끌어낼 만한 정책이 부족한 것으로 나타났다. 기업은 인적·물적 측면에서 풍부한 자원과 역량을 보유하고 있으므로 이들과 협력하여 사회 갈등을 해소하는 방안을 고려해야 한다. 갈등 관리 거버넌스를 공공-민간의 협력적 거버넌스 차원에서 이해할 때 사회 갈등을 담당하는 전담 조직의 갈등 관리 역량도 제고할 수 있다. 갈등을 사전에 예방하여 국민적 화합을 도모하는 것도 중요하지만 갈등이 발생하였을 때 효과적으로 해결하고 시의적절하게 활용할 수 있는 관리 역량이 더욱 요구된다. 따라서 해당 부처에서는 갈등이 발생하였을 때 최적의 갈등해결방식을 모색할 수 있는 역량을 키워야 하며 이를 위해서는 갈등 관리 전문가를 양성하고 역량을 개발할 수 있는 교육 프로그램이 필수적으로 마련되어야 한다.

다섯째, 사회 갈등 및 사회 통합과 관련된 지표를 개발하고 이의 연구를 주기적으로 진행하여 도출된 결과들을 정책 결정과정에 적극 활용하여야 한다. 사회적으로 막대한 비용을 야기하는 갈등의 문제를 해결하고 통합사회로 나아가기 위해서는 사회 갈등 및 사회 통합의 특성을 정확하게 이해하는 작업이 우선되어야 한다. 현재 한국행정연구원, 전국경제인연합회 등의 국책연구원과 시민단체들에서 사회 갈등에 대한 의식 조사를 시행하고 있다. 이 연구들은 사회 갈등의 다양한 유형들을 파악하고 유형별 갈등 상황과 원인, 결과에 대한 이해를 돕는다. 국민대통합위원회의 전신인 사회통합위원회에서도 '사회통합 국민의식조사'를 통해 사회 갈등 및 사회 통합에 대한 국민들의 의식수준을 분석한 바 있으나, 매년 주기적으로 시행하지는 못 하고 있다. 한국 사회 갈등의 현주소를 정확하게 이해하기 위해서는 관련 연구를 주기적으로 시행하는 것이 중요하다. 이는 사회 갈등 DB 구축 및 사회 갈등의 시계열적 흐름을 파악하도록 함으로써 미래를 전망하고 문제에 빨리 대응할 수 있도록 한다. 특히 제2장 및 3장에서 살펴본 바와 같이, OECD 혹은 세계가치관조사 등과 연계하여 국가

간 비교가 가능한 객관적 · 주관적 지표를 개발함으로써 한국의 위상을 실증적으로 분석하여야 한다. 이의 결과들은 통합사회로 나아가는 데 필요한 정책 의사결정 과정에 반드시 포함되어야 한다.

여섯째, 세계시민사회에의 소속감으로 측정한 세계시민주의가 신뢰 · 포용 · 행복에 긍정적인 영향을 미친 제3장의 결과에서도 볼 수 있듯이, 세계국제기구에 적극 참여하는 등 글로벌 거버넌스를 실현함으로써 글로벌 시민(global citizen)으로서의 덕목을 실천하는 것이 필요하다. 세계화의 진전으로 사회의 영역이 국가의 수준을 넘어 '세계 사회(world society)'로 확대되고 있는 현 시점에서 발생하고 있는 기후변화, 환경, 빈곤, 인권의 문제들도 국가의 경계와 역량을 넘어서고 있다. 이로 인해 사회 갈등의 범위도 개별 국가를 넘어 국제적으로 확대되고 있다. 이에 국제기구에의 참여 등 국제 협력을 통해 국제사회의 일원으로서 기여도를 높이고 글로벌 시민으로서의 역할을 다해야 한다. 특히, 문제해결 주체로서 국제사회의 중요성을 높게 인식할수록 정부와 교육체계 등의 사회체제에 대한 신뢰가 낮아지는 제3장의 분석 결과는 국가가 해결하지 못 하는 영역의 대안으로 국제사회가 중요하다는 사실을 반증한다. 따라서 정부는 국민, 사회, 국가 모두에게 환경, 빈곤, 인권 등의 국제 문제를 함께 해결해 나가는 노력이 필요함을 교육 · 홍보하고 이를 적극적으로 실천할 수 있는 기반을 마련해야 한다. 또한 이와 관련된 다양한 국제기구가 있음을 널리 알리고 국가, 사회 차원에서 이에 적극 참여하도록 유도함으로써 국제사회에서 제 역할을 다 할 수 있도록 독려해야 한다. 이처럼 정부가 환경, 빈곤, 인권 등의 국제 문제를 해결해 나가기 위해 기업의 사회적 책임이 중요함을 지속적으로 홍보하고 이의 실현을 위한 법과 제도를 수립함으로써 대다수의 기업들을 UN Global Compact에 가입시킨 사례처럼,

국제사회에 기여하기 위한 정책적 노력이 보다 확대되어야 한다.

이상의 정책적 노력들을 바탕으로 법·제도나 현 상태의 개선은 물론 국민들의 의식을 전환시키고 함께 공감할 수 있는 문화를 조성함으로써 세계 속의 국가, 국가 속의 사회, 사회 속의 개인을 아우르는 통합사회를 실현할 수 있다. 개인은 행복하고 사회는 관용하고 소통하며 국가는 국제사회의 일원으로서 권리와 책무를 다하는 것으로 통합사회의 모습을 그려볼 수 있다. 이는 투명성, 책임성, 신뢰, 협력, 참여, 공공성, 개방성 등의 다양한 가치가 융합된 사회이며, 사회 구성원들이 '개인', '공동체', '국가', '세계'를 포괄하여 사회적 관계를 균형적으로 형성하는 사회이다. 무엇보다 이 책에서 제시하는 통합사회는 '개인'과 '국제사회'를 함께 고려하고 있다는 점에서 개인의 가치나 인지체계를 간과한 채 국내 사회에만 초점을 맞추던 기존의 사회통합 논의에서 진일보한 것이라 할 수 있다. 이제 개인은 국가의 지배를 받는 입장에서 인격체로서 대우받고 존중받는 입장으로 그 가치가 격상되고 있다. 이에 따라 개인의 행복·가치 증진·삶의 질 향상 등이 통합사회를 실현하는 데 필요한 핵심 개념으로 자리 잡고 있다. 이에 더하여 환경, 빈곤, 인권 등 초국가적 이슈가 빈번해지면서 사회 갈등의 범위도 국제적으로 확장됨에 따라 통합사회를 실현하는 데 있어 국제사회를 함께 고려해야 하는 상황에 이르렀다. 이와 같이 다층적 개념을 포괄하고 있는 통합사회는 궁극적으로 '경제적 가치'와 '사회적 가치' 간의 균형과 조화를 이루게 함으로써 국가의 지속가능발전을 이끌고 선진일류사회로 거듭나도록 한다. 하지만 한국의 통합사회 수준은 다른 국가들에 비해 낮은 편에 속하므로 통합사회 실현을 위한 정부의 정책적 노력이 더욱 적극적으로 요구된다.

부 록

부표 A 통합사회 지표의 1990년과 2008년의 상-중-하위권 그룹 비교

〈부표 A-1〉 통합사회 지표의 1990년과 2008년의 상-중-하위권 그룹 비교–대분류1

1990	2008	통합사회	개인 보호	공동체 건설	국제사회 기여
High	High	Belgium Denmark Finland Netherlands Norway Sweden	Austria Japan Luxembourg Netherlands Switzerland United States	Australia Denmark Finland Iceland Luxembourg New Zealand Norway Sweden United States	Belgium Denmark Finland France Germany Netherlands Norway Sweden
	Middle	Australia New Zealand United States	Belgium Norway	Canada Netherlands	United Kingdom
	Low		United Kingdom		Australia New Zealand
Middle	High	France Luxembourg Switzerland	Denmark Finland Ireland	Belgium Switzerland	Italy Luxembourg Spain
	Middle	Austria Canada Germany Ireland Italy Spain United Kingdom	Canada Czech Republic France Germany New Zealand Portugal Spain Sweden	Austria China Germany India Indonesia Ireland Korea Russia South Africa Spain United Kingdom	Austria Brazil Canada Greece India Ireland Japan Portugal Switzerland United States

	Low	Japan	Greece	Czech Republic Hungary Mexico	Argentina Indonesia
Low	High				
	Middle	Portugal	Australia Hungary	France Italy Japan	Hungary Poland Russia Slovak Republic
	Low	Czech Republic Greece Hungary Iceland Korea Poland Slovak Republic Turkey	Iceland Italy Korea Mexico Poland Slovak Republic Turkey	Argentina Brazil Chile Greece Poland Portugal Slovak Republic Turkey	Chile China Czech Republic Iceland Korea South Africa Turkey

주: High는 대상국가 중 상위 30%, Middle은 중위 40%, Low은 하위 30%의 수준에 해당.

〈부표 A-2〉 통합사회 지표의 1990년과 2008년의 상-중-하위권 그룹 비교－대분류2

1990	2008	통합사회2	개인 보호2
High	High	Belgium Denmark Finland Netherlands Norway Sweden United States	Czech Republic Japan Luxembourg Norway Switzerland United States
	Middle	Australia Germany New Zealand United Kingdom	Austria Belgium Korea Portugal
	Low		United Kingdom
Middle	High	France Luxembourg Spain Switzerland	Canada Denmark Ireland Netherlands New Zealand
	Middle	Austria Canada	Chile Finland

		Iceland Ireland Italy Japan Portugal	France Germany Greece Hungary Italy Mexico Spain
	Low	Argentina Greece Korea	Argentina Sweden
Low	High		
	Middle	India Poland Slovak Republic	Australia Poland Slovak Republic
	Low	Chile China Czech Republic Hungary Indonesia Russia South Africa Turkey	China Iceland India Indonesia Russia Saudi Arabia South Africa Turkey

주: High는 대상국가 중 상위 30%, Middle은 중위 40%, Low은 하위 30%의 수준에 해당.

〈부표 A-3〉 통합사회 지표의 1990년과 2008년의 상-중-하위권 그룹 비교–개인 보호 (중분류)

1990	2008	자유와 민주	안전과 보호	안전과 보호2
High	High	Australia Denmark Iceland Luxembourg Netherlands New Zealand Switzerland United Kingdom United States	Austria Hungary Japan	China India Indonesia Japan Korea Mexico Russia Saudi Arabia
	Middle	Belgium Japan Norway	Finland Luxembourg Netherlands Norway	Argentina Luxembourg Turkey

	Low		Belgium Sweden	
Middle	High	Canada Finland Ireland	France Greece Italy Portugal Switzerland	Czech Republic Switzerland
	Middle	Austria Chile Czech Republic France Germany Korea Portugal Spain Sweden	Czech Republic Germany Slovak Republic Spain Turkey	Austria Greece Hungary Italy Norway Poland Portugal Slovak Republic United States
	Low	Argentina Greece Italy	Mexico United Kingdom	Belgium Chile Finland Germany United Kingdom
Low	High		Denmark	Ireland
	Middle	Hungary Poland Slovak Republic	Ireland Poland United States	Denmark France Netherlands Spain
	Low	Brazil China India Indonesia Mexico Russia Saudi Arabia South Africa Turkey	Australia Canada Iceland Korea New Zealand	Australia Canada Iceland New Zealand South Africa Sweden

주: High는 대상국가 중 상위 30%, Middle은 중위 40%, Low은 하위 30%의 수준에 해당.

〈부표 A-4〉 통합사회 지표의 1990년과 2008년의 상-중-하위권 그룹 비교-공동체 건설 (중분류)

1990	2008	다양성과 관용	신뢰와 참여
High	High	Australia Belgium Finland Luxembourg Netherlands New Zealand Spain Sweden United States	Canada China Denmark Finland Iceland Indonesia Norway Sweden
	Middle	Canada Czech Republic Germany	Australia Netherlands United States
	Low		
Middle	High	France Norway Switzerland	India New Zealand Switzerland
	Middle	Austria Denmark Greece Iceland Japan Poland Portugal Russia United Kingdom	Austria Belgium Chile Germany Ireland Korea Luxembourg Mexico Russia South Africa
	Low	Mexico Slovak Republic Turkey	Hungary Poland United Kingdom
Low	High		
	Middle	Argentina Ireland Saudi Arabia	Brazil Italy Japan
	Low	Brazil Chile China Hungary India Indonesia	Argentina Czech Republic France Greece Portugal Slovak Republic

		Italy Korea South Africa	Spain Turkey

주: High는 대상국가 중 상위 30%, Middle은 중위 40%, Low은 하위 30%의 수준에 해당.

〈부표 A-5〉 통합사회 지표의 1990년과 2008년의 상-중-하위권 그룹 비교 —국제사회 기여(중분류)

1990	2008	국제사회 참여	국제협력
High	High	Austria Hungary Japan	Australia Belgium Finland Luxembourg Netherlands New Zealand Spain Sweden United States
	Middle	Finland Luxembourg Netherlands Norway	Canada Czech Republic Germany
	Low	Belgium Sweden	
Middle	High	France Greece Italy Portugal Switzerland	France Norway Switzerland
	Middle	Czech Republic Germany Slovak Republic Spain Turkey	Austria Denmark Greece Iceland Japan Poland Portugal Russia United Kingdom
	Low	Mexico United Kingdom	Mexico Slovak Republic Turkey

Low	High	Denmark	
	Middle	Ireland Poland United States	Argentina Ireland Saudi Arabia
	Low	Australia Canada Iceland Korea New Zealand	Brazil Chile China Hungary India Indonesia Italy Korea South Africa

주: High는 대상국가 중 상위 30%, Middle은 중위 40%, Low은 하위 30%의 수준에 해당.

〈부표 A-6〉 통합사회 지표의 1990년과 2008년의 상-중-하위권 그룹 비교 —'개인 보호' 중 '자유와 민주'의 소분류 지표

1990	2008	경제적 자유	정치적 자유	언론의 자유
High	High	Australia Luxembourg New Zealand Switzerland United Kingdom United States	Australia Austria Belgium Canada Denmark Finland Iceland Ireland Luxembourg Netherlands New Zealand Norway Spain Sweden Switzerland United States	Belgium Denmark Finland Iceland Luxembourg Netherlands New Zealand Norway Portugal Sweden Switzerland
	Middle	Austria Germany Japan Korea	Italy Japan	Australia United States
	Low	Argentina Saudi Arabia		

Middle	High	Canada Chile Denmark Iceland Ireland Netherlands	Chile Czech Republic France Germany Hungary Poland Portugal United Kingdom	Germany Ireland
	Middle	Belgium Czech Republic France Mexico Norway Portugal Spain	Greece	Austria Canada Czech Republic France Hungary Japan Poland Slovak Republic South Africa Spain United Kingdom
	Low	Greece Turkey	Argentina	Chile
Low	High		Slovak Republic	
	Middle	Finland Hungary Slovak Republic Sweden	Korea	Greece
	Low	Brazil China India Indonesia Italy Poland Russia South Africa	Brazil China India Indonesia Mexico Russia Saudi Arabia South Africa Turkey	Argentina Brazil China India Indonesia Italy Korea Mexico Russia Saudi Arabia Turkey

주: High는 대상국가 중 상위 30%, Middle은 중위 40%, Low은 하위 30%의 수준에 해당.

〈부표 A-7〉 통합사회 지표의 1990년과 2008년의 상-중-하위권 그룹 비교
–'개인 보호' 중 '안전과 보호'의 소분류 지표

1990	2008	경제적 안전	사회적 보호	사회보장
High	High	Austria China Iceland Japan Korea Mexico Switzerland	China India Indonesia Japan Mexico Saudi Arabia Slovak Republic Spain Turkey	Austria Belgium Denmark Finland France Germany Sweden
	Middle	Finland Luxembourg Saudi Arabia Sweden	Argentina Russia	Hungary Netherlands Norway
	Low	Indonesia		
Middle	High	Australia Netherlands Norway	Greece Ireland	Italy
	Middle	Argentina Belgium Czech Republic India Russia United Kingdom United States	Czech Republic France Hungary Italy Korea Luxembourg Poland Portugal South Africa Switzerland United States	Czech Republic Greece Luxembourg New Zealand Poland Spain United Kingdom
	Low	Brazil Chile Germany Greece Portugal	Austria Belgium United Kingdom	Canada Ireland Slovak Republic
Low	High	Denmark New Zealand		Portugal
	Middle	Canada Ireland Italy Poland	Denmark Netherlands Norway	Japan Switzerland

	Low	France Hungary Slovak Republic South Africa Spain Turkey	Australia Canada Chile Finland Germany Iceland New Zealand Sweden	Australia Iceland Korea Mexico Turkey United States

주: High는 대상국가 중 상위 30%, Middle은 중위 40%, Low은 하위 30%의 수준에 해당.

〈부표 A-8〉 통합사회 지표의 1990년과 2008년의 상-중-하위권 그룹 비교-'공동체 건설' 중 '다양성과 관용'의 소분류 지표

1990	2008	양성평등	장애인 배려	타인에대한관용	외국인 비율
High	High	Denmark Finland Germany Norway Sweden United Kingdom	Argentina Australia Belgium Canada Finland France Japan Poland Spain United States	Denmark Finland France Luxembourg Netherlands New Zealand Spain Sweden	Australia Austria Belgium Germany Luxembourg New Zealand Russia Saudi Arabia Switzerland
	Middle	Australia Canada Spain	Austria Germany	Czech Republic Greece Iceland Slovak Republic	France Netherlands United States
	Low	Indonesia Japan Mexico			
Middle	High	Iceland Ireland Netherlands New Zealand	Netherlands Sweden	Australia Germany Norway Switzerland	Iceland Ireland Spain
	Middle	Austria Belgium Hungary Poland Portugal Slovak Republic United States	Chile Hungary Iceland Italy Luxembourg New Zealand Norway Portugal	Austria Belgium Canada Japan Mexico Russia United Kingdom United States	Argentina Canada Czech Republic Denmark Greece Norway South Africa Sweden

			United Kingdom		United Kingdom
	Low	Czech Republic India Korea Turkey	Brazil China Indonesia Korea South Africa	China Italy Korea	Hungary Poland Turkey
Low	High	France Switzerland			
	Middle	Argentina Chile China Russia South Africa	Denmark Greece Russia Turkey	Argentina Chile Portugal	Finland Italy Portugal
	Low	Brazil Greece Italy Luxembourg Saudi Arabia	Czech Republic India Ireland Mexico Saudi Arabia Slovak Republic Switzerland	Brazil Hungary India Indonesia Ireland Poland Saudi Arabia South Africa Turkey	Brazil Chile China India Indonesia Japan Korea Mexico Slovak Republic

주: High는 대상국가 중 상위 30%, Middle은 중위 40%, Low은 하위 30%의 수준에 해당.

〈부표 A-9〉 통합사회 지표의 1990년과 2008년의 상-중-하위권 그룹 비교 —'공동체 건설' 중 '신뢰와 참여'의 소분류 지표

1990	2008	일반인에 대한 신뢰	기관에 대한 신뢰	사회단체참여정도
High	High	Australia Canada China Denmark Finland Indonesia Netherlands New Zealand Norway Saudi Arabia Sweden	China Denmark India Indonesia Ireland Norway Saudi Arabia South Africa	Australia Finland Iceland Indonesia New Zealand South Africa Sweden United States
	Middle	United States	Korea Luxembourg	Denmark Netherlands Norway

	Low		Australia Hungary	
Middle	High	Switzerland	Finland Iceland Portugal Turkey	Canada India Switzerland
	Middle	Austria Belgium Germany Iceland India Ireland Italy Japan Korea Russia United Kingdom	Belgium Brazil Canada Chile Russia Sweden United Kingdom	Austria Belgium Germany Greece Korea
	Low	Hungary Mexico Spain	France Netherlands Poland United States	China Czech Republic Hungary Ireland Luxembourg Russia Slovak Republic United Kingdom
Low	High			
	Middle	Czech Republic Greece Luxembourg	Austria Japan Mexico Slovak Republic Spain Switzerland	Argentina Brazil Chile France Italy Japan Mexico Poland
	Low	Argentina Brazil Chile France Poland Portugal Slovak Republic South Africa Turkey	Argentina Czech Republic Germany Greece Italy New Zealand	Portugal Spain Turkey

주: High는 대상국가 중 상위 30%, Middle은 중위 40%, Low은 하위 30%의 수준에 해당.

〈부표 A-10〉 통합사회 지표의 1990년과 2008년의 상-중-하위권 그룹 비교
—'국제사회 기여' 중 '국제사회 참여'와 '국제협력'의 소분류 지표

1990	2008	국제정부기구 참여	공적개발원조	평화유지활동
High	High	Belgium Denmark France Germany Italy Netherlands Spain Sweden United Kingdom	Belgium Denmark Finland Netherlands Norway Sweden Switzerland	Poland
	Middle	Norway United States	Australia Canada France Germany Italy Japan	Australia Canada Korea Portugal United States
	Low	Canada		Denmark Finland Ireland Netherlands New Zealand
Middle	High	Finland Portugal	Austria Iceland Ireland Luxembourg Spain United Kingdom	Argentina France India Italy
	Middle	Argentina Austria Brazil Greece India Indonesia Luxembourg Mexico Switzerland	Czech Republic Greece New Zealand Portugal Slovak Republic Turkey United States	Austria Germany Hungary Norway Russia Slovak Republic Sweden United Kingdom
	Low	Australia Chile Ireland Japan	Hungary Poland	Czech Republic Iceland Switzerland
Low	High	Russia		Brazil

			China Indonesia South Africa Spain Turkey
Middle	Czech Republic Hungary Poland Slovak Republic	Korea	Belgium Chile
Low	China Iceland Korea New Zealand Saudi Arabia South Africa Turkey	Argentina Brazil Chile China India Indonesia Mexico Russia Saudi Arabia South Africa	Greece Japan Luxembourg

주: High는 대상국가 중 상위 30%, Middle은 중위 40%, Low은 하위 30%의 수준에 해당.

부표 B 통합사회 지표의 1990년과 2008년의 상-중-하위권 국가별 변화

〈부표 B-1〉 통합사회 지표의 1990년과 2008년의 상-중-하위권 국가별 변화-대분류

	통합 사회	통합 사회2	개인 보호	개인 보호2	공동체 건설	국제사회 기여
Argentina	…	M-L	…	M-L	L-L	M-L
Australia	H-M	H-M	L-M	L-M	H-H	H-L
Austria	M-M	M-M	H-H	H-M	M-M	M-M
Belgium	H-H	H-H	H-M	H-M	M-H	H-H
Brazil	…	…	…	…	L-L	M-M
Canada	M-M	M-M	M-M	M-H	H-M	M-M
Chile	…	L-L	…	M-M	L-L	L-L
China	…	L-L	…	L-L	M-M	L-L
Czech Republic	L-L	L-L	M-M	H-H	M-L	L-L
Denmark	H-H	H-H	M-H	M-H	H-H	H-H
Finland	H-H	H-H	M-H	M-M	H-H	H-H
France	M-H	M-H	M-M	M-M	L-M	H-H
Germany	M-M	H-M	M-M	M-M	M-M	H-H
Greece	L-L	M-L	M-L	M-M	L-L	M-M
Hungary	L-L	L-L	L-M	M-M	M-L	L-M
Iceland	L-L	M-M	L-L	L-L	H-H	L-L
India	…	L-M	…	L-L	M-M	M-M
Indonesia	…	L-L	…	L-L	M-M	M-L
Ireland	M-M	M-M	M-H	M-H	M-M	M-M
Italy	M-M	M-M	L-L	M-M	L-M	M-H
Japan	M-L	M-M	H-H	H-H	L-M	M-M

Korea	L-L	M-L	L-L	H-M	M-M	L-L
Luxembourg	M-H	M-H	H-H	H-H	H-H	M-H
Mexico	…	…	L-L	M-M	M-L	…
Netherlands	H-H	H-H	H-H	M-H	H-M	H-H
New Zealand	H-M	H-M	M-M	M-H	H-H	H-L
Norway	H-H	H-H	H-M	H-H	H-H	H-H
Poland	L-L	L-M	L-L	L-M	L-L	L-M
Portugal	L-M	M-M	M-M	H-M	L-L	M-M
Russia	…	L-L	…	L-L	M-M	L-M
Saudi Arabia	…	…	…	L-L	…	…
Slovak Republic	L-L	L-M	L-L	L-M	L-L	L-M
South Africa	…	L-L	…	L-L	M-M	L-L
Spain	M-M	M-H	M-M	M-M	M-M	M-H
Sweden	H-H	H-H	M-M	M-L	H-H	H-H
Switzerland	M-H	M-H	H-H	H-H	M-H	M-M
Turkey	L-L	L-L	L-L	L-L	L-L	L-L
United Kingdom	M-M	H-M	H-L	H-L	M-M	H-M
United States	H-M	H-H	H-H	H-H	H-H	M-M

주: H=High, M=Middle, L=Low.

〈부표 B-2〉 통합사회 지표의 1990년과 2008년의 상-중-하위권 국가별 변화–중분류

	자유와 민주	안전과 보호	안전과 보호2	다양성과 관용	신뢰와 참여	국제사회 참여	국제 협력
Argentina	M-L	…	H-M	L-M	L-L	M-M	L-L
Australia	H-H	L-L	L-L	H-H	H-M	M-L	H-M
Austria	M-M	H-H	M-M	M-M	M-M	M-M	M-M
Belgium	H-M	H-L	M-L	H-H	M-M	H-H	H-H
Brazil	L-L	…	…	L-L	L-M	M-M	L-L
Canada	M-H	L-L	L-L	H-M	H-H	H-L	H-M
Chile	M-M	…	M-L	L-L	M-M	M-L	L-L
China	L-L	…	H-H	L-L	H-H	L-L	L-L
Czech Republic	M-M	M-M	M-H	H-M	L-L	L-M	M-M

Denmark	H-H	L-H	L-M	M-M	H-H	H-H	H-H
Finland	M-H	H-M	M-L	H-H	H-H	M-H	H-H
France	M-M	M-H	L-M	M-H	L-L	H-H	H-M
Germany	M-M	M-M	M-L	H-M	M-M	H-H	H-M
Greece	M-L	M-H	M-M	M-M	L-L	M-M	L-M
Hungary	L-M	H-H	M-M	L-L	M-L	L-M	M-L
Iceland	H-H	L-L	L-L	M-M	H-H	L-L	M-H
India	L-L	…	H-H	L-L	M-H	M-M	L-L
Indonesia	L-L	…	H-H	L-L	H-H	M-M	L-L
Ireland	M-H	L-M	L-H	L-M	M-M	M-L	M-H
Italy	M-L	M-H	M-M	L-L	L-M	H-H	M-M
Japan	H-M	H-H	H-H	M-M	L-M	M-L	M-M
Korea	M-M	L-L	H-H	L-L	M-M	L-L	M-L
Luxembourg	H-H	H-M	H-M	H-H	M-M	M-M	M-H
Mexico	L-L	M-L	H-H	M-L	M-M	M-M	…
Netherlands	H-H	H-M	L-M	H-H	H-M	H-H	H-H
New Zealand	H-H	L-L	L-L	H-H	M-H	L-L	H-M
Norway	H-M	H-M	M-M	M-H	H-H	H-M	H-H
Poland	L-M	L-M	M-M	M-M	M-L	L-M	M-L
Portugal	M-M	M-H	M-M	M-M	L-L	M-H	M-M
Russia	L-L	…	H-H	M-M	M-M	L-H	L-L
Saudi Arabia	L-L	…	H-H	L-M	…	L-L	…
Slovak Republic	L-M	M-M	M-M	M-L	L-L	L-M	L-M
South Africa	L-L	…	L-L	L-L	M-M	L-L	L-L
Spain	M-M	M-M	L-M	H-H	L-L	H-H	M-H
Sweden	M-M	H-L	L-L	H-H	H-H	H-H	H-H
Switzerland	H-H	M-H	M-H	M-H	M-H	M-M	M-H
Turkey	L-L	M-M	H-M	M-L	L-L	L-L	L-M
United Kingdom	H-H	M-L	M-L	M-M	M-L	H-H	M-M
United States	H-H	L-M	M-M	H-H	H-M	H-M	M-M

주: H=High, M=Middle, L=Low.

〈부표 B-3〉 통합사회 지표의 1990년과 2008년의 상-중-하위권 국가별 변화
–'개인 보호' 중 소분류 지표

	경제적 자유	정치적 자유	언론의 자유	경제적 안전	사회적 보호	사회 보장
Argentina	H-L	M-L	L-L	M-M	H-M	…
Australia	H-H	H-H	H-M	M-H	L-L	L-L
Austria	H-M	H-H	M-M	H-H	M-L	H-H
Belgium	M-M	H-H	H-H	M-M	M-L	H-H
Brazil	L-L	L-L	L-L	M-L	…	…
Canada	M-H	H-H	M-M	L-M	L-L	M-L
Chile	M-H	M-H	M-L	M-L	L-L	…
China	L-L	L-L	L-L	H-H	H-H	…
Czech Republic	M-M	M-H	M-M	M-M	M-M	M-M
Denmark	M-H	H-H	H-H	L-H	L-M	H-H
Finland	L-M	H-H	H-H	H-M	L-L	H-H
France	M-M	M-H	M-M	L-L	M-M	H-H
Germany	H-M	M-H	M-H	M-L	L-L	H-H
Greece	M-L	M-M	L-M	M-L	M-H	M-M
Hungary	L-M	M-H	M-M	L-L	M-M	H-M
Iceland	M-H	H-H	H-H	H-H	L-L	L-L
India	L-L	L-L	L-L	M-M	H-H	…
Indonesia	L-L	L-L	L-L	H-L	H-H	…
Ireland	M-H	H-H	M-H	L-M	M-H	M-L
Italy	L-L	H-M	L-L	L-M	M-M	M-H
Japan	H-M	H-M	M-M	H-H	H-H	L-M
Korea	H-M	L-M	L-L	H-H	M-M	L-L
Luxembourg	H-H	H-H	H-H	H-M	M-M	M-M
Mexico	M-M	L-L	L-L	H-H	H-H	L-L
Netherlands	M-H	H-H	H-H	M-H	L-M	H-M
New Zealand	H-H	H-H	H-H	L-H	L-L	M-M
Norway	M-M	H-H	H-H	M-H	L-M	H-M
Poland	L-L	M-H	M-M	L-M	M-M	M-M
Portugal	M-M	M-H	H-H	M-L	M-M	L-H
Russia	L-L	L-L	L-L	M-M	H-M	…
Saudi Arabia	H-L	L-L	L-L	H-M	H-H	…

Slovak Republic	L-M	L-H	M-M	L-L	H-H	M-L
South Africa	L-L	L-L	M-M	L-L	M-M	…
Spain	M-M	H-H	M-M	L-L	H-H	M-M
Sweden	L-M	H-H	H-H	H-M	L-L	H-H
Switzerland	H-H	H-H	H-H	H-H	M-M	L-M
Turkey	M-L	L-L	L-L	L-L	H-H	L-L
United Kingdom	H-H	M-H	M-M	M-M	M-L	M-M
United States	H-H	H-H	H-M	M-M	M-M	L-L

주: H=High, M=Middle, L=Low.

〈부표 B-4〉 통합사회 지표의 1990년과 2008년의 상-중-하위권 국가별 변화 –'공동체 건설' 중 소분류 지표

	양성 평등	장애인 배려	타인에 대한 관용	외국인 비율	일반인에 대한 신뢰	기관에 대한 신뢰	사회단체참여 정도
Argentina	L-M	H-H	L-M	M-M	L-L	L-L	L-M
Australia	H-M	H-H	M-H	H-H	H-H	H-L	H-H
Austria	M-M	H-M	M-M	H-H	M-M	L-M	M-M
Belgium	M-M	H-H	M-M	H-H	M-M	M-M	M-M
Brazil	L-L	M-L	L-L	L-L	L-L	M-M	L-M
Canada	H-M	H-H	M-M	M-M	H-H	M-M	M-H
Chile	L-M	M-M	L-M	L-L	L-L	M-M	L-M
China	L-M	M-L	M-L	L-L	H-H	H-H	M-L
Czech epublic	M-L	L-L	H-M	M-M	L-M	L-L	M-L
Denmark	H-H	L-M	H-H	M-M	H-H	H-H	H-M
Finland	H-H	H-H	H-H	L-M	H-H	M-H	H-H
France	L-H	H-H	H-H	H-M	L-L	M-L	L-M
Germany	H-H	H-M	M-H	H-H	M-M	L-L	M-M
Greece	L-L	L-M	H-M	M-M	L-M	L-L	M-M
Hungary	M-M	M-M	L-L	M-L	M-L	H-L	M-L
Iceland	M-H	M-M	H-M	M-H	M-M	M-H	H-H
India	M-L	L-L	L-L	L-L	M-M	H-H	M-H

Indonesia	H-L	M-L	L-L	L-L	H-H	H-H	H-H
Ireland	M-H	L-L	L-L	M-H	M-M	H-H	M-L
Italy	L-L	M-M	M-L	L-M	M-M	L-L	L-M
Japan	H-L	H-H	M-M	L-L	M-M	L-M	L-M
Korea	M-L	M-L	M-L	L-L	M-M	H-M	M-M
Luxembourg	L-L	M-M	H-H	H-H	L-M	H-M	M-L
Mexico	H-L	L-L	M-M	L-L	M-L	L-M	L-M
Netherlands	M-H	M-H	H-H	H-M	H-H	M-L	H-M
New Zealand	M-H	M-M	H-H	H-H	H-H	L-L	H-H
Norway	H-H	M-M	M-H	M-M	H-H	H-H	H-M
Poland	M-M	H-H	L-L	M-L	L-L	M-L	L-M
Portugal	M-M	M-M	L-M	L-M	L-L	M-H	L-L
Russia	L-M	L-M	M-M	H-H	M-M	M-M	M-L
Saudi Arabia	L-L	L-L	L-L	H-H	H-H	H-H	…
Slovak Republic	M-M	L-L	H-M	L-L	L-L	L-M	M-L
South Africa	L-M	M-L	L-L	M-M	L-L	H-H	H-H
Spain	H-M	H-H	H-H	M-H	M-L	L-M	L-L
Sweden	H-H	M-H	H-H	M-M	H-H	M-M	H-H
Switzerland	L-H	L-L	M-H	H-H	M-H	L-M	M-H
Turkey	M-L	L-M	L-L	M-L	L-L	M-H	L-L
United Kingdom	H-H	M-M	M-M	M-M	M-M	M-M	M-L
United States	M-M	H-H	M-M	H-M	H-M	M-L	H-H

주: H=High, M=Middle, L=Low.

〈부표 B-5〉 통합사회 지표의 1990년과 2008년의 상-중-하위권 국가별 변화
–'국제사회 기여' 중 소분류 지표

	국제정부기구 참여	공적개발원조	평화유지활동
Argentina	M-M	L-L	M-H
Australia	M-L	H-M	H-M
Austria	M-M	M-H	M-M

Belgium	H-H	H-H	L-M
Brazil	M-M	L-L	L-H
Canada	H-L	H-M	H-M
Chile	M-L	L-L	L-M
China	L-L	L-L	L-H
Czech Republic	L-M	M-M	M-L
Denmark	H-H	H-H	H-L
Finland	M-H	H-H	H-L
France	H-H	H-M	M-H
Germany	H-H	H-M	M-M
Greece	M-M	M-M	L-L
Hungary	L-M	M-L	M-M
Iceland	L-L	M-H	M-L
India	M-M	L-L	M-H
Indonesia	M-M	L-L	L-H
Ireland	M-L	M-H	H-L
Italy	H-H	H-M	M-H
Japan	M-L	H-M	L-L
Korea	L-L	L-M	H-M
Luxembourg	M-M	M-H	L-L
Mexico	M-M	L-L	…
Netherlands	H-H	H-H	H-L
New Zealand	L-L	M-M	H-L
Norway	H-M	H-H	M-M
Poland	L-M	M-L	H-H
Portugal	M-H	M-M	H-M
Russia	L-H	L-L	M-M
Saudi Arabia	L-L	L-L	…
Slovak Republic	L-M	M-M	M-M
South Africa	L-L	L-L	L-H
Spain	H-H	M-H	L-H
Sweden	H-H	H-H	M-M
Switzerland	M-M	H-H	M-L

Turkey	L-L	M-M	L-H
United Kingdom	H-H	M-H	M-M
United States	H-M	M-M	H-M

주: H=High, M=Middle, L=Low.

부표 C 통합사회 지표의 국가별 중분류 지수 수준 및 변화율

〈부표 C-1〉 통합사회 지표의 국가별 중분류 지수 수준 및 변화율–자유와 민주

국가명	순위			지수값			연평균변화율(%)		
	1990	2000	2008	1990	2000	2008	90-00	00-08	90-08
평균	…	…	…	0.70	0.73	0.74	0.31	0.29	0.30
Argentina	24	26	34	0.74	0.73	0.56	-0.08	-3.25	-1.50
Australia	5	5	8	0.85	0.88	0.89	0.38	0.06	0.24
Austria	14	17	18	0.81	0.79	0.82	-0.22	0.41	0.06
Belgium	11	18	13	0.82	0.79	0.86	-0.35	1.03	0.26
Brazil	34	33	32	0.53	0.60	0.59	1.27	-0.10	0.66
Canada	13	12	10	0.81	0.84	0.89	0.31	0.71	0.49
Chile	23	19	17	0.74	0.78	0.83	0.55	0.71	0.62
China	39	39	39	0.17	0.23	0.19	2.84	-2.16	0.59
Czech Republic	20	21	19	0.77	0.77	0.81	0.02	0.66	0.30
Denmark	12	9	2	0.82	0.85	0.91	0.38	0.86	0.59
Finland	16	14	9	0.78	0.82	0.89	0.51	0.94	0.71
France	19	28	25	0.78	0.72	0.77	-0.85	0.98	-0.04
Germany	15	20	16	0.81	0.78	0.83	-0.34	0.86	0.19
Greece	26	31	29	0.71	0.68	0.70	-0.45	0.47	-0.04
Hungary	28	23	23	0.64	0.76	0.80	1.60	0.66	1.18
Iceland	7	3	6	0.84	0.89	0.89	0.52	0.10	0.33
India	35	34	33	0.48	0.52	0.58	0.73	1.49	1.07
Indonesia	37	36	36	0.37	0.46	0.50	2.31	1.05	1.75
Ireland	17	7	1	0.78	0.87	0.91	1.08	0.62	0.87
Italy	27	29	28	0.70	0.69	0.71	-0.14	0.36	0.08

Japan	3	16	21	0.89	0.80	0.81	-0.99	0.04	-0.53
Korea	25	27	26	0.73	0.73	0.74	-0.07	0.23	0.06
Luxembourg	8	4	12	0.84	0.89	0.88	0.57	-0.15	0.25
Mexico	31	32	31	0.56	0.61	0.60	0.93	-0.32	0.37
Netherlands	9	10	7	0.82	0.85	0.89	0.30	0.57	0.42
New Zealand	2	1	3	0.89	0.92	0.91	0.37	-0.18	0.13
Norway	10	8	15	0.82	0.86	0.85	0.42	-0.19	0.15
Poland	30	25	27	0.62	0.73	0.74	1.75	0.12	1.02
Portugal	21	15	24	0.76	0.81	0.79	0.66	-0.28	0.24
Russia	36	37	38	0.42	0.32	0.24	-2.55	-3.51	-2.98
Saudi Arabia	38	38	37	0.33	0.26	0.26	-2.15	-0.18	-1.28
Slovak Republic	29	30	20	0.62	0.69	0.81	0.97	2.06	1.45
South Africa	32	24	30	0.55	0.74	0.69	2.86	-0.73	1.25
Spain	22	22	22	0.75	0.77	0.80	0.19	0.46	0.31
Sweden	18	13	14	0.78	0.83	0.86	0.64	0.35	0.51
Switzerland	1	2	4	0.89	0.90	0.90	0.10	0.02	0.06
Turkey	33	35	35	0.54	0.48	0.53	-1.22	1.40	-0.06
United Kingdom	6	11	11	0.84	0.84	0.88	-0.03	0.60	0.25
United States	4	6	5	0.88	0.88	0.90	0.07	0.18	0.12

〈부표 C-2〉 통합사회 지표의 국가별 중분류 지수 수준 및 변화율－안전과 보호

국가명	순위			지수값			연평균변화율(%)		
	1990	2000	2008	1990	2000	2008	90-00	00-08	90-08
평균	…	…	…	0.67	0.67	0.70	0.12	0.42	0.25
Argentina	…	…	…	…	…	…	…	…	…
Australia	30	29	28	0.49	0.55	0.61	1.18	1.27	1.22
Austria	3	1	6	0.76	0.76	0.76	0.07	-0.05	0.02
Belgium	2	16	24	0.76	0.69	0.66	-0.93	-0.59	-0.78
Brazil	…	…	…	…	…	…	…	…	…
Canada	27	25	27	0.59	0.62	0.62	0.58	-0.02	0.32
Chile	…	…	…	…	…	…	…	…	…

China	…	…	…	…	…	…	…	…	…
Czech Republic	12	15	10	0.70	0.69	0.73	-0.08	0.70	0.27
Denmark	23	8	1	0.64	0.71	0.77	1.09	1.12	1.10
Finland	5	24	19	0.72	0.63	0.69	-1.28	1.04	-0.26
France	10	6	4	0.70	0.72	0.76	0.19	0.77	0.45
Germany	13	11	15	0.69	0.71	0.71	0.16	0.10	0.14
Greece	14	14	8	0.69	0.70	0.74	0.21	0.69	0.42
Hungary	4	9	9	0.73	0.71	0.74	-0.28	0.49	0.06
Iceland	29	30	30	0.50	0.50	0.52	-0.12	0.66	0.23
India	…	…	…	…	…	…	…	…	…
Indonesia	…	…	…	…	…	…	…	…	…
Ireland	26	12	11	0.61	0.70	0.73	1.39	0.39	0.94
Italy	17	13	7	0.68	0.70	0.76	0.42	0.89	0.63
Japan	6	5	3	0.72	0.73	0.77	0.16	0.65	0.38
Korea	25	27	25	0.62	0.61	0.65	-0.14	0.72	0.24
Luxembourg	1	3	12	0.76	0.74	0.73	-0.29	-0.24	-0.27
Mexico	20	20	22	0.64	0.66	0.67	0.30	0.03	0.18
Netherlands	9	17	14	0.70	0.69	0.71	-0.19	0.43	0.09
New Zealand	28	26	26	0.58	0.62	0.65	0.68	0.60	0.64
Norway	7	7	13	0.72	0.71	0.72	-0.08	0.16	0.03
Poland	24	23	16	0.63	0.63	0.71	0.08	1.46	0.69
Portugal	16	2	2	0.68	0.74	0.77	0.92	0.47	0.72
Russia	…	…	…	…	…	…	…	…	…
Saudi Arabia	…	…	…	…	…	…	…	…	…
Slovak Republic	11	28	20	0.70	0.61	0.67	-1.43	1.32	-0.22
South Africa	…	…	…	…	…	…	…	…	…
Spain	19	18	17	0.65	0.67	0.70	0.35	0.65	0.48
Sweden	8	19	23	0.71	0.67	0.66	-0.64	-0.05	-0.38
Switzerland	15	4	5	0.68	0.74	0.76	0.79	0.36	0.60
Turkey	21	10	21	0.64	0.71	0.67	0.94	-0.74	0.19
United Kingdom	18	22	29	0.66	0.63	0.58	-0.42	-1.05	-0.70
United States	22	21	18	0.64	0.66	0.69	0.37	0.49	0.42

〈부표 C-3〉 통합사회 지표의 국가별 중분류 지수 수준 및 변화율—안전과 보호2

국가명	순위			지수값			연평균변화율(%)		
	1990	2000	2008	1990	2000	2008	90-00	00-08	90-08
평균	…	…	…	0.81	0.79	0.81	-0.27	0.27	-0.03
Argentina	11	28	15	0.88	0.73	0.85	-1.94	1.96	-0.23
Australia	38	36	31	0.59	0.63	0.73	0.58	2.00	1.21
Austria	15	17	24	0.85	0.82	0.80	-0.31	-0.23	-0.27
Belgium	17	26	34	0.84	0.73	0.67	-1.36	-1.12	-1.26
Brazil	…	…	…	…	…	…	…	…	…
Canada	33	24	28	0.67	0.75	0.75	1.06	0.13	0.65
Chile	24	32	33	0.78	0.70	0.69	-1.18	-0.13	-0.71
China	2	1	1	0.98	0.97	0.94	-0.11	-0.30	-0.20
Czech Republic	14	19	8	0.87	0.81	0.89	-0.71	1.19	0.13
Denmark	34	23	17	0.65	0.75	0.84	1.48	1.37	1.43
Finland	23	34	32	0.79	0.65	0.70	-1.82	0.85	-0.64
France	29	27	27	0.75	0.73	0.77	-0.24	0.73	0.19
Germany	27	25	30	0.77	0.74	0.75	-0.47	0.13	-0.21
Greece	16	14	12	0.84	0.83	0.86	-0.18	0.47	0.11
Hungary	21	16	22	0.81	0.82	0.82	0.22	-0.10	0.08
Iceland	37	37	37	0.60	0.57	0.60	-0.52	0.65	-0.01
India	8	3	5	0.92	0.95	0.92	0.34	-0.40	0.01
Indonesia	1	5	6	0.98	0.93	0.89	-0.59	-0.48	-0.54
Ireland	28	7	10	0.75	0.91	0.88	1.88	-0.40	0.86
Italy	25	21	23	0.78	0.78	0.82	-0.03	0.64	0.27
Japan	4	8	4	0.96	0.91	0.93	-0.56	0.25	-0.20
Korea	7	11	9	0.93	0.88	0.88	-0.46	-0.02	-0.27
Luxembourg	9	12	25	0.92	0.88	0.80	-0.45	-1.10	-0.74
Mexico	5	2	2	0.95	0.95	0.93	0.00	-0.30	-0.14
Netherlands	30	20	21	0.74	0.80	0.82	0.77	0.32	0.57
New Zealand	36	33	29	0.60	0.69	0.75	1.45	0.95	1.23
Norway	20	18	13	0.81	0.81	0.86	0.06	0.69	0.34
Poland	26	30	18	0.77	0.71	0.84	-0.92	2.12	0.42
Portugal	12	10	20	0.88	0.88	0.82	0.08	-0.92	-0.37

Russia	6	15	11	0.94	0.83	0.87	-1.26	0.63	-0.43
Saudi Arabia	3	4	3	0.98	0.94	0.93	-0.33	-0.22	-0.28
Slovak Republic	18	31	19	0.81	0.70	0.83	-1.47	2.13	0.12
South Africa	35	38	38	0.64	0.45	0.59	-3.54	3.54	-0.46
Spain	31	22	26	0.73	0.76	0.79	0.38	0.54	0.45
Sweden	32	35	35	0.69	0.65	0.64	-0.64	-0.16	-0.43
Switzerland	13	9	7	0.88	0.90	0.89	0.26	-0.13	0.08
Turkey	10	6	16	0.90	0.91	0.84	0.20	-0.99	-0.33
United Kingdom	22	29	36	0.80	0.73	0.60	-0.93	-2.29	-1.54
United States	19	13	14	0.81	0.83	0.86	0.26	0.34	0.30

주: 사회보장 지표를 제외한 지수.

〈부표 C-4〉 통합사회 지표의 국가별 중분류 지수 수준 및 변화율–다양성과 관용

국가명	순위			지수값			연평균변화율(%)		
	1990	2000	2008	1990	2000	2008	90-00	00-08	90-08
평균	…	…	…	0.25	0.30	0.35	1.97	1.67	1.84
Argentina	34	26	19	0.17	0.26	0.35	4.74	3.53	4.20
Australia	8	7	10	0.32	0.38	0.42	1.66	1.33	1.51
Austria	18	18	18	0.26	0.33	0.36	2.34	1.03	1.75
Belgium	6	1	1	0.34	0.52	0.57	4.56	1.07	2.99
Brazil	36	36	33	0.16	0.20	0.25	2.38	2.61	2.48
Canada	7	12	16	0.33	0.36	0.37	0.81	0.36	0.61
Chile	39	32	30	0.12	0.21	0.28	5.70	3.88	4.88
China	35	34	37	0.16	0.21	0.20	2.37	-0.20	1.22
Czech Republic	12	21	25	0.30	0.28	0.30	-0.96	1.04	-0.08
Denmark	15	10	13	0.28	0.38	0.41	3.01	0.94	2.08
Finland	11	13	12	0.31	0.36	0.41	1.28	1.87	1.54
France	26	14	3	0.20	0.36	0.51	5.89	4.62	5.32
Germany	4	8	15	0.36	0.38	0.39	0.60	0.30	0.47
Greece	22	22	22	0.22	0.27	0.31	2.20	1.72	1.99
Hungary	32	29	32	0.18	0.22	0.26	2.42	1.78	2.13
Iceland	17	15	14	0.27	0.35	0.40	2.69	1.81	2.29

India	38	38	36	0.15	0.16	0.21	0.69	2.97	1.70
Indonesia	37	39	39	0.16	0.16	0.16	-0.12	0.43	0.13
Ireland	28	27	24	0.19	0.25	0.30	2.82	2.53	2.69
Italy	31	28	28	0.18	0.24	0.28	2.88	2.35	2.65
Japan	20	19	20	0.24	0.30	0.32	2.06	0.91	1.55
Korea	33	37	35	0.17	0.19	0.22	1.16	1.72	1.41
Luxembourg	3	2	2	0.39	0.47	0.54	1.92	1.70	1.82
Mexico	21	30	34	0.23	0.22	0.24	-0.46	1.33	0.33
Netherlands	9	5	11	0.32	0.40	0.42	2.14	0.67	1.49
New Zealand	10	6	9	0.32	0.38	0.42	1.92	1.33	1.65
Norway	16	17	8	0.27	0.34	0.43	2.06	3.15	2.55
Poland	25	24	23	0.20	0.27	0.31	2.92	1.85	2.44
Portugal	24	25	26	0.21	0.27	0.30	2.55	1.36	2.02
Russia	23	20	21	0.21	0.28	0.32	2.97	1.88	2.49
Saudi Arabia	29	31	27	0.19	0.22	0.29	1.51	3.59	2.43
Slovak Republic	19	23	29	0.25	0.27	0.28	0.91	0.55	0.75
South Africa	30	33	31	0.18	0.21	0.26	1.50	2.80	2.08
Spain	1	11	6	0.44	0.37	0.46	-1.64	2.85	0.33
Sweden	5	3	4	0.35	0.46	0.50	2.96	0.97	2.07
Switzerland	13	9	7	0.29	0.38	0.45	2.79	2.30	2.57
Turkey	27	35	38	0.20	0.20	0.19	0.38	-1.00	-0.24
United Kingdom	14	16	17	0.28	0.34	0.37	1.90	0.89	1.45
United States	2	4	5	0.40	0.46	0.48	1.44	0.76	1.14

〈부표 C-5〉 통합사회 지표의 국가별 중분류 지수 수준 및 변화율–신뢰와 참여

국가명	순위			지수값			연평균변화율(%)		
	1990	2000	2008	1990	2000	2008	90-00	00-08	90-08
평균	…	…	…	0.35	0.33	0.36	-0.56	0.89	0.08
Argentina	33	38	37	0.22	0.11	0.17	-6.85	5.93	-1.38
Australia	4	12	13	0.49	0.38	0.42	-2.53	1.28	-0.86
Austria	25	16	18	0.29	0.34	0.34	1.64	0.00	0.91
Belgium	22	22	21	0.30	0.30	0.30	-0.15	0.00	-0.08

Brazil	38	32	25	0.19	0.21	0.28	0.90	3.42	2.01
Canada	11	13	10	0.44	0.37	0.46	-1.67	2.50	0.16
Chile	26	25	26	0.28	0.26	0.26	-0.85	0.22	-0.38
China	5	8	6	0.49	0.48	0.54	-0.12	1.36	0.54
Czech Republic	29	37	38	0.27	0.16	0.16	-5.20	0.00	-2.92
Denmark	6	2	5	0.48	0.56	0.56	1.47	0.00	0.81
Finland	7	6	4	0.47	0.51	0.58	0.83	1.51	1.13
France	31	28	30	0.27	0.24	0.24	-0.90	0.11	-0.45
Germany	24	20	22	0.29	0.31	0.30	0.76	-0.49	0.20
Greece	37	36	35	0.19	0.19	0.19	0.00	0.00	0.00
Hungary	13	35	34	0.42	0.20	0.20	-7.24	0.00	-4.09
Iceland	10	7	8	0.45	0.50	0.50	0.99	0.00	0.55
India	16	11	2	0.39	0.40	0.60	0.39	5.17	2.49
Indonesia	2	5	9	0.51	0.51	0.48	0.00	-0.84	-0.37
Ireland	14	14	15	0.41	0.37	0.37	-0.93	0.00	-0.52
Italy	30	23	23	0.27	0.27	0.30	0.24	1.11	0.62
Japan	32	21	19	0.26	0.30	0.33	1.60	1.40	1.51
Korea	17	15	17	0.37	0.34	0.34	-0.88	0.05	-0.47
Luxembourg	21	18	20	0.32	0.32	0.32	0.00	0.00	0.00
Mexico	27	33	24	0.27	0.21	0.29	-2.47	4.24	0.46
Netherlands	8	3	16	0.47	0.53	0.36	1.35	-4.68	-1.38
New Zealand	12	9	11	0.42	0.42	0.45	0.00	0.78	0.34
Norway	1	4	1	0.54	0.53	0.62	-0.23	1.95	0.73
Poland	23	30	33	0.29	0.23	0.20	-2.44	-1.70	-2.11
Portugal	34	29	31	0.22	0.23	0.23	0.58	0.00	0.32
Russia	19	34	27	0.34	0.20	0.26	-5.19	3.36	-1.48
Saudi Arabia	…	…	…	…	…	…	…	…	…
Slovak Republic	35	26	29	0.21	0.25	0.25	2.07	0.00	1.15
South Africa	15	17	12	0.40	0.32	0.44	-2.11	3.91	0.52
Spain	28	24	32	0.27	0.26	0.23	-0.43	-1.48	-0.90
Sweden	3	1	3	0.50	0.58	0.59	1.40	0.14	0.84
Switzerland	20	19	7	0.32	0.32	0.52	-0.29	6.43	2.64
Turkey	36	31	36	0.20	0.21	0.19	0.91	-1.67	-0.25

United Kingdom	18	27	28	0.35	0.25	0.25	-3.30	0.17	-1.78
United States	9	10	14	0.46	0.41	0.42	-0.96	0.04	-0.51

〈부표 C-6〉 통합사회 지표의 국가별 중분류 지수 수준 및 변화율–국제사회 참여

Year	순위			지수값			연평균변화율(%)		
	1990	2000	2008	1990	2000	2008	90-00	00-08	90-08
평균	…	…	…	0.37	0.48	0.57	2.59	1.96	2.31
Argentina	21	23	24	0.38	0.45	0.53	1.80	1.88	1.84
Australia	15	29	36	0.42	0.41	0.41	-0.18	-0.02	-0.11
Austria	21	15	15	0.38	0.51	0.60	3.06	2.02	2.60
Belgium	5	6	10	0.56	0.65	0.66	1.49	0.26	0.94
Brazil	18	18	13	0.40	0.49	0.63	2.02	3.14	2.52
Canada	12	17	33	0.45	0.50	0.46	0.94	-0.89	0.12
Chile	27	26	32	0.31	0.43	0.47	3.52	1.10	2.44
China	32	32	28	0.22	0.38	0.51	5.78	3.71	4.85
Czech Republic	37	34	26	0.11	0.33	0.52	11.53	5.68	8.89
Denmark	7	7	12	0.54	0.61	0.64	1.31	0.61	1.00
Finland	13	10	7	0.45	0.59	0.68	2.91	1.66	2.35
France	1	1	1	0.70	0.82	0.89	1.58	1.13	1.38
Germany	3	2	4	0.59	0.67	0.72	1.18	0.92	1.06
Greece	18	15	18	0.40	0.51	0.58	2.48	1.48	2.03
Hungary	33	31	22	0.21	0.39	0.55	6.36	4.47	5.51
Iceland	35	39	39	0.20	0.24	0.23	1.70	-0.20	0.85
India	16	20	20	0.41	0.48	0.56	1.68	1.90	1.78
Indonesia	26	27	27	0.33	0.42	0.51	2.20	2.61	2.38
Ireland	25	29	35	0.34	0.41	0.45	1.80	1.32	1.59
Italy	6	4	2	0.54	0.65	0.78	1.88	2.17	2.01
Japan	18	22	30	0.40	0.46	0.49	1.39	0.86	1.15
Korea	29	33	34	0.25	0.36	0.46	3.80	3.11	3.49
Luxembourg	24	23	25	0.36	0.45	0.52	2.42	1.81	2.15
Mexico	23	18	17	0.37	0.49	0.58	2.81	2.05	2.47

Netherlands	2	3	9	0.60	0.66	0.67	0.94	0.15	0.59
New Zealand	29	35	38	0.25	0.29	0.30	1.68	0.57	1.18
Norway	10	12	16	0.48	0.56	0.58	1.44	0.54	1.04
Poland	31	25	14	0.24	0.44	0.62	6.29	4.45	5.46
Portugal	14	11	6	0.43	0.59	0.68	3.13	1.84	2.56
Russia	35	21	5	0.20	0.47	0.72	8.81	5.45	7.30
Saudi Arabia	33	36	37	0.21	0.28	0.32	2.81	2.03	2.46
Slovak Republic	39	36	21	0.02	0.28	0.56	30.78	9.30	20.76
South Africa	38	36	29	0.09	0.28	0.50	11.82	7.72	9.98
Spain	7	4	3	0.54	0.65	0.73	2.02	1.42	1.75
Sweden	9	7	11	0.51	0.61	0.65	1.89	0.77	1.39
Switzerland	16	14	19	0.41	0.52	0.58	2.43	1.30	1.93
Turkey	28	27	31	0.30	0.42	0.48	3.41	1.89	2.73
United Kingdom	4	7	8	0.57	0.61	0.68	0.63	1.31	0.93
United States	11	13	23	0.47	0.53	0.54	1.20	0.35	0.82

〈부표 C-7〉 통합사회 지표의 국가별 중분류 지수 수준 및 변화율-국제협력

Year	순위			지수값			연평균변화율(%)		
	1990	2000	2008	1990	2000	2008	90-00	00-08	90-08
평균	…	…	…	0.14	0.09	0.12	-3.62	3.48	-0.52
Argentina	32	31	35	0.00	0.00	0.00	8.43	6.94	7.77
Australia	3	12	17	0.48	0.11	0.12	-13.63	1.60	-7.17
Austria	20	18	12	0.05	0.09	0.17	6.60	7.90	7.18
Belgium	10	6	7	0.18	0.14	0.19	-2.42	3.73	0.27
Brazil	33	34	34	0.00	0.00	0.00	41.66	39.37	40.64
Canada	9	17	16	0.18	0.10	0.13	-5.86	3.36	-1.87
Chile	34	36	36	0.00	0.00	0.00	34.37	35.21	34.74
China	35	33	31	0.00	0.00	0.01	50.11	47.08	48.75
Czech Republic	25	28	24	0.01	0.01	0.05	-0.16	18.77	7.85
Denmark	5	1	4	0.37	0.41	0.32	0.99	-3.18	-0.89
Finland	7	9	10	0.34	0.12	0.17	-9.58	4.25	-3.68
France	8	10	14	0.23	0.12	0.16	-6.59	3.72	-2.14

Germany	11	14	15	0.16	0.11	0.15	-4.29	4.27	-0.57
Greece	29	20	21	0.01	0.08	0.08	20.84	0.62	11.39
Hungary	24	27	29	0.01	0.01	0.03	-0.23	12.63	5.30
Iceland	26	23	8	0.01	0.04	0.18	12.64	21.34	16.42
India	30	30	30	0.00	0.01	0.03	15.44	15.54	15.48
Indonesia	36	35	33	0.00	0.00	0.00	48.46	53.75	50.79
Ireland	19	11	6	0.08	0.12	0.23	4.35	9.01	6.39
Italy	13	21	20	0.12	0.05	0.09	-8.18	7.71	-1.43
Japan	14	13	23	0.12	0.11	0.07	-1.01	-4.72	-2.68
Korea	23	24	27	0.02	0.02	0.04	-0.07	9.92	4.25
Luxembourg	17	5	2	0.08	0.27	0.38	12.79	4.16	8.87
Mexico	…	…	…	…	…	…	…	…	…
Netherlands	1	2	5	0.71	0.33	0.31	-7.39	-0.71	-4.48
New Zealand	2	16	18	0.54	0.10	0.12	-15.64	2.04	-8.20
Norway	4	4	3	0.45	0.30	0.34	-4.22	1.85	-1.57
Poland	22	29	28	0.03	0.01	0.03	-8.84	14.55	0.90
Portugal	21	15	19	0.04	0.10	0.11	9.34	0.23	5.19
Russia	31	32	37	0.00	0.00	0.00	0.96	-0.84	0.15
Saudi Arabia	…	…	…	…	…	…	…	…	…
Slovak Republic	27	26	26	0.01	0.01	0.04	0.28	15.87	6.93
South Africa	37	37	32	0.00	0.00	0.01	241.59	117.89	179.71
Spain	18	19	9	0.08	0.09	0.18	1.01	9.54	4.72
Sweden	6	3	1	0.35	0.31	0.38	-1.28	2.56	0.41
Switzerland	12	7	11	0.12	0.13	0.17	0.61	3.27	1.78
Turkey	28	25	25	0.01	0.02	0.04	3.16	13.79	7.76
United Kingdom	15	8	13	0.11	0.13	0.17	1.51	3.65	2.46
United States	16	22	22	0.10	0.04	0.07	-8.85	7.51	-1.91

부표 D 통합사회 지표의 국가별 소분류 지표 수준 및 변화율

〈부표 D-1〉 통합사회 지표의 국가별 소분류 지표 수준 및 변화율—경제적 자유

국가명	순위			지수값			연평균변화율(%)		
	1990	2000	2008	1990	2000	2008	90-00	00-08	90-08
평균	…	…	…	0.49	0.54	0.59	0.96	0.97	0.97
Argentina	6	14	35	0.70	0.61	0.31	-1.39	-7.95	-4.36
Australia	9	3	2	0.65	0.74	0.84	1.42	1.52	1.46
Austria	10	17	16	0.63	0.58	0.64	-0.89	1.16	0.02
Belgium	20	27	15	0.50	0.49	0.64	-0.25	3.47	1.39
Brazil	37	30	34	0.16	0.44	0.35	10.92	-2.85	4.57
Canada	17	11	5	0.54	0.62	0.80	1.31	3.26	2.17
Chile	14	8	9	0.57	0.70	0.77	2.00	1.25	1.67
China	34	35	38	0.26	0.36	0.29	3.05	-2.35	0.61
Czech Republic	13	16	23	0.58	0.58	0.58	0.09	-0.16	-0.02
Denmark	21	18	8	0.48	0.58	0.78	1.80	3.85	2.71
Finland	31	25	13	0.38	0.50	0.70	2.86	4.13	3.42
France	15	34	26	0.57	0.37	0.51	-4.04	3.96	-0.56
Germany	11	21	18	0.61	0.53	0.62	-1.42	2.02	0.09
Greece	23	31	31	0.46	0.44	0.43	-0.47	-0.21	-0.36
Hungary	36	24	24	0.25	0.51	0.57	7.45	1.41	4.72
Iceland	16	9	11	0.55	0.68	0.72	2.20	0.60	1.48
India	39	39	36	0.08	0.19	0.31	9.19	6.61	8.04
Indonesia	33	36	37	0.34	0.33	0.30	-0.30	-1.48	-0.82
Ireland	24	7	1	0.46	0.72	0.84	4.65	1.93	3.43
Italy	28	29	29	0.41	0.46	0.47	1.03	0.35	0.73

Japan	1	10	14	0.80	0.62	0.67	-2.49	0.84	-1.02
Korea	7	15	21	0.69	0.60	0.58	-1.38	-0.43	-0.96
Luxembourg	12	5	12	0.58	0.73	0.70	2.28	-0.56	1.01
Mexico	22	33	25	0.47	0.41	0.54	-1.33	3.48	0.78
Netherlands	18	12	10	0.54	0.62	0.75	1.32	2.43	1.81
New Zealand	3	1	4	0.71	0.81	0.81	1.32	-0.06	0.70
Norway	19	13	21	0.51	0.61	0.58	1.92	-0.59	0.80
Poland	38	32	32	0.15	0.42	0.43	11.18	0.16	6.14
Portugal	26	22	27	0.44	0.53	0.50	1.71	-0.73	0.62
Russia	35	38	39	0.26	0.27	0.23	0.36	-1.85	-0.63
Saudi Arabia	8	19	29	0.66	0.54	0.47	-1.96	-1.78	-1.88
Slovak Republic	29	37	19	0.41	0.31	0.61	-2.90	8.96	2.21
South Africa	30	26	28	0.39	0.49	0.49	2.31	-0.14	1.21
Spain	27	20	20	0.42	0.53	0.59	2.49	1.34	1.98
Sweden	32	23	17	0.36	0.52	0.62	3.57	2.37	3.03
Switzerland	5	4	6	0.71	0.74	0.79	0.38	0.83	0.58
Turkey	25	28	33	0.45	0.49	0.42	0.72	-1.74	-0.38
United Kingdom	2	2	7	0.75	0.75	0.79	-0.11	0.64	0.22
United States	4	5	3	0.71	0.73	0.82	0.26	1.40	0.77

주: 총 39개국 대상.

〈부표 D-2〉 통합사회 지표의 국가별 소분류 지표 수준 및 변화율–정치적 자유

국가명	순위			지수값			연평균변화율(%)		
	1990	2000	2008	1990	2000	2008	90-00	00-08	90-08
평균	…	…	…	0.83	0.85	0.88	0.20	0.49	0.33
Argentina	25	16	30	0.84	0.91	0.84	0.84	-1.05	0.00
Australia	1	1	1	0.99	0.99	0.99	0.00	0.00	0.00
Austria	1	1	1	0.99	0.99	0.99	0.00	0.00	0.00
Belgium	1	16	1	0.99	0.91	0.99	-0.77	0.97	0.00
Brazil	29	34	30	0.76	0.69	0.84	-1.01	2.44	0.51
Canada	1	1	1	0.99	0.99	0.99	0.00	0.00	0.00
Chile	25	29	1	0.84	0.84	0.99	0.00	2.04	0.90

China	39	38	38	0.10	0.18	0.18	5.54	0.00	3.04
Czech Republic	19	16	1	0.91	0.91	0.99	0.00	0.97	0.43
Denmark	1	1	1	0.99	0.99	0.99	0.00	0.00	0.00
Finland	1	1	1	0.99	0.99	0.99	0.00	0.00	0.00
France	19	16	1	0.91	0.91	0.99	0.00	0.97	0.43
Germany	19	16	1	0.91	0.91	0.99	0.00	0.97	0.43
Greece	19	29	26	0.91	0.84	0.91	-0.84	1.06	0.00
Hungary	25	16	1	0.84	0.91	0.99	0.84	0.97	0.90
Iceland	1	1	1	0.99	0.99	0.99	0.00	0.00	0.00
India	29	32	33	0.76	0.76	0.76	0.00	0.00	0.00
Indonesia	37	35	33	0.32	0.62	0.76	6.68	2.71	4.89
Ireland	1	1	1	0.99	0.99	0.99	0.00	0.00	0.00
Italy	1	16	26	0.99	0.91	0.91	-0.77	0.00	-0.43
Japan	1	16	26	0.99	0.91	0.91	-0.77	0.00	-0.43
Korea	29	29	26	0.76	0.84	0.91	0.92	1.06	0.98
Luxembourg	1	1	1	0.99	0.99	0.99	0.00	0.00	0.00
Mexico	35	32	33	0.54	0.76	0.76	3.46	0.00	1.91
Netherlands	1	1	1	0.99	0.99	0.99	0.00	0.00	0.00
New Zealand	1	1	1	0.99	0.99	0.99	0.00	0.00	0.00
Norway	1	1	1	0.99	0.99	0.99	0.00	0.00	0.00
Poland	25	16	1	0.84	0.91	0.99	0.84	0.97	0.90
Portugal	19	1	1	0.91	0.99	0.99	0.78	0.00	0.43
Russia	32	37	37	0.69	0.40	0.32	-5.39	-2.53	-4.13
Saudi Arabia	38	39	38	0.18	0.10	0.18	-5.25	6.97	0.00
Slovak Republic	34	16	1	0.62	0.91	0.99	3.97	0.97	2.63
South Africa	36	16	30	0.47	0.91	0.84	6.84	-1.05	3.26
Spain	1	16	1	0.99	0.91	0.99	-0.77	0.97	0.00
Sweden	1	1	1	0.99	0.99	0.99	0.00	0.00	0.00
Switzerland	1	1	1	0.99	0.99	0.99	0.00	0.00	0.00
Turkey	32	36	36	0.69	0.47	0.69	-3.77	4.92	0.00
United Kingdom	19	16	1	0.91	0.91	0.99	0.00	0.97	0.43
United States	1	1	1	0.99	0.99	0.99	0.00	0.00	0.00

주: 총 39개국 대상.

〈부표 D-3〉 통합사회 지표의 국가별 소분류 지표 수준 및 변화율－언론의 자유

국가명	순위			지수값			연평균변화율(%)		
	1990	2000	2008	1990	2000	2008	90-00	00-08	90-08
평균	…	…	…	0.79	0.79	0.76	0.00	-0.43	-0.19
Argentina	31	31	33	0.67	0.67	0.53	0.00	-2.89	-1.29
Australia	12	12	18	0.92	0.92	0.84	0.00	-1.16	-0.52
Austria	24	24	18	0.81	0.81	0.84	0.00	0.36	0.16
Belgium	4	4	5	0.98	0.98	0.96	0.00	-0.30	-0.13
Brazil	32	32	32	0.66	0.66	0.59	0.00	-1.40	-0.62
Canada	14	14	15	0.91	0.91	0.87	0.00	-0.49	-0.22
Chile	24	24	29	0.81	0.81	0.73	0.00	-1.32	-0.59
China	38	38	39	0.15	0.15	0.10	0.00	-4.75	-2.14
Czech Republic	24	24	15	0.81	0.81	0.87	0.00	0.87	0.39
Denmark	1	1	3	0.99	0.99	0.97	0.00	-0.30	-0.13
Finland	4	4	1	0.98	0.98	0.98	0.00	0.00	0.00
France	18	18	22	0.86	0.86	0.83	0.00	-0.52	-0.23
Germany	15	15	12	0.90	0.90	0.90	0.00	0.00	0.00
Greece	28	28	26	0.76	0.76	0.77	0.00	0.19	0.09
Hungary	22	22	18	0.85	0.85	0.84	0.00	-0.17	-0.08
Iceland	1	1	1	0.99	0.99	0.98	0.00	-0.15	-0.07
India	34	34	31	0.60	0.60	0.67	0.00	1.39	0.62
Indonesia	36	36	36	0.44	0.44	0.45	0.00	0.33	0.15
Ireland	15	15	11	0.90	0.90	0.91	0.00	0.16	0.07
Italy	30	30	28	0.70	0.70	0.74	0.00	0.82	0.36
Japan	17	17	18	0.87	0.87	0.84	0.00	-0.51	-0.23
Korea	29	29	29	0.74	0.74	0.73	0.00	-0.20	-0.09
Luxembourg	9	9	7	0.94	0.94	0.94	0.00	0.00	0.00
Mexico	32	32	34	0.66	0.66	0.49	0.00	-3.79	-1.70
Netherlands	9	9	8	0.94	0.94	0.93	0.00	-0.16	-0.07
New Zealand	8	8	8	0.97	0.97	0.93	0.00	-0.46	-0.21
Norway	4	4	3	0.98	0.98	0.97	0.00	-0.15	-0.07
Poland	18	18	25	0.86	0.86	0.80	0.00	-0.88	-0.39
Portugal	12	12	12	0.92	0.92	0.90	0.00	-0.32	-0.14

Russia	37	37	37	0.30	0.30	0.17	0.00	-6.85	-3.10
Saudi Arabia	38	38	38	0.15	0.15	0.13	0.00	-1.05	-0.47
Slovak Republic	23	23	22	0.84	0.84	0.83	0.00	-0.18	-0.08
South Africa	27	27	27	0.80	0.80	0.76	0.00	-0.75	-0.33
Spain	18	18	24	0.86	0.86	0.81	0.00	-0.70	-0.31
Sweden	1	1	5	0.99	0.99	0.96	0.00	-0.45	-0.20
Switzerland	4	4	8	0.98	0.98	0.93	0.00	-0.61	-0.27
Turkey	35	35	34	0.47	0.47	0.49	0.00	0.31	0.14
United Kingdom	18	18	15	0.86	0.86	0.87	0.00	0.17	0.08
United States	11	11	14	0.93	0.93	0.88	0.00	-0.64	-0.29

주: 총 39개국 대상.

〈부표 D-4〉 통합사회 지표의 국가별 소분류 지표 수준 및 변화율–경제적 안전

국가명	순위			지수값			연평균변화율(%)		
	1990	2000	2008	1990	2000	2008	90-00	00-08	90-08
평균	…	…	…	0.85	0.81	0.85	-0.39	0.50	0.00
Argentina	25	36	27	0.82	0.59	0.82	-3.30	4.31	0.01
Australia	22	21	11	0.83	0.85	0.91	0.22	0.91	0.52
Austria	12	15	7	0.94	0.90	0.93	-0.49	0.37	-0.11
Belgium	25	23	25	0.82	0.84	0.83	0.26	-0.18	0.06
Brazil	14	29	34	0.93	0.75	0.80	-2.06	0.76	-0.82
Canada	30	25	20	0.80	0.83	0.86	0.49	0.31	0.41
Chile	20	27	32	0.87	0.79	0.80	-0.95	0.24	-0.42
China	7	6	12	0.97	0.95	0.91	-0.19	-0.45	-0.30
Czech Republic	17	28	13	0.90	0.77	0.91	-1.48	2.01	0.06
Denmark	31	13	5	0.79	0.90	0.94	1.37	0.49	0.98
Finland	11	30	23	0.95	0.75	0.85	-2.35	1.58	-0.62
France	32	32	28	0.76	0.73	0.82	-0.33	1.38	0.43
Germany	15	26	29	0.90	0.80	0.81	-1.21	0.19	-0.59
Greece	23	34	31	0.83	0.70	0.81	-1.66	1.78	-0.14
Hungary	33	23	32	0.75	0.84	0.80	1.11	-0.55	0.37
Iceland	3	1	3	0.98	0.97	0.95	-0.11	-0.28	-0.18

India	21	10	18	0.86	0.91	0.86	0.53	-0.64	0.01
Indonesia	6	20	35	0.97	0.86	0.79	-1.27	-1.07	-1.18
Ireland	37	10	19	0.61	0.91	0.86	4.03	-0.73	1.89
Italy	34	33	24	0.74	0.71	0.84	-0.42	2.03	0.66
Japan	4	16	8	0.98	0.90	0.92	-0.87	0.33	-0.34
Korea	7	12	4	0.97	0.91	0.94	-0.61	0.49	-0.12
Luxembourg	1	1	14	0.99	0.97	0.89	-0.22	-1.14	-0.63
Mexico	10	3	8	0.96	0.96	0.92	0.03	-0.56	-0.24
Netherlands	27	5	2	0.82	0.95	0.96	1.53	0.08	0.88
New Zealand	28	19	10	0.80	0.86	0.92	0.69	0.77	0.73
Norway	18	7	1	0.88	0.94	0.96	0.64	0.32	0.50
Poland	36	37	26	0.65	0.55	0.83	-1.58	5.15	1.35
Portugal	16	8	30	0.90	0.92	0.81	0.27	-1.61	-0.57
Russia	13	31	21	0.93	0.74	0.85	-2.26	1.73	-0.50
Saudi Arabia	9	14	15	0.96	0.90	0.87	-0.64	-0.41	-0.54
Slovak Republic	35	38	37	0.68	0.47	0.75	-3.61	6.04	0.57
South Africa	39	39	39	0.47	0.23	0.35	-6.86	5.19	-1.68
Spain	38	35	38	0.56	0.62	0.70	1.09	1.51	1.28
Sweden	2	18	21	0.99	0.87	0.85	-1.30	-0.18	-0.80
Switzerland	4	4	6	0.98	0.96	0.94	-0.19	-0.28	-0.23
Turkey	29	22	36	0.80	0.84	0.76	0.56	-1.37	-0.30
United Kingdom	23	17	16	0.83	0.87	0.87	0.50	0.00	0.28
United States	19	9	17	0.87	0.92	0.87	0.54	-0.76	-0.04

주: 총 39개국 대상.

〈부표 D-5〉 통합사회 지표의 국가별 소분류 지표 수준 및 변화율–사회적 보호

국가명	순위			지수값			연평균변화율(%)		
	1990	2000	2008	1990	2000	2008	90-00	00-08	90-08
평균	…	…	…	0.78	0.76	0.76	-0.19	0.02	-0.10
Argentina	7	13	13	0.95	0.87	0.87	-0.89	0.13	-0.44
Australia	37	37	34	0.35	0.40	0.55	1.42	4.08	2.59
Austria	26	23	28	0.75	0.74	0.68	-0.09	-0.99	-0.49

Belgium	18	30	35	0.85	0.62	0.50	-3.18	-2.51	-2.88
Brazil	…	…	…	…	…	…	…	…	…
Canada	33	28	30	0.55	0.66	0.65	1.85	-0.10	0.97
Chile	29	31	32	0.70	0.60	0.57	-1.47	-0.63	-1.10
China	3	3	4	0.99	0.99	0.98	-0.04	-0.16	-0.10
Czech Republic	20	18	14	0.83	0.84	0.86	0.06	0.39	0.21
Denmark	34	32	24	0.51	0.60	0.73	1.64	2.60	2.07
Finland	32	34	33	0.62	0.56	0.55	-1.06	-0.19	-0.68
France	27	24	25	0.74	0.73	0.73	-0.15	0.05	-0.06
Germany	31	26	29	0.64	0.67	0.68	0.48	0.07	0.30
Greece	15	6	8	0.86	0.96	0.92	1.08	-0.57	0.35
Hungary	16	20	20	0.86	0.81	0.83	-0.62	0.36	-0.18
Iceland	38	38	38	0.22	0.17	0.25	-2.60	5.07	0.73
India	5	2	3	0.98	0.99	0.98	0.16	-0.18	0.01
Indonesia	1	1	1	1.00	1.00	1.00	0.03	0.01	0.02
Ireland	13	11	10	0.89	0.90	0.90	0.12	-0.09	0.02
Italy	22	19	22	0.81	0.84	0.79	0.31	-0.66	-0.12
Japan	10	9	6	0.94	0.92	0.93	-0.24	0.17	-0.06
Korea	14	15	21	0.89	0.86	0.82	-0.30	-0.59	-0.43
Luxembourg	19	21	26	0.84	0.78	0.72	-0.74	-1.05	-0.88
Mexico	9	7	5	0.94	0.94	0.94	-0.03	-0.05	-0.04
Netherlands	30	29	27	0.66	0.65	0.68	-0.24	0.66	0.16
New Zealand	35	35	31	0.40	0.53	0.58	2.83	1.24	2.12
Norway	28	25	23	0.73	0.69	0.75	-0.67	1.19	0.15
Poland	12	14	16	0.90	0.86	0.85	-0.47	-0.21	-0.35
Portugal	17	16	19	0.86	0.85	0.83	-0.12	-0.21	-0.16
Russia	6	10	12	0.95	0.91	0.89	-0.36	-0.33	-0.35
Saudi Arabia	4	4	2	0.99	0.99	0.98	-0.04	-0.06	-0.05
Slovak Republic	8	8	9	0.94	0.93	0.91	-0.15	-0.33	-0.23
South Africa	21	27	18	0.82	0.67	0.84	-2.02	2.93	0.15
Spain	11	12	11	0.91	0.90	0.89	-0.07	-0.17	-0.11
Sweden	36	36	36	0.39	0.43	0.42	0.88	-0.13	0.43
Switzerland	23	17	17	0.77	0.84	0.84	0.80	0.03	0.46

Turkey	2	5	7	0.99	0.98	0.93	-0.10	-0.68	-0.36
United Kingdom	24	33	37	0.76	0.58	0.33	-2.72	-6.66	-4.49
United States	25	22	15	0.75	0.75	0.85	-0.08	1.60	0.66

주: 총 38개국 대상.

〈부표 D-6〉 통합사회 지표의 국가별 소분류 지표 수준 및 변화율–사회보장

국가명	순위			지수값			연평균변화율(%)		
	1990	2000	2008	1990	2000	2008	90-00	00-08	90-08
평균	…	…	…	0.42	0.46	0.50	0.89	1.03	0.95
Argentina	…	…	…	…	…	…	…	…	…
Australia	23	22	23	0.30	0.41	0.38	3.27	-1.21	1.25
Austria	7	3	4	0.58	0.65	0.67	1.11	0.39	0.79
Belgium	5	6	7	0.61	0.62	0.65	0.18	0.60	0.36
Brazil	…	…	…	…	…	…	…	…	…
Canada	16	23	25	0.42	0.38	0.36	-1.08	-0.61	-0.87
Chile	…	…	…	…	…	…	…	…	…
China	…	…	…	…	…	…	…	…	…
Czech Republic	19	13	21	0.37	0.47	0.43	2.51	-1.11	0.89
Denmark	3	5	6	0.61	0.63	0.65	0.22	0.52	0.35
Finland	6	7	5	0.59	0.59	0.66	0.05	1.44	0.66
France	3	2	1	0.61	0.69	0.74	1.18	0.85	1.03
Germany	9	4	8	0.54	0.64	0.64	1.82	0.03	1.02
Greece	18	18	14	0.38	0.45	0.51	1.78	1.49	1.65
Hungary	8	12	11	0.57	0.47	0.57	-1.82	2.37	0.02
Iceland	22	25	24	0.30	0.35	0.37	1.35	0.71	1.06
India	…	…	…	…	…	…	…	…	…
Indonesia	…	…	…	…	…	…	…	…	…
Ireland	20	27	22	0.34	0.30	0.43	-1.10	4.45	1.33
Italy	13	8	9	0.47	0.56	0.64	1.80	1.54	1.68
Japan	27	23	18	0.24	0.38	0.46	4.64	2.43	3.65
Korea	30	30	29	0.01	0.07	0.18	20.63	13.02	17.19
Luxembourg	15	15	10	0.45	0.47	0.57	0.36	2.60	1.35

Mexico	29	29	30	0.03	0.09	0.14	11.75	5.77	9.05
Netherlands	2	13	16	0.63	0.47	0.50	-2.85	0.80	-1.24
New Zealand	11	17	20	0.52	0.46	0.44	-1.32	-0.54	-0.97
Norway	9	9	19	0.54	0.51	0.45	-0.52	-1.68	-1.03
Poland	20	10	17	0.34	0.49	0.46	3.80	-0.63	1.81
Portugal	26	16	3	0.28	0.46	0.67	5.11	4.80	4.97
Russia	…	…	…	…	…	…	…	…	…
Saudi Arabia	…	…	…	…	…	…	…	…	…
Slovak Republic	12	20	26	0.48	0.42	0.36	-1.29	-1.82	-1.52
South Africa	…	…	…	…	…	…	…	…	…
Spain	13	11	13	0.47	0.48	0.52	0.23	1.00	0.57
Sweden	1	1	2	0.75	0.70	0.71	-0.63	0.15	-0.28
Switzerland	24	20	15	0.30	0.42	0.50	3.52	2.31	2.98
Turkey	28	28	28	0.14	0.29	0.31	7.80	0.76	4.61
United Kingdom	17	18	12	0.39	0.45	0.54	1.42	2.32	1.82
United States	24	26	27	0.30	0.33	0.36	0.97	1.20	1.07

주: 총 30개국 대상.

〈부표 D-7〉 통합사회 지표의 국가별 소분류 지표 수준 및 변화율-양성평등

국가명	순위			지수값			연평균변화율(%)		
	1990	2000	2008	1990	2000	2008	90-00	00-08	90-08
평균	…	…	…	0.51	0.60	0.68	1.63	1.69	1.66
Argentina	36	31	16	0.33	0.51	0.71	4.62	4.04	4.36
Australia	9	10	14	0.60	0.66	0.71	0.94	0.90	0.92
Austria	16	15	19	0.56	0.63	0.70	1.18	1.28	1.23
Belgium	14	11	18	0.57	0.64	0.70	1.18	1.04	1.12
Brazil	31	30	31	0.43	0.54	0.63	2.14	2.07	2.11
Canada	4	9	20	0.68	0.69	0.69	0.13	0.01	0.08
Chile	37	37	27	0.30	0.46	0.64	4.59	4.16	4.40
China	34	35	24	0.34	0.49	0.65	3.93	3.58	3.77
Czech Republic	15	18	30	0.57	0.60	0.64	0.61	0.64	0.63
Denmark	6	7	6	0.63	0.70	0.76	1.11	1.01	1.06

Finland	10	4	2	0.59	0.73	0.86	2.15	2.07	2.11
France	38	38	12	0.05	0.34	0.73	21.00	9.76	15.87
Germany	2	2	9	0.81	0.78	0.73	-0.39	-0.69	-0.53
Greece	29	29	32	0.44	0.54	0.63	2.02	1.95	1.99
Hungary	24	25	25	0.48	0.57	0.65	1.76	1.78	1.77
Iceland	19	8	4	0.55	0.70	0.83	2.43	2.23	2.34
India	25	34	37	0.46	0.49	0.52	0.60	0.73	0.66
Indonesia	8	20	33	0.61	0.60	0.59	-0.09	-0.27	-0.17
Ireland	23	13	7	0.51	0.64	0.75	2.27	2.06	2.17
Italy	35	36	29	0.33	0.48	0.64	3.88	3.65	3.78
Japan	11	22	35	0.59	0.59	0.58	-0.03	-0.07	-0.05
Korea	26	32	36	0.45	0.51	0.54	1.20	0.66	0.96
Luxembourg	28	28	28	0.44	0.55	0.64	2.18	1.91	2.06
Mexico	12	23	34	0.59	0.59	0.58	0.00	-0.04	-0.02
Netherlands	22	14	8	0.51	0.63	0.74	2.12	1.87	2.00
New Zealand	27	16	5	0.45	0.63	0.81	3.49	3.21	3.36
Norway	7	3	1	0.62	0.75	0.87	1.85	1.89	1.87
Poland	21	21	23	0.52	0.59	0.66	1.31	1.46	1.37
Portugal	17	17	21	0.56	0.62	0.68	1.08	1.15	1.11
Russia	30	27	22	0.43	0.56	0.67	2.50	2.38	2.44
Saudi Arabia	39	39	39	0.05	0.25	0.44	17.57	7.51	12.99
Slovak Republic	18	19	26	0.56	0.60	0.64	0.84	0.82	0.83
South Africa	32	24	15	0.41	0.58	0.71	3.33	2.65	3.03
Spain	5	6	13	0.68	0.71	0.72	0.41	0.15	0.29
Sweden	1	1	3	0.84	0.85	0.85	0.08	0.07	0.07
Switzerland	33	26	11	0.41	0.56	0.73	3.25	3.34	3.29
Turkey	20	33	38	0.53	0.50	0.49	-0.53	-0.34	-0.44
United Kingdom	3	5	10	0.69	0.71	0.73	0.42	0.28	0.36
United States	13	12	17	0.59	0.64	0.70	0.92	1.11	1.01

주: 총 39개국 대상.

〈부표 D-8〉 통합사회 지표의 국가별 소분류 지표 수준 및 변화율-장애인 배려

국가명	순위			지수값			연평균변화율(%)		
	1990	2000	2008	1990	2000	2008	90-00	00-08	90-08
평균	…	…	…	0.06	0.13	0.17	8.56	3.45	6.26
Argentina	10	12	12	0.06	0.14	0.20	8.84	4.12	6.72
Australia	5	4	7	0.13	0.24	0.26	6.30	1.03	3.93
Austria	12	19	22	0.05	0.08	0.10	4.14	1.95	3.16
Belgium	2	1	1	0.22	0.80	0.91	13.84	1.62	8.24
Brazil	23	24	28	0.01	0.06	0.07	16.23	1.33	9.35
Canada	6	7	11	0.12	0.19	0.21	4.52	1.28	3.07
Chile	14	24	26	0.04	0.06	0.08	4.14	3.66	3.93
China	23	28	29	0.01	0.04	0.04	11.61	0.00	6.29
Czech Republic	29	34	33	0.00	0.01	0.03	…	9.05	…
Denmark	29	22	18	0.00	0.07	0.11	…	6.05	…
Finland	7	9	10	0.10	0.17	0.23	5.97	3.92	5.05
France	3	3	3	0.20	0.40	0.63	7.36	5.71	6.62
Germany	8	14	14	0.09	0.12	0.14	3.31	1.95	2.70
Greece	29	17	22	0.00	0.09	0.10	…	0.93	…
Hungary	20	22	20	0.02	0.07	0.10	12.79	5.20	9.35
Iceland	14	15	18	0.04	0.11	0.11	10.31	0.00	5.60
India	29	34	36	0.00	0.01	0.01	…	0.00	…
Indonesia	27	36	37	0.01	0.01	0.01	0.00	0.00	0.00
Ireland	29	30	32	0.00	0.03	0.03	…	2.83	…
Italy	14	17	24	0.04	0.09	0.09	8.04	0.00	4.39
Japan	9	11	9	0.08	0.16	0.24	6.72	5.39	6.13
Korea	27	36	37	0.01	0.01	0.01	0.00	0.00	0.00
Luxembourg	19	16	15	0.03	0.10	0.13	13.35	3.89	9.04
Mexico	29	31	33	0.00	0.02	0.03	…	3.66	…
Netherlands	13	5	8	0.05	0.21	0.25	15.67	2.66	9.69
New Zealand	23	29	26	0.01	0.03	0.08	9.60	11.56	10.47
Norway	14	24	15	0.04	0.06	0.13	4.14	9.79	6.61
Poland	10	10	6	0.06	0.16	0.29	10.31	7.56	9.08
Portugal	20	19	20	0.02	0.08	0.10	14.87	2.83	9.35

Russia	29	21	17	0.00	0.08	0.12	…	6.35	…
Saudi Arabia	29	36	37	0.00	0.01	0.01	…	0.00	…
Slovak Republic	29	31	35	0.00	0.02	0.02	…	0.00	…
South Africa	20	31	29	0.02	0.02	0.04	0.00	9.05	3.93
Spain	4	5	5	0.14	0.21	0.33	4.14	6.05	4.98
Sweden	23	8	4	0.01	0.18	0.34	29.73	8.01	19.58
Switzerland	29	36	29	0.00	0.01	0.04	…	25.10	…
Turkey	29	24	24	0.00	0.06	0.09	…	4.70	…
United Kingdom	18	12	13	0.03	0.14	0.16	15.43	1.68	9.11
United States	1	2	2	0.55	0.65	0.68	1.73	0.64	1.25

주: 총 39개국 대상.

〈부표 D-9〉 통합사회 지표의 국가별 소분류 지표 수준 및 변화율—타인에 대한 관용

국가명	순위			지수값			연평균변화율(%)		
	1990	2000	2008	1990	2000	2008	90-00	00-08	90-08
평균	…	…	…	0.33	0.38	0.40	1.36	0.60	1.02
Argentina	34	26	21	0.17	0.31	0.42	6.12	3.58	4.98
Australia	14	12	7	0.39	0.47	0.56	1.83	2.25	2.02
Austria	22	20	20	0.31	0.43	0.43	3.44	0.00	1.90
Belgium	17	10	13	0.36	0.48	0.48	2.98	0.00	1.65
Brazil	33	35	29	0.18	0.20	0.29	1.15	4.43	2.59
Canada	13	16	17	0.40	0.44	0.45	0.99	0.02	0.56
Chile	37	28	24	0.12	0.28	0.37	8.56	3.34	6.21
China	23	27	37	0.30	0.29	0.12	-0.42	-10.70	-5.13
Czech Republic	2	14	15	0.60	0.45	0.45	-2.88	0.00	-1.61
Denmark	7	3	2	0.43	0.64	0.64	3.96	0.00	2.18
Finland	4	9	11	0.55	0.49	0.50	-1.21	0.43	-0.49
France	9	4	6	0.42	0.56	0.57	2.85	0.26	1.69
Germany	15	17	10	0.38	0.43	0.51	1.41	1.95	1.65
Greece	12	21	22	0.41	0.41	0.41	0.00	0.00	0.00
Hungary	32	33	34	0.19	0.24	0.24	2.70	0.00	1.49
Iceland	11	11	14	0.41	0.48	0.48	1.52	0.00	0.84

India	36	37	30	0.13	0.14	0.28	0.50	9.47	4.39
Indonesia	39	39	39	0.02	0.02	0.06	0.00	14.57	6.23
Ireland	31	31	32	0.20	0.25	0.25	2.53	0.00	1.40
Italy	20	23	31	0.32	0.33	0.28	0.22	-2.02	-0.78
Japan	24	18	18	0.29	0.43	0.43	3.88	0.06	2.16
Korea	27	32	28	0.23	0.25	0.31	0.78	2.52	1.55
Luxembourg	6	8	12	0.49	0.49	0.49	0.00	0.00	0.00
Mexico	21	30	25	0.32	0.26	0.35	-1.91	3.79	0.58
Netherlands	3	2	5	0.60	0.66	0.60	0.90	-1.21	-0.04
New Zealand	5	7	9	0.49	0.49	0.52	0.00	0.71	0.31
Norway	19	13	4	0.35	0.45	0.60	2.73	3.59	3.11
Poland	35	29	33	0.16	0.28	0.25	5.26	-1.14	2.37
Portugal	28	24	27	0.22	0.32	0.32	3.56	0.00	1.97
Russia	26	25	26	0.24	0.31	0.32	2.90	0.20	1.69
Saudi Arabia	38	38	38	0.11	0.11	0.11	0.00	0.00	0.00
Slovak Republic	8	15	16	0.43	0.45	0.45	0.44	0.00	0.24
South Africa	29	36	35	0.21	0.19	0.24	-1.12	2.98	0.68
Spain	1	6	8	0.89	0.50	0.55	-5.62	1.21	-2.64
Sweden	10	1	1	0.42	0.71	0.69	5.37	-0.40	2.77
Switzerland	16	5	3	0.36	0.55	0.62	4.37	1.39	3.03
Turkey	30	34	36	0.21	0.21	0.13	0.00	-5.53	-2.49
United Kingdom	18	19	19	0.36	0.43	0.43	1.92	0.00	1.06
United States	25	22	23	0.29	0.40	0.40	3.34	-0.07	1.81

주: 총 39개국 대상.

〈부표 D-10〉 통합사회 지표의 국가별 소분류 지표 수준 및 변화율−외국인 비율

국가명	순위			지수값			연평균변화율(%)		
	1990	2000	2008	1990	2000	2008	90-00	00-08	90-08
평균	…	…	…	0.11	0.12	0.14	0.68	2.78	1.61
Argentina	15	17	25	0.10	0.08	0.07	-1.90	-1.56	-1.75
Australia	6	9	12	0.17	0.15	0.16	-1.02	0.67	-0.27
Austria	11	6	6	0.13	0.18	0.21	3.46	2.07	2.84

Belgium	5	7	8	0.19	0.17	0.19	-1.15	1.44	-0.01
Brazil	35	37	37	0.01	0.01	0.01	-3.30	-2.91	-3.13
Canada	13	14	16	0.12	0.11	0.13	-0.75	2.21	0.55
Chile	33	31	33	0.02	0.02	0.03	3.61	4.97	4.21
China	39	39	38	0.00	0.00	0.00	12.11	7.62	10.09
Czech Republic	22	27	22	0.05	0.04	0.09	-2.02	10.90	3.53
Denmark	21	15	20	0.06	0.10	0.11	5.22	2.09	3.81
Finland	31	29	26	0.02	0.04	0.05	7.50	5.47	6.59
France	10	11	21	0.13	0.11	0.11	-1.36	0.00	-0.76
Germany	9	5	10	0.15	0.18	0.17	1.74	-0.98	0.52
Greece	26	22	18	0.03	0.06	0.12	6.88	9.58	8.07
Hungary	27	32	29	0.03	0.02	0.04	-1.86	7.25	2.09
Iceland	17	12	7	0.07	0.11	0.19	4.66	7.01	5.70
India	30	33	36	0.02	0.01	0.01	-3.65	-3.54	-3.60
Indonesia	37	38	39	0.00	0.00	0.00	-5.61	-23.68	-14.12
Ireland	25	21	11	0.04	0.07	0.17	5.57	11.95	8.36
Italy	29	23	15	0.02	0.05	0.13	8.64	13.34	10.70
Japan	34	30	31	0.01	0.03	0.04	6.34	3.86	5.23
Korea	38	36	28	0.00	0.01	0.04	37.50	21.02	29.91
Luxembourg	1	1	1	0.61	0.76	0.91	2.26	2.27	2.26
Mexico	32	34	35	0.02	0.01	0.01	-4.30	2.57	-1.30
Netherlands	12	16	23	0.12	0.09	0.08	-3.12	-0.08	-1.78
New Zealand	4	4	4	0.31	0.37	0.29	1.80	-3.28	-0.49
Norway	16	19	17	0.09	0.08	0.12	-0.61	5.39	2.01
Poland	19	25	32	0.06	0.04	0.03	-3.22	-3.00	-3.12
Portugal	28	26	24	0.02	0.04	0.08	5.69	9.08	7.18
Russia	8	8	9	0.16	0.17	0.18	0.45	0.75	0.59
Saudi Arabia	2	2	2	0.59	0.51	0.60	-1.52	2.05	0.05
Slovak Republic	36	35	34	0.01	0.01	0.02	7.45	7.65	7.54
South Africa	18	24	27	0.07	0.05	0.05	-4.00	0.31	-2.11
Spain	24	20	5	0.04	0.07	0.26	5.68	18.10	11.03
Sweden	14	13	19	0.11	0.11	0.12	0.15	1.12	0.58
Switzerland	3	3	3	0.38	0.39	0.43	0.30	1.07	0.64

Turkey	23	28	30	0.04	0.04	0.04	-0.93	-0.27	-0.64
United Kingdom	20	18	14	0.06	0.08	0.14	3.14	7.53	5.07
United States	7	10	13	0.16	0.13	0.16	-1.85	1.93	-0.19

주: 총 39개국 대상.

〈부표 D-11〉 통합사회 지표의 국가별 소분류 지표 수준 및 변화율
—일반인에 대한 신뢰

국가명	순위			지수값			연평균변화율(%)		
	1990	2000	2008	1990	2000	2008	90-00	00-08	90-08
평균	…	…	…	0.45	0.40	0.39	-1.23	-0.35	-0.84
Argentina	31	36	33	0.31	0.16	0.19	-6.22	1.99	-2.66
Australia	12	13	9	0.57	0.47	0.55	-1.90	1.94	-0.21
Austria	27	20	18	0.37	0.40	0.40	0.73	0.00	0.40
Belgium	24	22	19	0.39	0.36	0.36	-0.85	0.00	-0.47
Brazil	39	39	38	0.05	0.00	0.09	-23.69	49.21	2.81
Canada	8	14	11	0.63	0.46	0.51	-3.13	1.32	-1.18
Chile	36	29	36	0.26	0.26	0.13	0.05	-8.37	-3.78
China	4	7	7	0.73	0.63	0.63	-1.48	0.00	-0.82
Czech Republic	28	26	25	0.35	0.27	0.27	-2.55	0.00	-1.42
Denmark	5	1	3	0.70	0.81	0.81	1.49	0.00	0.83
Finland	3	5	4	0.76	0.70	0.71	-0.81	0.20	-0.36
France	35	30	31	0.26	0.25	0.21	-0.30	-2.34	-1.21
Germany	26	16	16	0.37	0.44	0.43	1.85	-0.32	0.88
Greece	33	27	26	0.27	0.27	0.27	0.00	0.00	0.00
Hungary	25	31	28	0.39	0.24	0.24	-4.51	0.00	-2.53
Iceland	14	11	13	0.52	0.49	0.49	-0.63	0.00	-0.35
India	19	15	27	0.42	0.45	0.26	0.74	-6.44	-2.52
Indonesia	9	8	12	0.62	0.62	0.51	0.00	-2.53	-1.13
Ireland	13	17	17	0.57	0.42	0.42	-2.95	0.00	-1.65
Italy	21	21	21	0.40	0.38	0.34	-0.52	-1.49	-0.95
Japan	17	10	15	0.50	0.51	0.46	0.35	-1.29	-0.38
Korea	21	23	22	0.40	0.35	0.31	-1.31	-1.42	-1.36

Luxembourg	32	25	24	0.30	0.30	0.30	0.00	0.00	0.00
Mexico	23	32	35	0.39	0.24	0.17	-4.88	-4.42	-4.68
Netherlands	6	4	10	0.64	0.72	0.54	1.25	-3.67	-0.96
New Zealand	11	9	8	0.59	0.59	0.59	0.00	0.00	0.00
Norway	2	3	1	0.79	0.79	0.91	0.03	1.67	0.76
Poland	29	33	30	0.34	0.21	0.21	-4.76	0.08	-2.64
Portugal	37	37	37	0.24	0.09	0.09	-8.84	0.00	-5.01
Russia	18	27	23	0.44	0.27	0.30	-4.89	1.40	-2.14
Saudi Arabia	7	6	6	0.64	0.64	0.64	0.00	0.00	0.00
Slovak Republic	34	35	34	0.26	0.17	0.17	-4.31	0.00	-2.42
South Africa	30	34	31	0.33	0.20	0.21	-4.85	0.47	-2.52
Spain	20	19	29	0.40	0.40	0.22	-0.09	-7.09	-3.27
Sweden	1	2	2	0.80	0.81	0.83	0.03	0.33	0.16
Switzerland	16	12	5	0.51	0.49	0.65	-0.55	3.68	1.31
Turkey	38	38	39	0.09	0.05	0.03	-6.11	-6.23	-6.16
United Kingdom	14	24	20	0.52	0.34	0.35	-4.05	0.36	-2.11
United States	10	17	14	0.62	0.42	0.46	-3.79	1.26	-1.58

주: 총 39개국 대상.

〈부표 D-12〉 통합사회 지표의 국가별 소분류 지표 수준 및 변화율—기관에 대한 신뢰

국가명	순위			지수값			연평균변화율(%)		
	1990	2000	2008	1990	2000	2008	90-00	00-08	90-08
평균	…	…	…	0.43	0.42	0.41	-0.27	-0.19	-0.23
Argentina	34	38	38	0.31	0.09	0.09	-11.93	0.51	-6.60
Australia	10	35	32	0.50	0.26	0.31	-6.19	1.96	-2.65
Austria	29	24	20	0.34	0.40	0.40	1.80	0.00	1.00
Belgium	26	27	23	0.37	0.36	0.36	-0.37	0.00	-0.21
Brazil	20	12	19	0.43	0.53	0.43	2.18	-2.73	-0.03
Canada	14	19	17	0.49	0.43	0.45	-1.25	0.39	-0.53
Chile	15	22	25	0.49	0.41	0.35	-1.69	-2.12	-1.88
China	4	1	1	0.60	0.68	0.83	1.33	2.55	1.87
Czech Republic	32	39	39	0.32	0.08	0.08	-13.37	0.00	-7.67

Denmark	12	5	5	0.49	0.58	0.58	1.66	0.00	0.92
Finland	24	6	6	0.40	0.57	0.57	3.65	0.11	2.06
France	19	23	28	0.46	0.41	0.34	-1.17	-2.44	-1.73
Germany	35	25	34	0.28	0.38	0.25	3.04	-5.37	-0.79
Greece	39	37	37	0.16	0.16	0.16	0.00	0.00	0.00
Hungary	1	31	33	0.77	0.29	0.29	-9.13	0.00	-5.18
Iceland	18	7	7	0.47	0.57	0.57	1.98	0.00	1.10
India	5	3	3	0.59	0.61	0.63	0.24	0.44	0.33
Indonesia	11	15	11	0.49	0.49	0.51	0.00	0.37	0.17
Ireland	8	10	10	0.53	0.54	0.54	0.17	0.00	0.10
Italy	31	28	29	0.33	0.34	0.33	0.54	-0.58	0.04
Japan	38	32	21	0.21	0.29	0.37	3.15	3.12	3.13
Korea	7	14	18	0.54	0.50	0.43	-0.88	-1.69	-1.24
Luxembourg	9	13	13	0.50	0.50	0.50	0.00	0.00	0.00
Mexico	30	33	27	0.34	0.28	0.34	-1.82	2.38	0.03
Netherlands	22	20	35	0.41	0.43	0.25	0.26	-6.59	-2.84
New Zealand	37	36	31	0.22	0.22	0.31	0.00	3.93	1.73
Norway	6	11	9	0.58	0.54	0.56	-0.71	0.40	-0.22
Poland	17	18	36	0.47	0.44	0.23	-0.68	-7.92	-3.97
Portugal	27	8	8	0.35	0.56	0.56	4.89	0.00	2.69
Russia	23	34	24	0.41	0.28	0.35	-3.79	2.88	-0.88
Saudi Arabia	2	2	2	0.65	0.65	0.65	0.00	0.00	0.00
Slovak Republic	36	17	16	0.23	0.46	0.46	6.94	0.00	3.80
South Africa	3	9	4	0.65	0.54	0.59	-1.69	1.03	-0.49
Spain	33	30	26	0.32	0.33	0.34	0.39	0.25	0.33
Sweden	21	16	15	0.42	0.47	0.48	0.98	0.49	0.76
Switzerland	28	29	14	0.34	0.34	0.49	0.00	4.88	2.14
Turkey	13	4	12	0.49	0.59	0.51	1.87	-1.95	0.15
United Kingdom	25	26	22	0.39	0.36	0.36	-0.79	0.00	-0.44
United States	16	21	30	0.48	0.41	0.32	-1.53	-3.21	-2.28

주: 총 39개국 대상.

〈부표 D-13〉 통합사회 지표의 국가별 소분류 지표 수준 및 변화율–사회단체 참여정도

국가명	순위			지수값			연평균변화율(%)		
	1990	2000	2008	1990	2000	2008	90-00	00-08	90-08
평균	…	…	…	0.18	0.19	0.28	0.48	5.10	2.51
Argentina	37	30	19	0.04	0.07	0.23	7.07	15.46	10.72
Australia	3	6	11	0.41	0.41	0.41	0.00	0.00	0.00
Austria	19	13	22	0.15	0.21	0.21	3.28	0.00	1.81
Belgium	18	14	24	0.15	0.18	0.18	1.90	0.00	1.05
Brazil	29	27	14	0.10	0.10	0.32	0.00	15.86	6.76
Canada	12	11	9	0.21	0.23	0.41	1.07	7.44	3.85
Chile	28	25	15	0.10	0.10	0.31	0.61	14.69	6.64
China	22	20	29	0.14	0.14	0.16	0.00	1.16	0.51
Czech Republic	23	22	34	0.13	0.12	0.12	-0.55	0.00	-0.31
Denmark	9	8	17	0.26	0.29	0.29	1.05	0.00	0.58
Finland	10	9	7	0.26	0.27	0.44	0.40	6.64	3.12
France	32	31	23	0.08	0.07	0.19	-1.39	13.75	5.07
Germany	13	26	21	0.21	0.10	0.22	-6.85	9.69	0.17
Greece	16	16	27	0.16	0.16	0.16	0.00	0.00	0.00
Hungary	27	32	35	0.11	0.06	0.06	-6.23	0.00	-3.51
Iceland	4	4	5	0.37	0.45	0.45	1.77	0.00	0.98
India	20	19	1	0.15	0.15	0.91	0.00	25.46	10.61
Indonesia	2	5	8	0.42	0.42	0.42	0.00	0.00	0.00
Ireland	25	18	30	0.12	0.15	0.15	2.04	0.00	1.13
Italy	33	29	20	0.07	0.09	0.23	2.66	11.80	6.63
Japan	36	28	25	0.06	0.09	0.17	5.02	7.61	6.17
Korea	14	15	18	0.18	0.18	0.28	0.00	6.01	2.63
Luxembourg	17	17	28	0.16	0.16	0.16	0.00	0.00	0.00
Mexico	31	24	13	0.08	0.11	0.38	3.24	16.06	8.75
Netherlands	5	3	16	0.35	0.45	0.31	2.68	-4.70	-0.67
New Zealand	1	2	4	0.46	0.46	0.46	0.00	0.00	0.00
Norway	8	10	12	0.26	0.26	0.40	0.00	5.39	2.36
Poland	34	36	26	0.07	0.04	0.16	-5.81	19.82	4.82
Portugal	35	37	37	0.07	0.04	0.04	-5.88	0.00	-3.31

Russia	15	33	32	0.17	0.05	0.13	-11.12	12.31	-1.38
Saudi Arabia	…	…	…	…	…	…	…	…	…
Slovak Republic	24	21	31	0.12	0.13	0.13	0.64	0.00	0.36
South Africa	11	12	2	0.22	0.22	0.51	0.00	11.12	4.80
Spain	30	35	33	0.09	0.04	0.13	-6.59	14.25	2.16
Sweden	6	1	6	0.29	0.47	0.45	4.98	-0.56	2.48
Switzerland	26	23	10	0.12	0.12	0.41	0.00	16.58	7.06
Turkey	38	38	38	0.00	0.00	0.03	0.00	39.67	16.01
United Kingdom	21	34	36	0.14	0.05	0.05	-10.33	0.00	-5.88
United States	7	7	3	0.26	0.41	0.46	4.40	1.61	3.15

주: 총 38개국 대상.

〈부표 D-14〉 통합사회 지표의 국가별 소분류 지표 수준 및 변화율–국제정부기구 참여

Year	순위			지수값			연평균변화율(%)		
	1990	2000	2008	1990	2000	2008	90-00	00-08	90-08
평균	…	…	…	0.37	0.48	0.57	2.59	1.96	2.31
Argentina	21	23	24	0.38	0.45	0.53	1.80	1.88	1.84
Australia	15	29	36	0.42	0.41	0.41	-0.18	-0.02	-0.11
Austria	21	15	15	0.38	0.51	0.60	3.06	2.02	2.60
Belgium	5	6	10	0.56	0.65	0.66	1.49	0.26	0.94
Brazil	18	18	13	0.40	0.49	0.63	2.02	3.14	2.52
Canada	12	17	33	0.45	0.50	0.46	0.94	-0.89	0.12
Chile	27	26	32	0.31	0.43	0.47	3.52	1.10	2.44
China	32	32	28	0.22	0.38	0.51	5.78	3.71	4.85
Czech Republic	37	34	26	0.11	0.33	0.52	11.53	5.68	8.89
Denmark	7	7	12	0.54	0.61	0.64	1.31	0.61	1.00
Finland	13	10	7	0.45	0.59	0.68	2.91	1.66	2.35
France	1	1	1	0.70	0.82	0.89	1.58	1.13	1.38
Germany	3	2	4	0.59	0.67	0.72	1.18	0.92	1.06
Greece	18	15	18	0.40	0.51	0.58	2.48	1.48	2.03
Hungary	33	31	22	0.21	0.39	0.55	6.36	4.47	5.51
Iceland	35	39	39	0.20	0.24	0.23	1.70	-0.20	0.85

India	16	20	20	0.41	0.48	0.56	1.68	1.90	1.78
Indonesia	26	27	27	0.33	0.42	0.51	2.20	2.61	2.38
Ireland	25	29	35	0.34	0.41	0.45	1.80	1.32	1.59
Italy	6	4	2	0.54	0.65	0.78	1.88	2.17	2.01
Japan	18	22	30	0.40	0.46	0.49	1.39	0.86	1.15
Korea	29	33	34	0.25	0.36	0.46	3.80	3.11	3.49
Luxembourg	24	23	25	0.36	0.45	0.52	2.42	1.81	2.15
Mexico	23	18	17	0.37	0.49	0.58	2.81	2.05	2.47
Netherlands	2	3	9	0.60	0.66	0.67	0.94	0.15	0.59
New Zealand	29	35	38	0.25	0.29	0.30	1.68	0.57	1.18
Norway	10	12	16	0.48	0.56	0.58	1.44	0.54	1.04
Poland	31	25	14	0.24	0.44	0.62	6.29	4.45	5.46
Portugal	14	11	6	0.43	0.59	0.68	3.13	1.84	2.56
Russia	35	21	5	0.20	0.47	0.72	8.81	5.45	7.30
Saudi Arabia	33	36	37	0.21	0.28	0.32	2.81	2.03	2.46
Slovak Republic	39	36	21	0.02	0.28	0.56	30.78	9.30	20.76
South Africa	38	36	29	0.09	0.28	0.50	11.82	7.72	9.98
Spain	7	4	3	0.54	0.65	0.73	2.02	1.42	1.75
Sweden	9	7	11	0.51	0.61	0.65	1.89	0.77	1.39
Switzerland	16	14	19	0.41	0.52	0.58	2.43	1.30	1.93
Turkey	28	27	31	0.30	0.42	0.48	3.41	1.89	2.73
United Kingdom	4	7	8	0.57	0.61	0.68	0.63	1.31	0.93
United States	11	13	23	0.47	0.53	0.54	1.20	0.35	0.82

주: 중분류 '국제사회 참여'와 동일, 총 37개국 대상.

〈부표 D-15〉 통합사회 지표의 국가별 소분류 지표 수준 및 변화율–공적개발원조

Year	순위			지수값			연평균변화율(%)		
	1990	2000	2008	1990	2000	2008	90-00	00-08	90-08
평균	…	…	…	0.19	0.18	0.23	-0.67	3.42	1.13
Argentina	30	30	30	0.00	0.00	0.00	0.00	0.00	0.00
Australia	10	13	17	0.26	0.21	0.25	-2.28	2.15	-0.34
Austria	20	18	12	0.09	0.18	0.33	7.65	8.14	7.87

Belgium	7	6	7	0.36	0.28	0.37	-2.42	3.66	0.24
Brazil	30	30	30	0.00	0.00	0.00	0.00	0.00	0.00
Canada	8	16	16	0.34	0.19	0.26	-5.50	3.53	-1.59
Chile	30	30	30	0.00	0.00	0.00	0.00	0.00	0.00
China	30	30	30	0.00	0.00	0.00	0.00	0.00	0.00
Czech Republic	21	26	24	0.02	0.02	0.09	0.00	18.92	8.01
Denmark	2	1	4	0.73	0.82	0.64	1.21	-3.16	-0.76
Finland	5	9	10	0.51	0.24	0.34	-7.14	4.47	-2.14
France	6	10	14	0.47	0.23	0.30	-6.70	3.33	-2.36
Germany	9	13	15	0.33	0.21	0.30	-4.32	4.36	-0.55
Greece	21	20	21	0.02	0.16	0.16	20.89	0.61	11.42
Hungary	21	26	28	0.02	0.02	0.06	0.00	13.04	5.60
Iceland	21	22	8	0.02	0.08	0.37	12.79	21.34	16.52
India	30	30	30	0.00	0.00	0.00	0.00	0.00	0.00
Indonesia	30	30	30	0.00	0.00	0.00	0.00	0.00	0.00
Ireland	19	11	6	0.12	0.23	0.46	6.13	9.28	7.52
Italy	12	21	20	0.24	0.10	0.17	-8.32	6.80	1.89
Japan	12	12	22	0.24	0.22	0.15	-1.01	-4.73	-2.68
Korea	29	24	27	0.02	0.03	0.07	7.18	10.67	8.72
Luxembourg	16	5	2	0.16	0.54	0.75	12.79	4.16	8.87
Mexico	30	30	30	0.00	0.00	0.00	0.00	0.00	0.00
Netherlands	3	2	5	0.71	0.65	0.62	-0.91	-0.61	-0.77
New Zealand	15	16	18	0.18	0.19	0.23	0.84	2.31	1.49
Norway	1	4	3	0.91	0.59	0.68	-4.22	1.85	-1.57
Poland	21	29	28	0.02	0.02	0.06	-3.97	18.92	5.60
Portugal	21	15	19	0.02	0.20	0.21	24.10	0.47	12.98
Russia	30	30	30	0.00	0.00	0.00	0.00	0.00	0.00
Saudi Arabia	30	30	30	0.00	0.00	0.00	0.00	0.00	0.00
Slovak Republic	21	26	26	0.02	0.02	0.08	0.00	16.24	6.92
South Africa	30	30	30	0.00	0.00	0.00	0.00	0.00	0.00
Spain	18	19	9	0.16	0.17	0.35	0.96	9.36	4.61
Sweden	4	3	1	0.71	0.62	0.76	-1.28	2.57	0.41
Switzerland	11	7	10	0.25	0.26	0.34	0.61	3.28	1.78

Turkey	21	24	25	0.02	0.03	0.09	2.92	13.48	7.49
United Kingdom	14	8	12	0.21	0.25	0.33	1.71	3.76	2.62
United States	16	22	22	0.16	0.08	0.15	-7.15	8.35	-0.55

주: 총 39개국 대상.

〈부표 D-16〉 통합사회 지표의 국가별 소분류 지표 수준 및 변화율-평화유지활동

Year	순위			지수값			연평균변화율(%)		
	1990	2000	2008	1990	2000	2008	90-00	00-08	90-08
평균	…	…	…	0.07	0.00	0.00	-28.12	6.78	-14.30
Argentina	18	13	9	0.00	0.00	0.01	8.43	6.94	7.77
Australia	3	2	22	0.69	0.01	0.00	-34.63	-27.97	-31.75
Austria	12	8	13	0.01	0.00	0.00	-8.87	-7.23	-8.15
Belgium	35	34	16	0.00	0.00	0.00	33.06	45.53	38.46
Brazil	31	26	7	0.00	0.00	0.01	41.66	39.37	40.64
Canada	9	12	21	0.02	0.00	0.00	-16.10	-13.44	-14.93
Chile	32	29	12	0.00	0.00	0.00	34.37	35.21	34.74
China	34	25	4	0.00	0.00	0.01	50.11	47.08	48.75
Czech Republic	21	30	35	0.00	0.00	0.00	-8.68	-8.30	-8.51
Denmark	11	17	29	0.02	0.00	0.00	-20.39	-21.53	-20.90
Finland	4	9	33	0.17	0.00	0.00	-30.55	-33.10	-31.69
France	20	14	3	0.00	0.00	0.01	13.50	20.39	16.51
Germany	15	15	17	0.00	0.00	0.00	-1.08	-4.71	-2.71
Greece	29	31	27	0.00	0.00	0.00	6.50	3.82	5.30
Hungary	17	23	23	0.00	0.00	0.00	-4.65	-4.90	-4.76
Iceland	22	35	37	0.00	0.00	0.00	-21.40	-18.22	-20.00
India	14	1	1	0.00	0.02	0.05	15.44	15.54	15.48
Indonesia	36	28	6	0.00	0.00	0.01	48.46	53.75	50.79
Ireland	8	7	28	0.03	0.00	0.00	-15.73	-28.91	-21.86
Italy	25	19	2	0.00	0.00	0.02	19.90	31.69	25.01
Japan	30	33	32	0.00	0.00	0.00	10.77	3.00	7.25
Korea	10	16	14	0.02	0.00	0.00	-17.15	-2.23	-10.82
Luxembourg	33	37	36	0.00	0.00	0.00	0.00	0.00	0.00

Mexico	…	…	…	…	…	…	…	…	…
Netherlands	2	5	29	0.70	0.01	0.00	-38.24	-31.85	-35.48
New Zealand	1	9	31	0.91	0.00	0.00	-41.40	-30.58	-36.81
Norway	23	27	26	0.00	0.00	0.00	3.12	-1.40	1.09
Poland	7	3	10	0.03	0.01	0.01	-14.41	-4.11	-9.98
Portugal	5	4	15	0.06	0.01	0.00	-20.88	-12.41	-17.22
Russia	16	18	19	0.00	0.00	0.00	0.96	-0.84	0.15
Saudi Arabia	…	…	…	…	…	…	…	…	…
Slovak Republic	24	21	20	0.00	0.00	0.00	12.14	2.68	7.83
South Africa	37	36	5	0.00	0.00	0.01	241.59	117.89	179.71
Spain	27	20	8	0.00	0.00	0.01	16.52	25.53	20.44
Sweden	19	24	25	0.00	0.00	0.00	-2.64	-7.71	-4.93
Switzerland	26	32	34	0.00	0.00	0.00	-2.46	-3.77	-3.05
Turkey	28	22	11	0.00	0.00	0.00	20.72	21.85	21.22
United Kingdom	13	11	18	0.01	0.00	0.00	-6.86	-8.30	-7.50
United States	6	6	24	0.05	0.01	0.00	-19.52	-24.75	-21.89

주: 총 37개국 대상.

부 표 E 통합사회 지수 집락분석 결과

〈부표 E-1〉 개인 보호 지수 집락분석 결과

1990	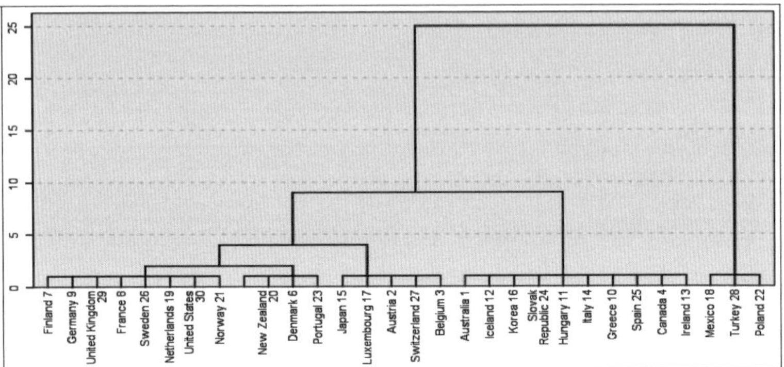
2000	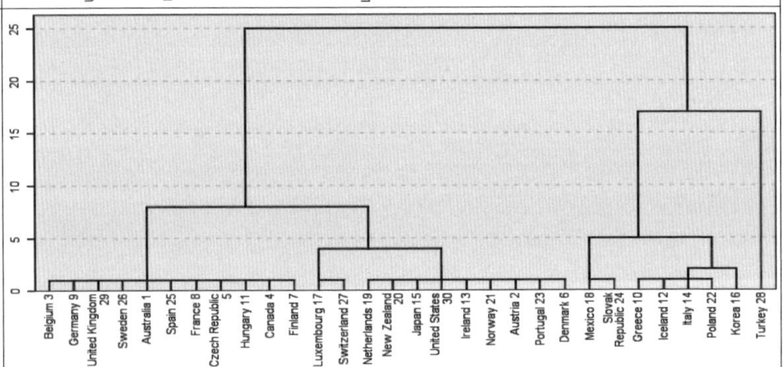
2008	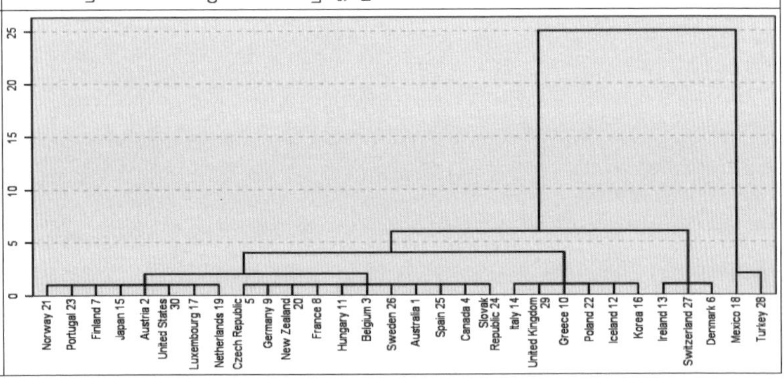

〈부표 E-2〉 개인 보호2 지수 집락분석 결과

연도	집락분석 결과
1990	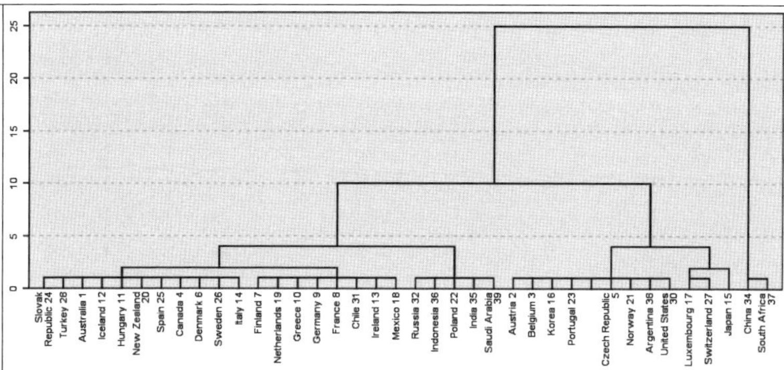
2000	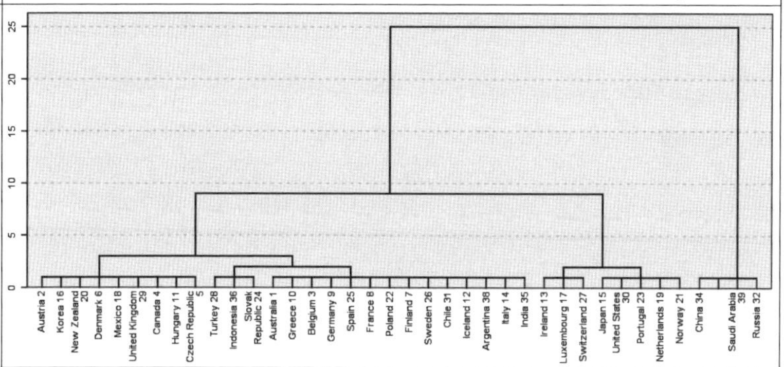
2008	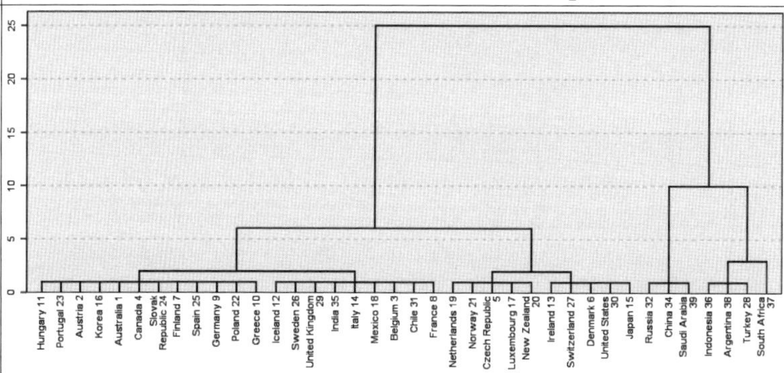

〈부표 E-3〉 공동체 건설 지수 집락분석 결과

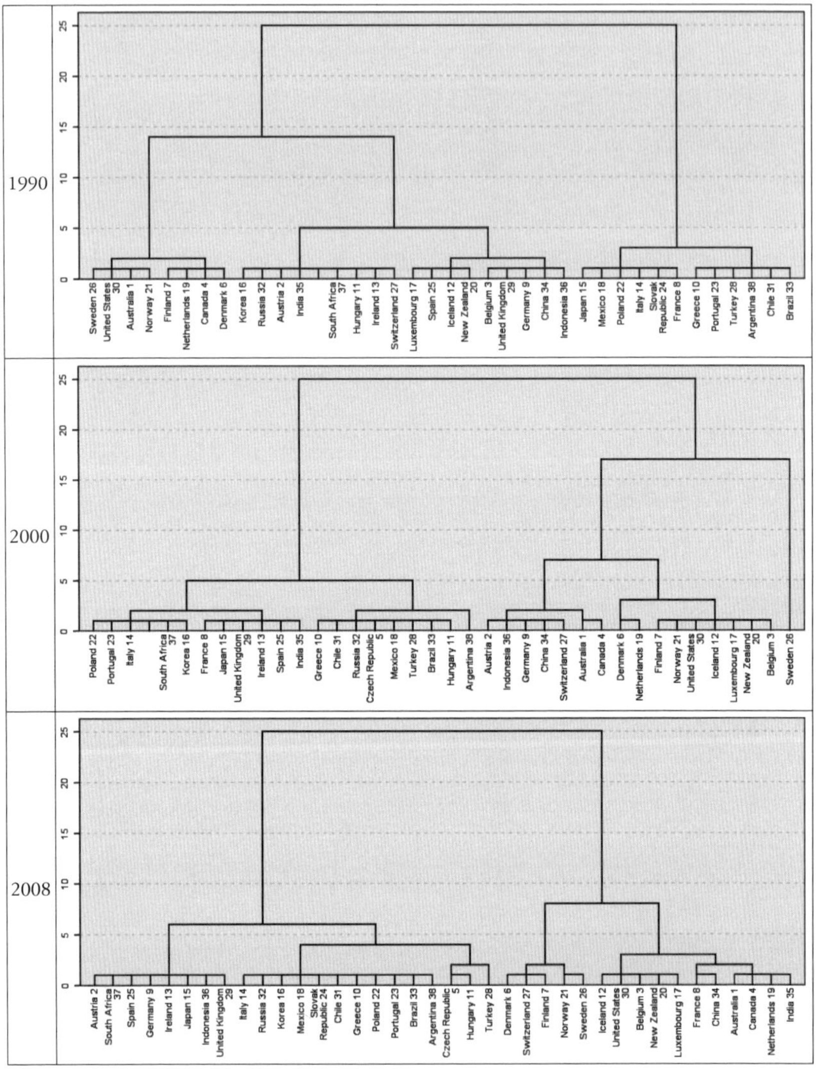

〈부표 E-4〉 국제사회 기여 지수 집락분석 결과

1990

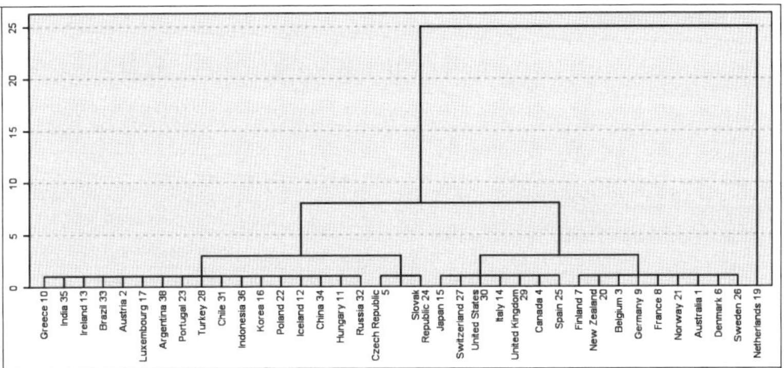

2000

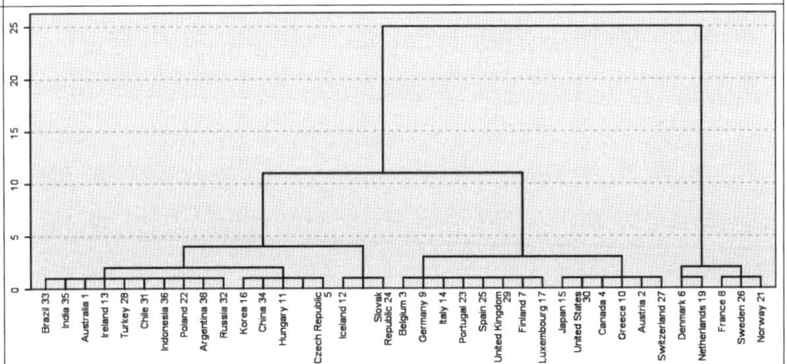

2008

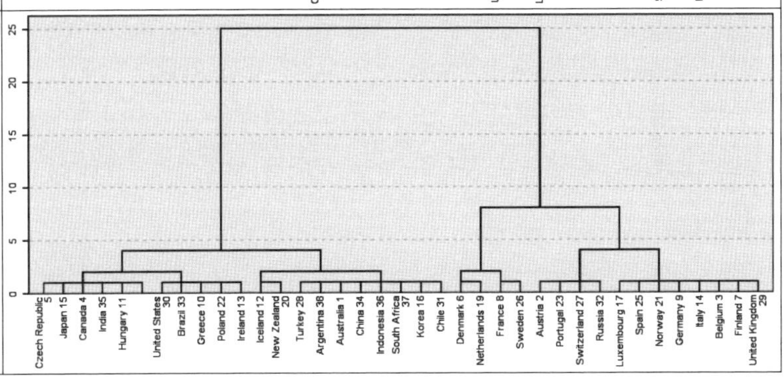

부표 F 한국의 통합사회 발전 순위 변화 ―아시아 및 중동 국가 포함

* 분석 국가 수 확장 – 아시아 및 중동 국가 포함

이 책의 본문에서는 1990년부터 2008년까지 OECD 31개 회원국과 G20 국가 중 OECD 회원국이 아닌 8개국을 포함해 총 39개국(2010년 1월 말 기준)을 대상으로 분석하였다. 이에 더하여 한국의 통합사회 발전 수준을 보다 면밀히 파악하고 지리적으로 인접한 국가들과 상대적으로 비교하기 위해 분석 국가대상 수를 확장해 보았다. 먼저 아시아 지역에서는 비약적 성장을 보이고 있는 싱가포르, 말레이시아, 태국, 베트남 등 4개국과, 중동 지역 강호 이집트, 이란, 이라크 등 3개국을 추가하였다. 이러한 추가국가들을 포함하여 총 46개국을 대상으로 한국의 통합사회 발전 순위를 상대적으로 비교하고자 하였다.

* 자료 구득 가능한 최초년도와 최근년도 비교

이에 더하여 해당 지표의 자료출처에서 획득 가능한 자료의 시간적 범위에서 최초년도와 최근년도에 한국의 순위 변화를 보았다. 예를 들어 경제적 자유 지표의 경우 자료 획득이 가능한 1995년과 가장 최근의 측정 결과인 2009년의 두 시점을 비교하였다. 이때 자료 획득이 가능한 최초년도와 최근년도에 국가 데이터가 없는 경우는 순위 산정에서 제외하였다. 또한 각 지표값은 결측치를 보완하지 않은 원데이터를 사용하였다. 예를 들어 경제적 안전 지표의 경우 실업률로서 측정하였으므로 이 값이 2.5라 함은 실업률이 2.5%임을 의미한다. 각 지표에 대한 설명은 본문의 제2장을 참고하기 바란다.

[개인 보호 - 자유와 민주 - 경제적 자유[1)]]

〈부표 F-1〉 1995년 경제적 자유 지수 순위와 지표값

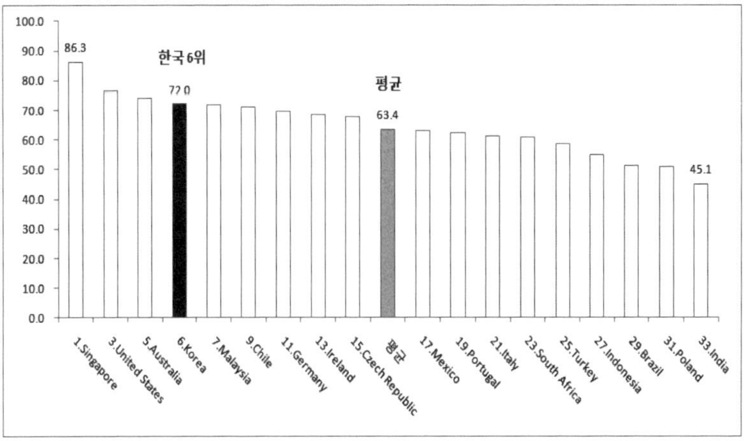

1) 지표값이 클수록 경제적 자유 수준이 우수함.

〈부표 F-2〉 2009년 경제적 자유 지수 순위와 지표값

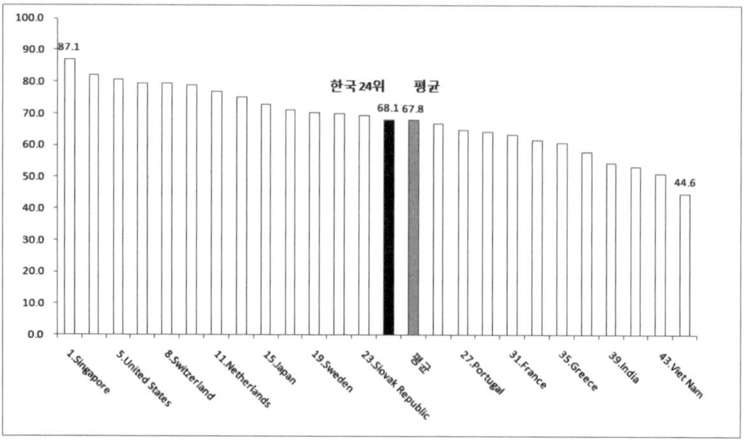

〈부표 F-3〉 경제적 자유 순위와 지표값-1995년과 2009년

순위	국가명	1995년 지표값	순위	국가명	2009년 지표값
1	Singapore	86.3	1	Singapore	87.1
2	United Kingdom	77.9	2	Australia	82.6
3	United States	76.7	3	Ireland	82.2
4	Japan	75.0	4	New Zealand	82.0
5	Australia	74.1	5	United States	80.7
6	Korea	72.0	6	Canada	80.5
7	Malaysia	71.9	7	Denmark	79.6
8	Thailand	71.3	8	Switzerland	79.4
9	Chile	71.2	9	United Kingdom	79.0
10	Austria	70.0	10	Chile	78.3
11	Germany	69.8	11	Netherlands	77.0
12	Canada	69.4	12	Iceland	75.9
13	Ireland	68.5	13	Luxembourg	75.2
14	Argentina	68.0	14	Finland	74.5

15	Czech Republic	67.8	15	Japan	72.8
16	France	64.4	16	Belgium	72.1
	평균	63.4	17	Austria	71.2
17	Mexico	63.1	18	Germany	70.5
18	Spain	62.8	19	Sweden	70.4
19	Portugal	62.4	20	Norway	70.2
20	Sweden	61.4	21	Spain	70.1
21	Italy	61.2	22	Czech Republic	69.4
22	Greece	61.2	23	Slovak Republic	69.4
23	South Africa	60.7	24	Korea	68.1
24	Slovak Republic	60.4		평균	67.8
25	Turkey	58.4	25	Hungary	66.8
26	Hungary	55.2	26	Mexico	65.8
27	Indonesia	54.9	27	Portugal	64.9
28	China	52.0	28	Malaysia	64.6
29	Brazil	51.4	29	Saudi Arabia	64.3
30	Russia	51.1	30	South Africa	63.8
31	Poland	50.7	31	France	63.3
32	Egypt	45.7	32	Thailand	63.0
33	India	45.1	33	Turkey	61.6
34	Viet Nam	41.7	34	Italy	61.4
-	Belgium	-	35	Greece	60.8
-	Denmark	-	36	Poland	60.3
-	Finland	-	37	Egypt	58.0
-	Iceland	-	38	Brazil	56.7
-	Iran	-	39	India	54.4
-	Iraq	-	40	Indonesia	53.4
-	Luxembourg	-	41	China	53.2
-	Netherlands	-	42	Argentina	52.3
-	New Zealand	-	43	Viet Nam	51.0
-	Norway	-	44	Russia	50.8
-	Saudi Arabia	-	45	Iran	44.6
-	Switzerland	-	-	Iraq	-

[개인 보호 - 자유와 민주 - 정치적 자유[2)]]

〈부표 F-4〉 1990년 정치적 자유 지수 순위와 지표값

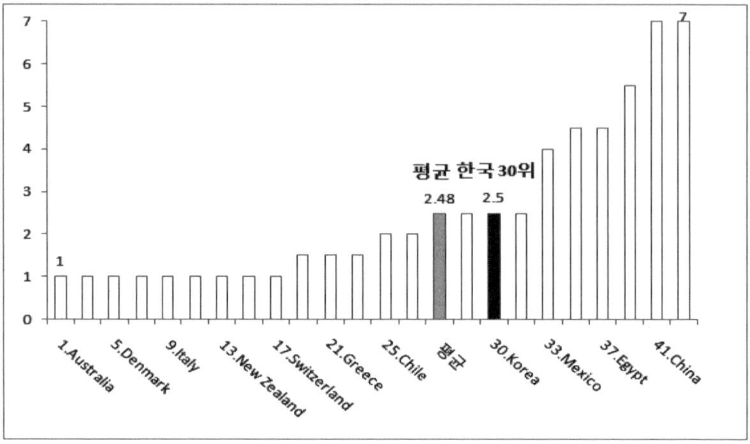

〈부표 F-5〉 2008년 정치적 자유 지수 순위와 지표값

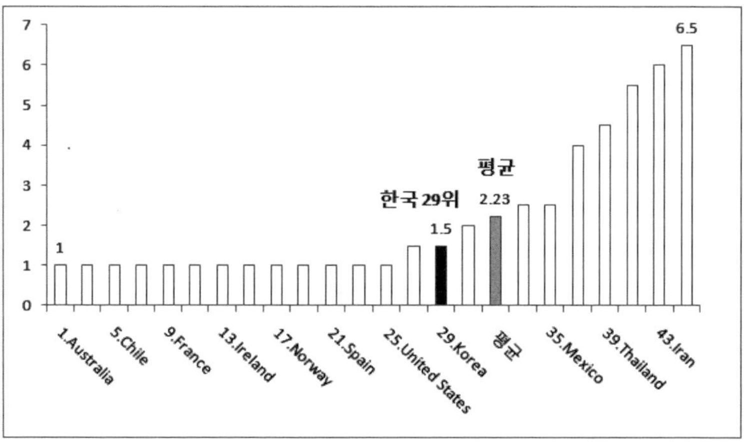

2) 지표값이 작을수록 정치적 자유 수준이 우수함.

〈부표 F-6〉 정치적 자유 순위와 지표값－1990년과 2008년

순위	국가명	1990년 지표값	순위	국가명	2008년 지표값
1	Australia	1	1	Australia	1
2	Austria	1	2	Austria	1
3	Belgium	1	3	Belgium	1
4	Canada	1	4	Canada	1
5	Denmark	1	5	Chile	1
6	Finland	1	6	Czech Republic	1
7	Iceland	1	7	Denmark	1
8	Ireland	1	8	Finland	1
9	Italy	1	9	France	1
10	Japan	1	10	Germany	1
11	Luxembourg	1	11	Hungary	1
12	Netherlands	1	12	Iceland	1
13	New Zealand	1	13	Ireland	1
14	Norway	1	14	Luxembourg	1
15	Spain	1	15	Netherlands	1
16	Sweden	1	16	New Zealand	1
17	Switzerland	1	17	Norway	1
18	United States	1	18	Poland	1
19	France	1.5	19	Portugal	1
20	Germany	1.5	20	Slovak Republic	1
21	Greece	1.5	21	Spain	1
22	Portugal	1.5	22	Sweden	1
23	United Kingdom	1.5	23	Switzerland	1
24	Argentina	2	24	United Kingdom	1
25	Chile	2	25	United States	1
26	Hungary	2	26	Greece	1.5
27	Poland	2	27	Italy	1.5
	평균	2.48	28	Japan	1.5
28	Brazil	2.5	29	Korea	1.5
29	India	2.5	30	Argentina	2
30	Korea	2.5	31	Brazil	2

31	Thailand	2.5	32	South Africa	2
32	Turkey	3		평균	2.23
33	Mexico	4	33	India	2.5
34	Singapore	4	34	Indonesia	2.5
35	Malaysia	4.5	35	Mexico	2.5
36	South Africa	4.5	36	Turkey	3
37	Egypt	4.5	37	Malaysia	4
38	Indonesia	5.5	38	Singapore	4.5
39	Iran	5.5	39	Thailand	4.5
40	Saudi Arabia	6.5	40	Russia	5.5
41	China	7	41	Egypt	5.5
42	Viet Nam	7	42	Viet Nam	6
43	Iraq	7	43	Iran	6
-	Czech Republic	-	44	Iraq	6
-	Russia	-	45	China	6.5
-	Slovak Republic	-	46	Saudi Arabia	6.5

[개인 보호 - 자유와 민주 - 언론 자유[3)]]

〈부표 F-7〉 2004년 언론 자유 지수 순위와 지표값

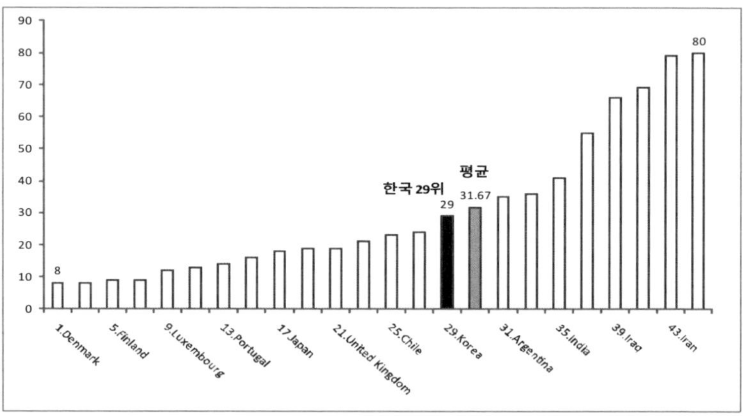

3) 지표값이 작을수록 언론 자유 수준이 우수함.

〈부표 F-8〉 2009년 언론 자유 지수 순위와 지표값

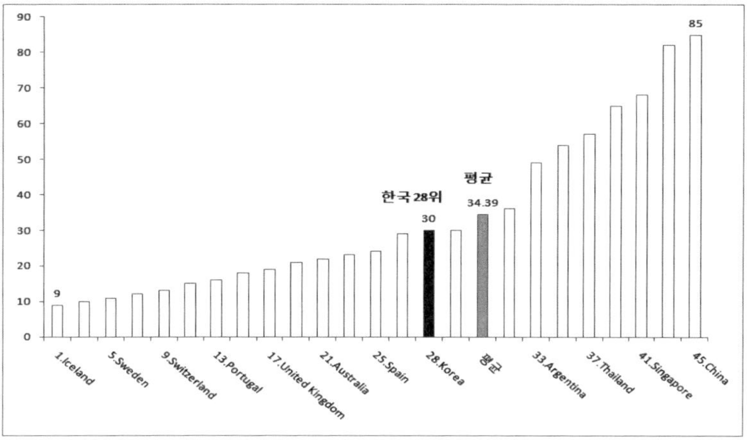

〈부표 F-9〉 언론 자유 순위와 지표값－2004년과 2009년

순위	국가명	2004년 지표값	순위	국가명	2009년 지표값
1	Denmark	8	1	Iceland	9
2	Iceland	8	2	Finland	10
3	Sweden	8	3	Norway	10
4	Belgium	9	4	Denmark	11
5	Finland	9	5	Sweden	11
6	Norway	9	6	Belgium	12
7	Switzerland	9	7	Luxembourg	12
8	New Zealand	10	8	Netherlands	13
9	Luxembourg	12	9	Switzerland	13
10	Netherlands	12	10	New Zealand	14
11	United States	13	11	Ireland	15
12	Australia	14	12	Germany	16
13	Portugal	14	13	Portugal	16
14	Canada	15	14	Czech Republic	18
15	Germany	16	15	United States	18
16	Ireland	16	16	Canada	19

17	Japan	18	17	United Kingdom	19
18	France	19	18	Austria	21
19	Poland	19	19	Hungary	21
20	Spain	19	20	Japan	21
21	United Kingdom	19	21	Australia	22
22	Hungary	20	22	France	22
23	Slovak Republic	21	23	Slovak Republic	23
24	Austria	23	24	Poland	24
25	Chile	23	25	Spain	24
26	Czech Republic	23	26	Chile	29
27	South Africa	24	27	Greece	29
28	Greece	28	28	Korea	30
29	Korea	29	29	South Africa	30
	평균	31.67	30	Italy	32
30	Italy	33		평균	34.39
31	Argentina	35	31	India	36
32	Brazil	36	32	Brazil	42
33	Mexico	36	33	Argentina	49
34	Thailand	39	34	Turkey	50
35	India	41	35	Indonesia	54
36	Turkey	52	36	Mexico	55
37	Indonesia	55	37	Thailand	57
38	Singapore	64	38	Egypt	60
39	Iraq	66	39	Malaysia	65
40	Russia	67	40	Iraq	67
41	Malaysia	69	41	Singapore	68
42	Egypt	76	42	Russia	80
43	Iran	79	43	Saudi Arabia	82
44	China	80	44	Viet Nam	83
45	Saudi Arabia	80	45	China	85
46	Viet Nam	82	46	Iran	85

[개인 보호 - 안전과 보호 - 경제적 안전(실업률)[4]]

〈부표 F-10〉 1990년 경제적 안전(실업률) 지수 순위와 지표값

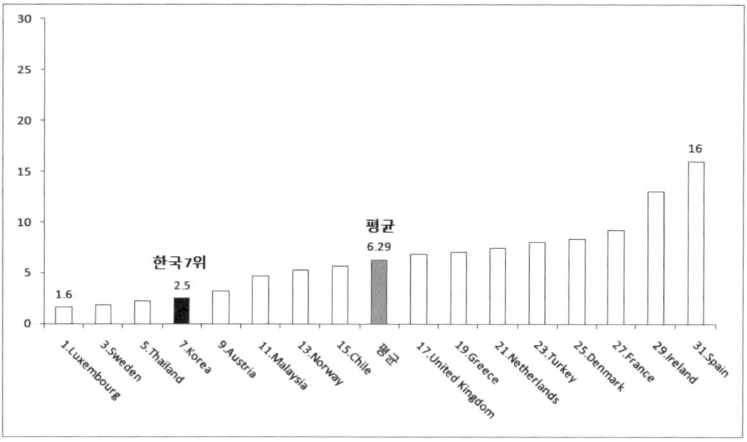

〈부표 F-11〉 2004년 경제적 안전(실업률) 지수 순위와 지표값

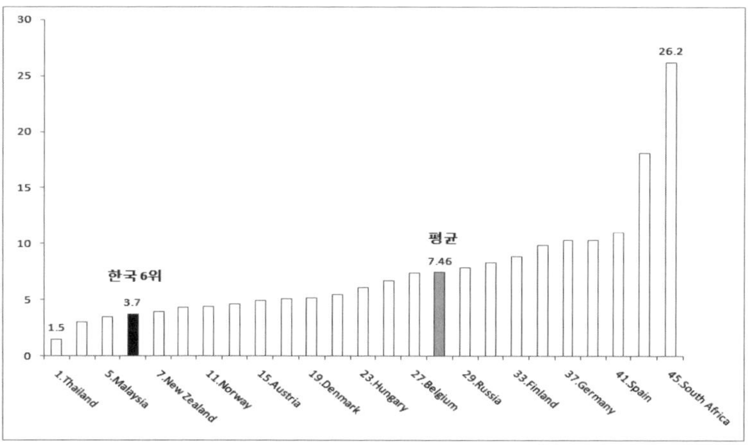

4) 지표값이 작을수록 경제적 안전 수준이 우수함.

〈부표 F-12〉 경제적 안전(실업률) 순위와 지표값–1990년과 2004년

순위	국가명	1990년 지표값	순위	국가명	2004년 지표값
1	Luxembourg	1.6	1	Thailand	1.5
2	Singapore	1.7	2	Viet Nam	2.1
3	Sweden	1.8	3	Mexico	3
4	Japan	2.1	4	Iceland	3.1
5	Thailand	2.2	5	Malaysia	3.5
6	China	2.5	6	Korea	3.7
7	Korea	2.5	7	New Zealand	3.9
8	Finland	3.1	8	China	4.2
9	Austria	3.2	9	Switzerland	4.3
10	Brazil	3.7	10	Ireland	4.4
11	Malaysia	4.7	11	Norway	4.4
12	Portugal	4.7	12	Iraq	4.4
13	Norway	5.3	13	United Kingdom	4.6
14	United States	5.6	14	Japan	4.7
15	Chile	5.7	15	Austria	4.9
16	Argentina	5.9	16	India	5
	평균	6.29	17	Luxembourg	5.1
17	United Kingdom	6.8	18	Netherlands	5.1
18	Australia	6.9	19	Denmark	5.2
19	Greece	7	20	Singapore	5.3
20	Belgium	7.2	21	Australia	5.5
21	Netherlands	7.4	22	United States	5.5
22	New Zealand	7.8	23	Hungary	6.1
23	Turkey	8	24	Sweden	6.5
24	Canada	8.1	25	Portugal	6.7
25	Denmark	8.3	26	Canada	7.2
26	Egypt	8.6	27	Belgium	7.4
27	France	9.2		평균	7.46
28	Italy	11.4	28	Chile	7.8
29	Ireland	13	29	Russia	7.9
30	Iraq	13	30	Italy	8
31	Spain	16	31	Czech Republic	8.3

-	Czech Republic	-	32	Brazil	8.9
-	Germany	-	33	Finland	8.9
-	Hungary	-	34	France	9.9
-	Iceland	-	35	Indonesia	9.9
-	India	-	36	Greece	10.2
-	Indonesia	-	37	Germany	10.3
-	Mexico	-	38	Turkey	10.3
-	Poland	-	39	Iran	10.3
-	Russia	-	40	Egypt	10.7
-	Saudi Arabia	-	41	Spain	11
-	Slovak Republic	-	42	Argentina	12.6
-	South Africa	-	43	Slovak Republic	18.1
-	Switzerland	-	44	Poland	19
-	Viet Nam	-	45	South Africa	26.2
-	Iran	-	-	Saudi Arabia	-

[개인 보호 - 안전과 보호 - 사회적 보호(인구 10만 명당 범죄건수)[5]]

〈부표 F-13〉 1990년 사회적 보호(인구 10만 명당 범죄건수) 순위와 지표값

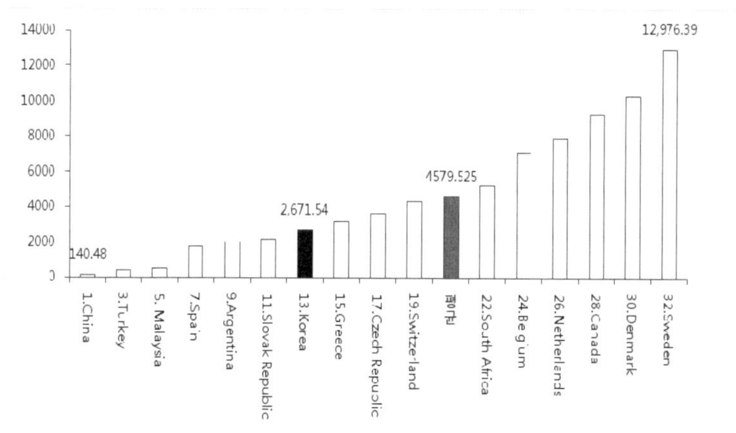

5) 지표값이 작을수록 사회적 보호 수준이 우수함.

〈부표 F-14〉 2004년 사회적 보호(인구 10만 명당 범죄건수) 순위와 지표값

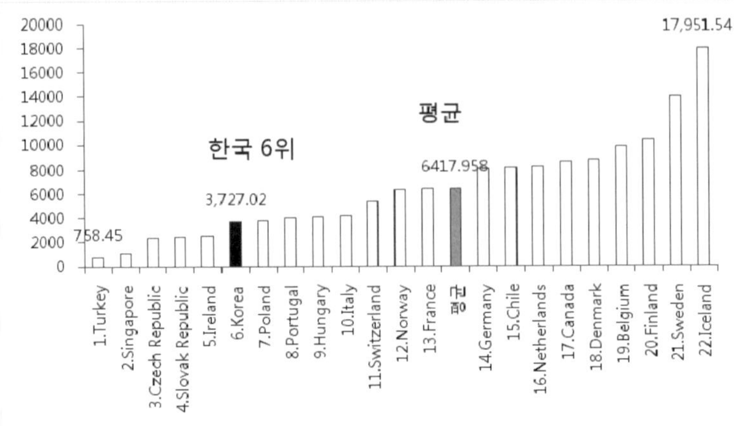

〈부표 F-15〉 사회적 보호(인구 10만 명당 범죄건수) 순위와 지표값—1990년과 2004년

순위	국가명	1990년 지표값	순위	국가명	2004년 지표값
1	China	140.48	1	Turkey	758.45
2	India	182.46	2	Singapore	1,062.09
3	Turkey	404.27	3	Czech Republic	2,393.80
4	Thailand	424.34	4	Slovak Republic	2,429.33
5	Malaysia	499.27	5	Ireland	2,516.41
6	Japan	1,421.36	6	Korea	3,727.02
7	Spain	1,744.39	7	Poland	3,784.33
8	Russia	1,860.17	8	Portugal	4,030.83
9	Argentina	2,024.63	9	Hungary	4,116.38
10	Singapore	2,045.47	10	Italy	4,177.09
11	Slovak Republic	2,148.89	11	Switzerland	5,401.06
12	Poland	2,526.57	12	Norway	6,322.53
13	Korea	2,671.54	13	France	6,401.72
14	Ireland	2,845.20		평균	6,417.96
15	Greece	3,146.97	14	Germany	8,039.48

16	Portugal	3,289.74	15	Chile	8,191.46
17	Czech Republic	3,635.95	16	Netherlands	8,244.67
18	Italy	3,963.86	17	Canada	8,634.42
19	Switzerland	4,331.77	18	Denmark	8,819.64
20	Chile	4,487.72	19	Belgium	9,823.22
	평균	4,579.53	20	Finland	10,390.66
21	Hungary	4,907.49	21	Sweden	13,978.95
22	South Africa	5,257.08	22	Iceland	17,951.54
23	Norway	6,557.34	-	Argentina	-
24	Belgium	7,080.93	-	Australia	-
25	Finland	7,471.65	-	Austria	-
26	Netherlands	7,909.98	-	Brazil	-
27	Germany	8,168.24	-	China	-
28	Canada	9,243.25	-	Greece	-
29	United States	9,921.37	-	India	-
30	Denmark	10,309.16	-	Indonesia	-
31	New Zealand	12,946.88	-	Japan	-
32	Sweden	12,976.39	-	Luxembourg	-
-	Australia	-	-	Malaysia	-
-	Austria	-	-	Mexico	-
-	Brazil	-	-	New Zealand	-
-	France	-	-	Russia	-
-	Iceland	-	-	Saudi Arabia	-
-	Indonesia	-	-	South Africa	-
-	Luxembourg	-	-	Spain	-
-	Mexico	-	-	Thailand	-
-	Saudi Arabia	-	-	United Kingdom	-
-	United Kingdom	-	-	United States	-
-	Viet Nam	-	-	Viet Nam	-
-	Iran	-	-	Iran	-
-	Iraq	-	-	Iraq	-
-	Egypt	-	-	Egypt	-

[개인 보호 - 안전과 보호 - 사회보장(GDP 대비 정부부문 사회보장 비중)[6]]

〈부표 F-16〉 1990년 사회보장 지수 순위와 지표값

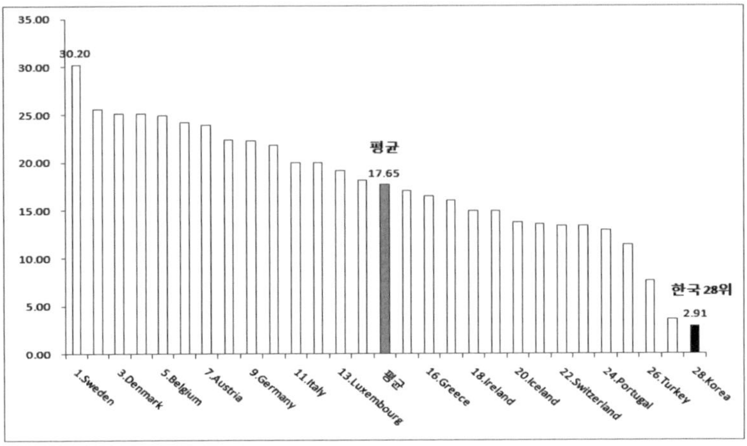

〈부표 F-17〉 2005년 사회보장 지수 순위와 지표값

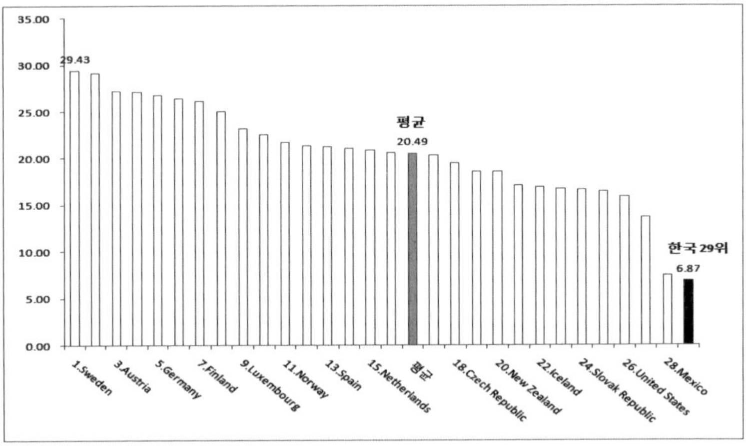

6) 지표값이 클수록 사회보장 수준이 우수함.

〈부표 F-18〉 사회보장 순위와 지표값–1990년과 2005년

순위	국가명	1990년 지표값	순위	국가명	2005년 지표값
1	Sweden	30.20	1	Sweden	29.43
2	Netherlands	25.57	2	France	29.17
3	Denmark	25.14	3	Austria	27.20
4	France	25.09	4	Denmark	27.08
5	Belgium	24.89	5	Germany	26.75
6	Finland	24.17	6	Belgium	26.40
7	Austria	23.87	7	Finland	26.10
8	Norway	22.31	8	Italy	24.98
9	Germany	22.28	9	Luxembourg	23.20
10	New Zealand	21.77	10	Hungary	22.54
11	Italy	19.95	11	Norway	21.64
12	Spain	19.95	12	United Kingdom	21.29
13	Luxembourg	19.14	13	Spain	21.24
14	Canada	18.12	14	Poland	21.03
	평균	17.65	15	Netherlands	20.88
15	United Kingdom	17.02	16	Greece	20.55
16	Greece	16.47		평균	20.49
17	Czech Republic	16.04	17	Switzerland	20.26
18	Ireland	14.93	18	Czech Republic	19.50
19	Poland	14.92	19	Japan	18.58
20	Iceland	13.74	20	New Zealand	18.55
21	Australia	13.56	21	Australia	17.11
22	Switzerland	13.37	22	Iceland	16.91
23	United States	13.36	23	Ireland	16.73
24	Portugal	12.89	24	Slovak Republic	16.61
25	Japan	11.42	25	Canada	16.49
26	Turkey	7.64	26	United States	15.91
27	Mexico	3.57	27	Turkey	13.68
28	Korea	2.91	28	Mexico	7.44
-	Hungary	-	29	Korea	6.87
-	Slovak Republic	-	-	Argentina	-
-	Argentina	-	-	Brazil	-

-	Brazil	-	-	Chile	-
-	Chile	-	-	China	-
-	China	-	-	India	-
-	India	-	-	Indonesia	-
-	Indonesia	-	-	Malaysia	-
-	Malaysia	-	-	Portugal	-
-	Russia	-	-	Russia	-
-	Saudi Arabia	-	-	Saudi Arabia	-
-	Singapore	-	-	Singapore	-
-	South Africa	-	-	South Africa	-
-	Thailand	-	-	Thailand	-
-	Viet Nam	-	-	Viet Nam	-
-	Iran	-	-	Iran	-
-	Iraq	-	-	Iraq	-
-	Egypt	-	-	Egypt	-

[공동체 건설 - 다양성과 관용 - 양성평등(성 격차 지수)[7)]]

〈부표 F-19〉 2006년 양성평등 지수 순위와 지표값

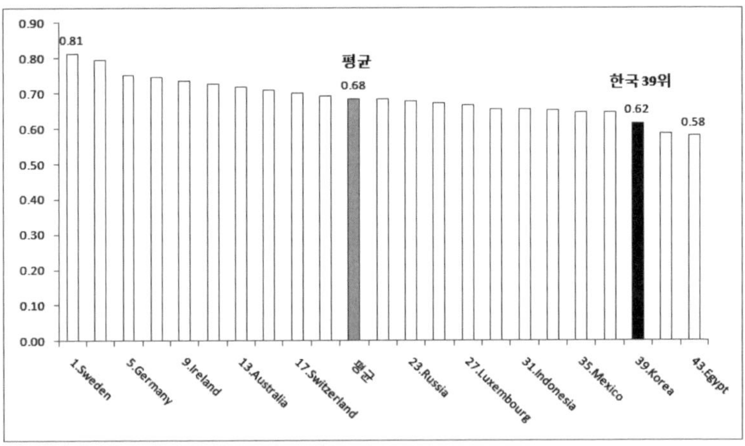

7) 지표값이 클수록 양성평등 수준이 우수함.

〈부표 F-20〉 2009년 양성평등 지수 순위와 지표값

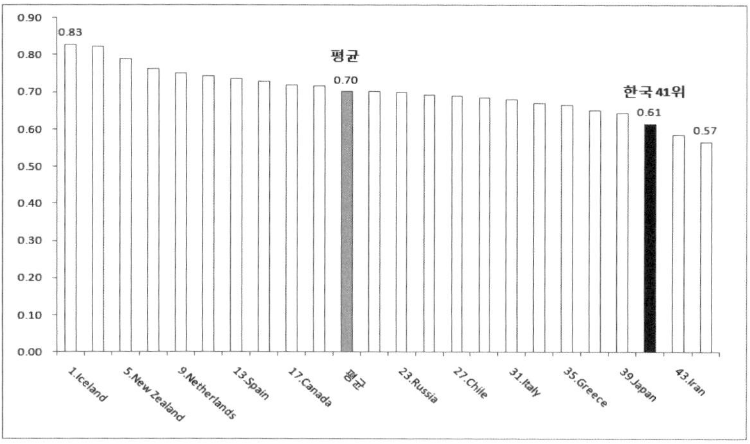

〈부표 F-21〉 양성평등 순위와 지표값–2006년과 2009년

순위	국가명	2006년 지표값	순위	국가명	2009년 지표값
1	Sweden	0.81	1	Iceland	0.83
2	Norway	0.80	2	Finland	0.83
3	Finland	0.80	3	Norway	0.82
4	Iceland	0.78	4	Sweden	0.81
5	Germany	0.75	5	New Zealand	0.79
6	New Zealand	0.75	6	South Africa	0.77
7	Denmark	0.75	7	Denmark	0.76
8	United Kingdom	0.74	8	Ireland	0.76
9	Ireland	0.73	9	Netherlands	0.75
10	Spain	0.73	10	Germany	0.74
11	Netherlands	0.73	11	Switzerland	0.74
12	Canada	0.72	12	United Kingdom	0.74
13	Australia	0.72	13	Spain	0.73
14	South Africa	0.71	14	France	0.73
15	Belgium	0.71	15	Australia	0.73
16	United States	0.70	16	Argentina	0.72

17	Switzerland	0.70	17	Canada	0.72
18	Austria	0.70	18	United States	0.72
19	Portugal	0.69	19	Belgium	0.72
	평균	0.68		평균	0.70
20	Thailand	0.68	20	Austria	0.70
21	Argentina	0.68	21	Portugal	0.70
22	Poland	0.68	22	Poland	0.70
23	Russia	0.68	23	Russia	0.70
24	Slovak Republic	0.68	24	China	0.69
25	Czech Republic	0.67	25	Thailand	0.69
26	Hungary	0.67	26	Luxembourg	0.69
27	Luxembourg	0.67	27	Chile	0.69
28	China	0.66	28	Hungary	0.69
29	Singapore	0.66	29	Slovak Republic	0.68
30	Brazil	0.65	30	Viet Nam	0.68
31	Indonesia	0.65	31	Italy	0.68
32	Greece	0.65	32	Czech Republic	0.68
33	France	0.65	33	Brazil	0.67
34	Malaysia	0.65	34	Singapore	0.67
35	Mexico	0.65	35	Greece	0.67
36	Italy	0.65	36	Indonesia	0.66
37	Chile	0.65	37	Mexico	0.65
38	Japan	0.64	38	Malaysia	0.65
39	Korea	0.62	39	Japan	0.64
40	India	0.60	40	India	0.62
41	Turkey	0.59	41	Korea	0.61
42	Iran	0.58	42	Egypt	0.59
43	Egypt	0.58	43	Iran	0.58
44	Saudi Arabia	0.52	44	Turkey	0.58
-	Viet Nam	-	45	Saudi Arabia	0.57
-	Iraq	-	-	Iraq	-

[공동체 건설 - 다양성과 관용 - 장애인 배려(장애노동자 관련 법률 수)[8]]

〈부표 F-22〉 1990년 장애인 배려 지수 순위와 지표값

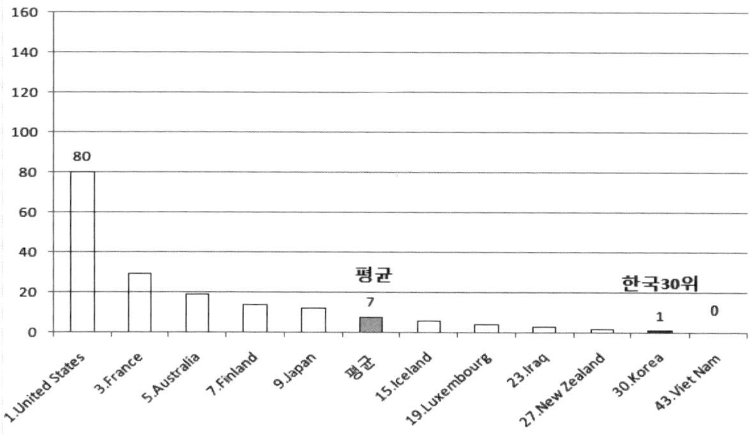

〈부표 F-23〉 2009년 장애인 배려 지수 순위와 지표값

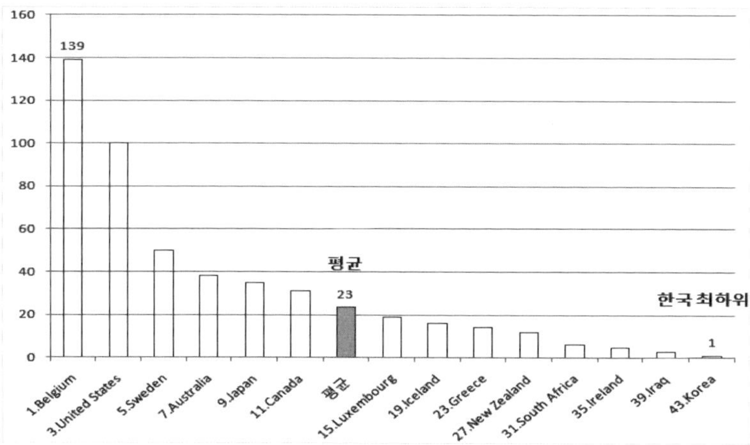

8) 지표값이 클수록 장애인 배려 수준이 우수함.

〈부표 F-24〉 장애인 배려 순위와 지표값—1990년과 2009년

순위	국가명	1990년 지표값	순위	국가명	2009년 지표값
1	United States	80	1	Belgium	139
2	Belgium	32	2	France	104
3	France	29	3	United States	100
4	Spain	20	4	Spain	50
5	Australia	19	5	Sweden	50
6	Canada	18	6	Poland	44
7	Finland	14	7	Australia	38
8	Germany	13	8	Netherlands	37
9	Japan	12	9	Japan	35
10	Argentina	9	10	Finland	34
11	Poland	9	11	Canada	31
12	Austria	8	12	Argentina	29
	평균	7.627907	13	United Kingdom	24
13	Netherlands	7		평균	23.39535
14	Chile	6	14	Germany	21
15	Iceland	6	15	Luxembourg	19
16	Italy	6	16	Norway	19
17	Norway	6	17	Russia	18
18	United Kingdom	5	18	Denmark	16
19	Luxembourg	4	19	Iceland	16
20	Hungary	3	20	Portugal	16
21	Portugal	3	21	Hungary	15
22	South Africa	3	22	Austria	14
23	Iraq	3	23	Greece	14
24	Egypt	3	24	Italy	13
25	Brazil	2	25	Turkey	13
26	China	2	26	Chile	12
27	New Zealand	2	27	New Zealand	12
28	Sweden	2	28	Brazil	10
29	Indonesia	1	29	Viet Nam	9
30	Korea	1	30	China	6
31	Czech Republic	0	31	South Africa	6

32	Denmark	0	32	Switzerland	6
33	Greece	0	33	Thailand	6
34	India	0	34	Egypt	6
35	Ireland	0	35	Ireland	5
36	Mexico	0	36	Czech Republic	4
37	Russia	0	37	Mexico	4
38	Saudi Arabia	0	38	Slovak Republic	3
39	Slovak Republic	0	39	Iraq	3
40	Switzerland	0	40	India	2
41	Thailand	0	41	Indonesia	1
42	Turkey	0	42	Korea	1
43	Viet Nam	0	43	Saudi Arabia	1
-	Malaysia	-	-	Malaysia	-
-	Singapore	-	-	Singapore	-
-	Iran	-	-	Iran	-

[공동체 건설 - 다양성과 관용 - 타인에 대한 관용[9]]

〈부표 F-25〉 1990년 타인에 대한 관용 지수 순위와 지표값

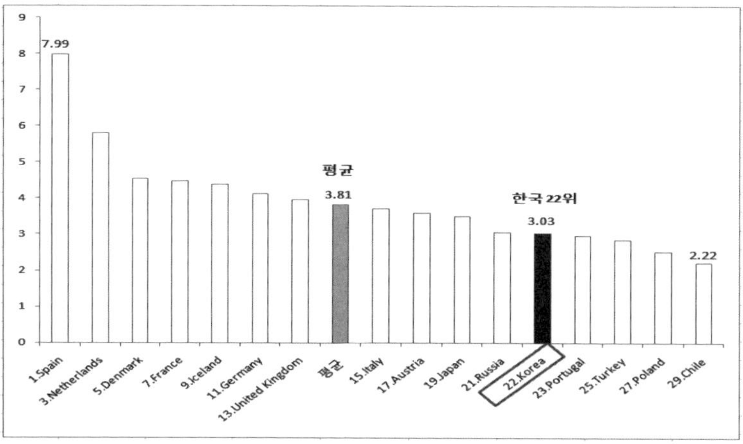

9) 지표값이 클수록 타인에 대한 관용 수준이 우수함.

〈부표 F-26〉 2005~2008년 타인에 대한 관용 지수 순위와 지표값

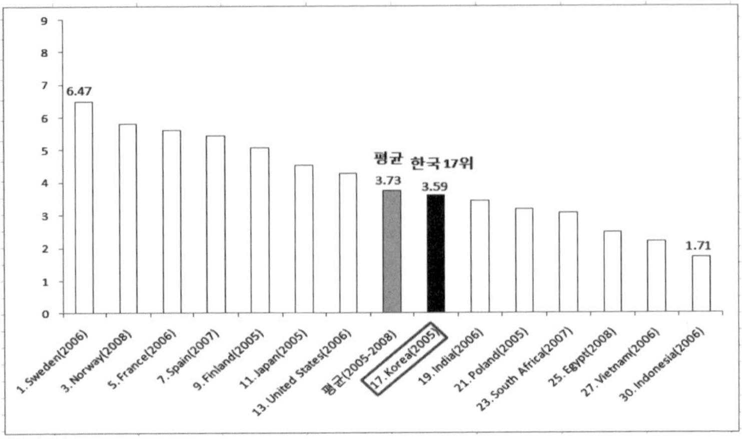

〈부표 F-27〉 타인에 대한 관용 순위와 지표값–1990년과 2005~2008년

순위	국가명	1990년 지표값	순위	국가명	2005~2008년 지표값
1	Spain	7.99	1	Sweden(2006)	6.47
2	Czech Republic	5.80	2	Switzerland(2007)	5.93
3	Netherlands	5.80	3	Norway(2008)	5.81
4	Finland	5.40	4	Netherlands(2006)	5.77
5	Denmark	4.54	5	France(2006)	5.59
6	Slovak Republic	4.51	6	Australia(2005)	5.48
7	France	4.47	7	Spain(2007)	5.42
8	Sweden	4.46	8	Germany(2006)	5.09
9	Iceland	4.38	9	Finland(2005)	5.05
10	Canada	4.31	10	Canada(2006)	4.63
11	Germany	4.12	11	Japan(2005)	4.53
12	Belgium	3.97	12	Argentina(2006)	4.41
13	United Kingdom	3.96	13	United States(2006)	4.28
14	Norway	3.89	14	Chile(2005)	4.05
	평균	3.81	15	Mexico(2005)	3.94
15	Italy	3.71		평균(2005~2008)	3.73

16	Mexico	3.68	16	Russia(2006)	3.68
17	Austria	3.59	17	Korea(2005)	3.59
18	China	3.56	18	Brazil(2006)	3.44
19	Japan	3.50	19	India(2006)	3.42
20	United States	3.45	20	Italy(2005)	3.39
21	Russia	3.06	21	Poland(2005)	3.17
22	Korea	3.03	22	Malaysia(2006)	3.12
23	Portugal	2.97	23	South Africa(2007)	3.06
24	South Africa	2.85	24	Thailand(2007)	2.90
25	Turkey	2.85	25	Egypt(2008)	2.46
26	Ireland	2.77	26	Turkey(2007)	2.28
27	Poland	2.52	27	Vietnam(2006)	2.20
28	India	2.27	28	China(2007)	2.17
29	Chile	2.22	29	Iran(2007)	2.17
			30	Indonesia(2006)	1.71

[공동체 건설 - 다양성과 관용 - 외국인 비율[10]]

〈부표 F-28〉 1990년 외국인 비율 지수 순위와 지표값

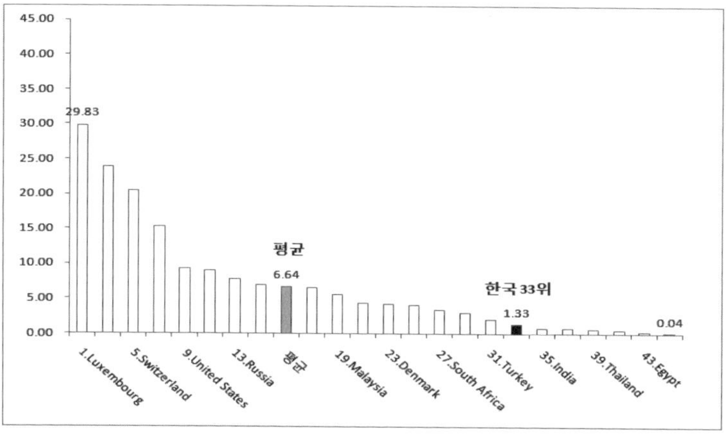

10) 지표값이 클수록 외국인 비율 수준이 우수함.

〈부표 F-29〉 2005년 외국인 비율 지수 순위와 지표값

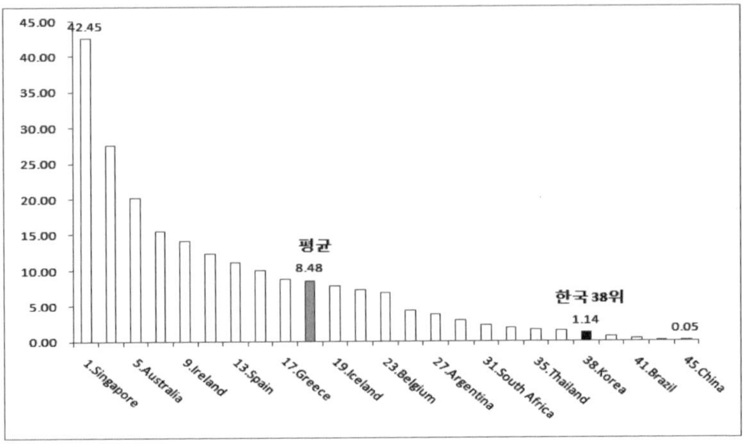

〈부표 F-30〉 외국인 비율 순위와 지표값－1990년과 2005년

순위	국가명	1990년 지표값	순위	국가명	2005년 지표값
1	Luxembourg	29.83	1	Singapore	42.45
2	Saudi Arabia	28.96	2	Luxembourg	38.02
3	Singapore	23.87	3	Saudi Arabia	27.51
4	Australia	23.35	4	Switzerland	22.32
5	Switzerland	20.51	5	Australia	20.08
6	Canada	15.54	6	Canada	18.90
7	New Zealand	15.35	7	New Zealand	15.53
8	France	10.41	8	Austria	14.98
9	United States	9.31	9	Ireland	14.08
10	Sweden	9.12	10	United States	12.94
11	Belgium	9.02	11	Sweden	12.38
12	Netherlands	7.97	12	Germany	12.30
13	Russia	7.77	13	Spain	11.04
14	Germany	7.47	14	France	10.63
15	Iran	7.00	15	Netherlands	10.04
	평균	6.64	16	United Kingdom	8.98

16	Ireland	6.56	17	Greece	8.77
17	United Kingdom	6.52		평균	8.48
18	Austria	6.14	18	Russia	8.44
19	Malaysia	5.60	19	Iceland	7.78
20	Argentina	5.06	20	Norway	7.44
21	Portugal	4.40	21	Portugal	7.24
22	Norway	4.36	22	Denmark	7.17
23	Denmark	4.28	23	Belgium	6.86
24	Czech Republic	4.10	24	Malaysia	6.39
25	Greece	4.05	25	Czech Republic	4.43
26	Iceland	3.53	26	Italy	4.30
27	South Africa	3.48	27	Argentina	3.87
28	Hungary	3.35	28	Hungary	3.13
29	Poland	2.96	29	Finland	2.98
30	Italy	2.37	30	Iran	2.84
31	Turkey	2.05	31	South Africa	2.36
32	Spain	1.97	32	Slovak Republic	2.31
33	Korea	1.33	33	Turkey	1.84
34	Finland	1.22	34	Poland	1.84
35	India	0.88	35	Thailand	1.67
36	Mexico	0.84	36	Japan	1.60
37	Chile	0.82	37	Chile	1.42
38	Slovak Republic	0.78	38	Korea	1.14
39	Thailand	0.72	39	Mexico	0.63
40	Japan	0.71	40	India	0.52
41	Brazil	0.54	41	Brazil	0.34
42	Iraq	0.45	42	Egypt	0.23
43	Egypt	0.32	43	Iraq	0.10
44	Indonesia	0.26	44	Indonesia	0.07
45	Viet Nam	0.04	45	China	0.05
46	China	0.03	46	Viet Nam	0.03

[공동체 건설 - 신뢰와 참여 - 일반인에 대한 신뢰[11]]

〈부표 F-31〉 1990년 일반인에 대한 신뢰 지수 순위와 지표값

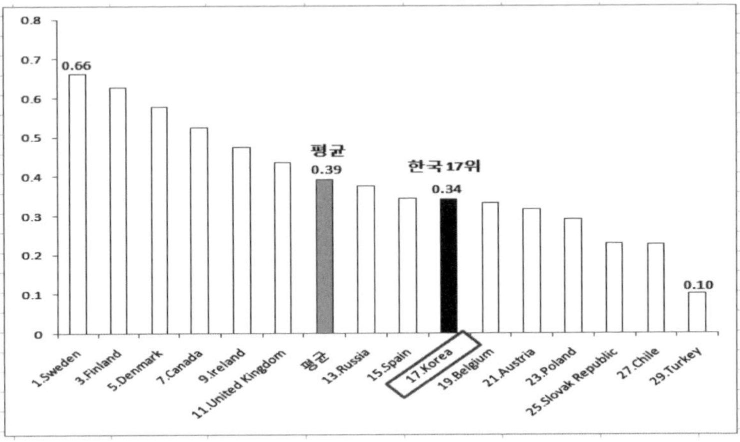

〈부표 F-32〉 2005~2008년 일반인에 대한 신뢰 지수 순위와 지표값

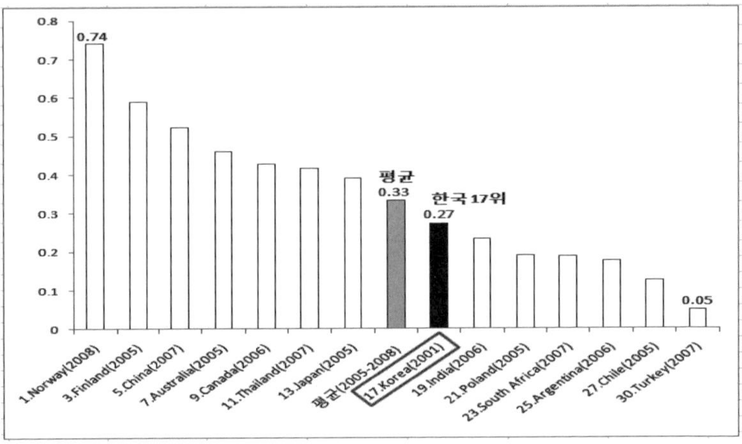

11) 지표값이 클수록 일반인에 대한 신뢰 수준이 우수함.

〈부표 F-33〉 일반인에 대한 신뢰 순위와 지표값–1990년과 2005~2008년

순위	국가명	1990년 지표값	순위	국가명	2005~2008년 지표값
1	Sweden	0.66	1	Norway(2008)	0.74
2	Norway	0.65	2	Sweden(2006)	0.68
3	Finland	0.63	3	Finland(2005)	0.59
4	China	0.60	4	Switzerland(2007)	0.54
5	Denmark	0.58	5	China(2007)	0.52
6	Netherlands	0.53	6	Vietnam(2006)	0.52
7	Canada	0.52	7	Australia(2005)	0.46
8	United States	0.52	8	Netherlands(2006)	0.45
9	Ireland	0.47	9	Canada(2006)	0.43
10	Iceland	0.44	10	Indonesia(2006)	0.43
11	United Kingdom	0.44	11	Thailand(2007)	0.42
12	Japan	0.42	12	United States(2006)	0.39
	평균	0.39	13	Japan(2005)	0.39
13	Russia	0.38	14	Germany(2006)	0.37
14	India	0.35		평균(2005~2008)	0.33
15	Spain	0.34	15	United Kingdom(2006)	0.31
16	Italy	0.34	16	Italy(2005)	0.29
17	Korea	0.34	17	Korea(2001)	0.27
18	Mexico	0.34	18	Russia(2006)	0.26
19	Belgium	0.33	19	India(2006)	0.23
20	Germany	0.32	20	Spain(2007)	0.20
21	Austria	0.32	21	Poland(2005)	0.19
22	Czech Republic	0.30	22	France(2006)	0.19
23	Poland	0.29	23	South Africa(2007)	0.19
24	South Africa	0.28	24	Egypt(2008)	0.19
25	Slovak Republic	0.23	25	Argentina(2006)	0.18
26	France	0.23	26	Mexico(2005)	0.16
27	Chile	0.23	27	Chile(2005)	0.13
28	Portugal	0.21	28	Brazil(2006)	0.09
29	Turkey	0.10	29	Malaysia(2006)	0.09
			30	Turkey(2007)	0.05

[공동체 건설 - 신뢰와 참여 - 기관에 대한 신뢰[12]]

〈부표 F-34〉 1990년 기관에 대한 신뢰 지수 순위와 지표값

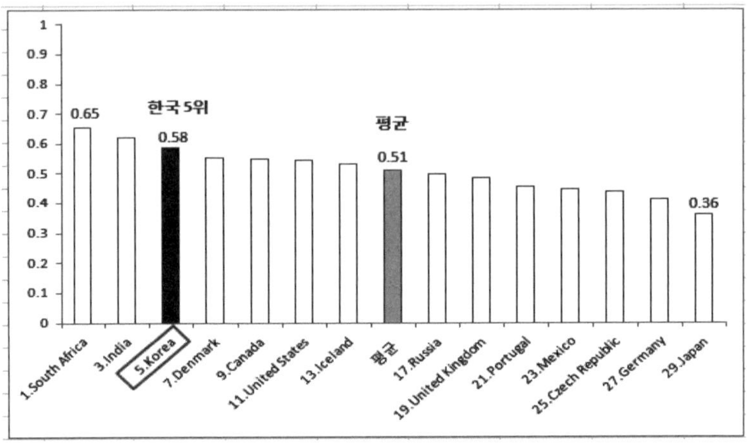

〈부표 F-35〉 2005~2008년 기관에 대한 신뢰 지수 순위와 지표값

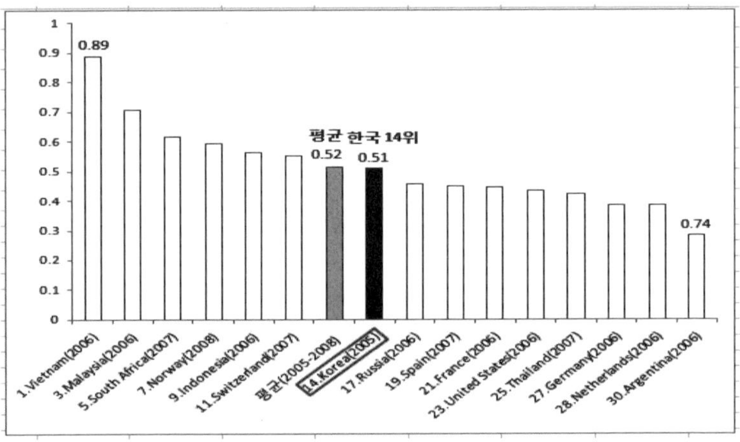

---

12) 지표값이 클수록 기관에 대한 신뢰 수준이 우수함.

〈부표 F-36〉 기관에 대한 신뢰 순위와 지표값－1990년과 2005~2008년

순위	국가명	1990년 지표값	순위	국가명	2005~2008년 지표값
1	South Africa	0.65	1	Vietnam(2006)	0.89
2	China	0.62	2	China(2007)	0.78
3	India	0.62	3	Malaysia(2006)	0.71
4	Norway	0.61	4	India(2006)	0.64
5	Korea	0.58	5	South Africa(2007)	0.62
6	Ireland	0.58	6	Finland(2005)	0.61
7	Denmark	0.55	7	Norway(2008)	0.59
8	Turkey	0.55	8	Egypt(2008)	0.58
9	Canada	0.55	9	Indonesia(2006)	0.56
10	Chile	0.55	10	Turkey(2007)	0.56
11	United States	0.54	11	Switzerland(2007)	0.55
12	Poland	0.54	12	Sweden(2006)	0.55
13	Iceland	0.53		평균(2005~2008)	0.52
14	France	0.53	13	Canada(2006)	0.52
	평균	0.51	14	Korea(2005)	0.51
15	Sweden	0.50	15	Brazil(2006)	0.51
16	Netherlands	0.50	16	Japan(2005)	0.47
17	Russia	0.50	17	Russia(2006)	0.46
18	Finland	0.49	18	Chile(2005)	0.45
19	United Kingdom	0.48	19	Spain(2007)	0.45
20	Belgium	0.47	20	Mexico(2005)	0.45
21	Portugal	0.46	21	France(2006)	0.45
22	Austria	0.45	22	Italy(2005)	0.44
23	Mexico	0.45	23	United States(2006)	0.43
24	Italy	0.44	24	Australia(2005)	0.43
25	Czech Republic	0.44	25	Thailand(2007)	0.42
26	Spain	0.44	26	Iran(2007)	0.41
27	Germany	0.41	27	Germany(2006)	0.39
28	Slovak Republic	0.38	28	Netherlands(2006)	0.39
29	Japan	0.36	29	Poland(2005)	0.37
			30	Argentina(2006)	0.28

[공동체 건설 - 신뢰와 참여 - 사회단체 참여정도[13)]]

〈부표 F-37〉 1990년 사회단체 참여정도 지수 순위와 지표값

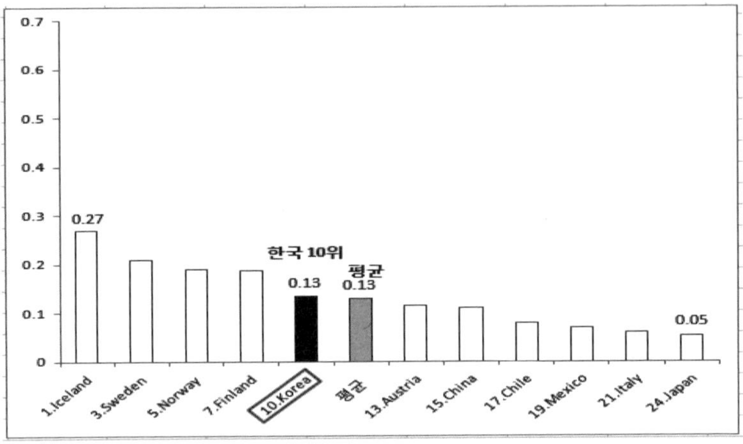

〈부표 F-38〉 2005~2008년 사회단체 참여정도 지수 순위와 지표값

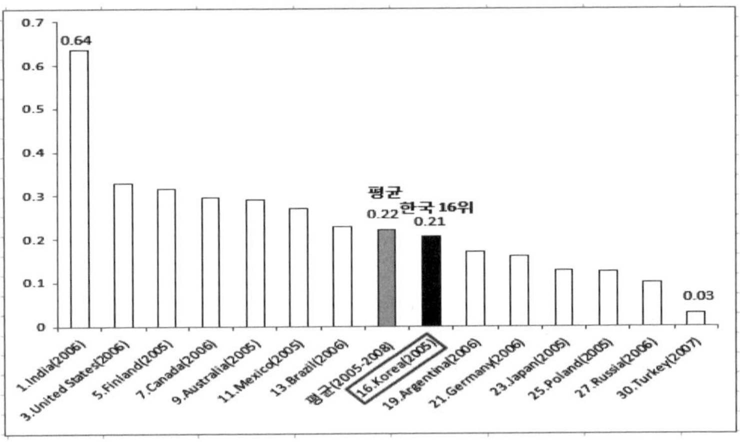

13) 지표값이 클수록 사회단체 참여수준이 우수함.

〈부표 F-39〉 사회단체 참여 정도 순위와 지표값－1990년과 2005~2008년

순위	국가명	1990년 지표값	순위	국가명	2005~2008년 지표값
1	Iceland	0.27	1	India(2006)	0.64
2	Netherlands	0.25	2	South Africa(2007)	0.36
3	Sweden	0.21	3	United States(2006)	0.33
4	United States	0.19	4	Sweden(2006)	0.32
5	Norway	0.19	5	Finland(2005)	0.32
6	Denmark	0.19	6	Indonesia(2006)	0.30
7	Finland	0.19	7	Canada(2006)	0.30
8	Canada	0.16	8	Switzerland(2007)	0.29
9	Germany	0.15	9	Australia(2005)	0.29
10	Korea	0.13	10	Norway(2008)	0.28
	평균	0.13	11	Mexico(2005)	0.27
11	Russia	0.13	12	Thailand(2007)	0.24
12	Belgium	0.12	13	Brazil(2006)	0.23
13	Austria	0.12	14	Chile(2005)	0.23
14	United Kingdom	0.11	15	Netherlands(2006)	0.22
15	China	0.11		평균(2005~2008)	0.22
16	Ireland	0.10	16	Korea(2005)	0.21
17	Chile	0.08	17	Malaysia(2006)	0.21
18	Spain	0.07	18	Iran(2007)	0.18
19	Mexico	0.07	19	Argentina(2006)	0.17
20	France	0.07	20	Italy(2005)	0.17
21	Italy	0.06	21	Germany(2006)	0.16
22	Poland	0.06	22	France(2006)	0.14
23	Portugal	0.06	23	Japan(2005)	0.13
24	Japan	0.05	24	Vietnam(2006)	0.13
			25	Poland(2005)	0.12
			26	China(2007)	0.12
			27	Russia(2006)	0.10
			28	Spain(2007)	0.10
			29	Egypt(2008)	0.03
			30	Turkey(2007)	0.03

[국제사회 기여 - 국제사회 참여 - 국제정부기구 참여[14)]]

〈부표 F-40〉 1990년 국제정부기구 참여 지수 순위와 지표값

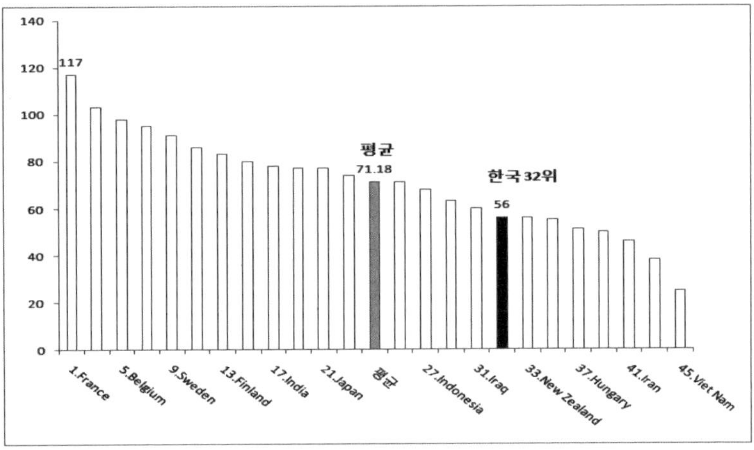

〈부표 F-41〉 2000년 국제정부기구 참여 지수 순위와 지표값

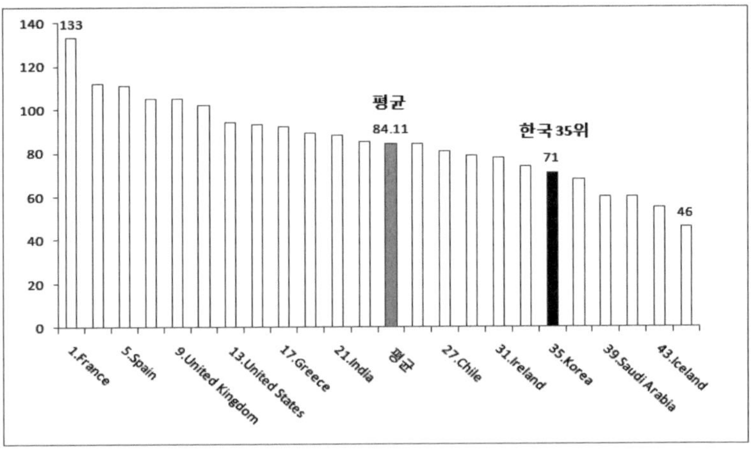

14) 지표값이 클수록 국제정부기구 참여 수준이 우수함.

〈부표 F-42〉 국제정부기구 참여 순위와 지표값-1990년과 2000년

순위	국가명	1990년 지표값	순위	국가명	2000년 지표값
1	France	117	1	France	133
2	Netherlands	104	2	Germany	113
3	Germany	103	3	Netherlands	112
4	United Kingdom	100	4	Italy	111
5	Belgium	98	5	Spain	111
6	Italy	96	6	Belgium	110
7	Denmark	95	7	Denmark	105
8	Spain	95	8	Sweden	105
9	Sweden	91	9	United Kingdom	105
10	Norway	88	10	Finland	103
11	United States	86	11	Portugal	102
12	Canada	84	12	Norway	98
13	Finland	83	13	United States	94
14	Portugal	81	14	Egypt	94
15	Egypt	80	15	Switzerland	93
16	Australia	79	16	Austria	92
17	India	78	17	Greece	92
18	Switzerland	78	18	Canada	90
19	Brazil	77	19	Brazil	89
20	Greece	77	20	Mexico	89
21	Japan	77	21	India	88
22	Argentina	74	22	Russia	86
23	Austria	74	23	Japan	85
24	Mexico	73		평균	84.11
	평균	71.18	24	Argentina	84
25	Luxembourg	71	25	Luxembourg	84
26	Ireland	69	26	Poland	82
27	Indonesia	68	27	Chile	81
28	Chile	64	28	Indonesia	79
29	Turkey	63	29	Turkey	79
30	Malaysia	61	30	Australia	78
31	Iraq	60	31	Ireland	78

32	Korea	56	32	Hungary	75
33	New Zealand	56	33	China	74
34	Thailand	56	34	Malaysia	74
35	Poland	55	35	Korea	71
36	China	52	36	Thailand	71
37	Hungary	51	37	Czech Republic	68
38	Saudi Arabia	51	38	New Zealand	62
39	Iceland	50	39	Saudi Arabia	60
40	Russia	50	40	Slovak Republic	60
41	Iran	46	41	South Africa	60
42	Czech Republic	38	42	Iraq	57
43	Singapore	38	43	Iceland	55
44	South Africa	35	44	Iran	54
45	Viet Nam	25	45	Singapore	46
-	Slovak Republic	-	46	Viet Nam	37

[국제사회 기여 - 국제협력 - 공적개발원조(GNI 대비 ODA 공여액 비율)[15)]]

〈부표 F-43〉 1990년 공적재발원조(GNI 대비 ODA 공여액 비율) 지수 순위와 지표값

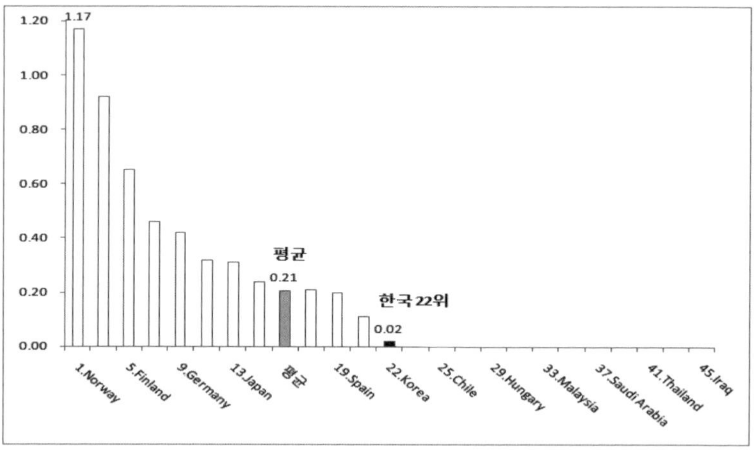

15) 지표값이 클수록 공적개발원조 수준이 우수함.

〈부표 F-44〉 2009년 공적재발원조(GNI 대비 ODA 공여액 비율) 지수 순위와 지표값

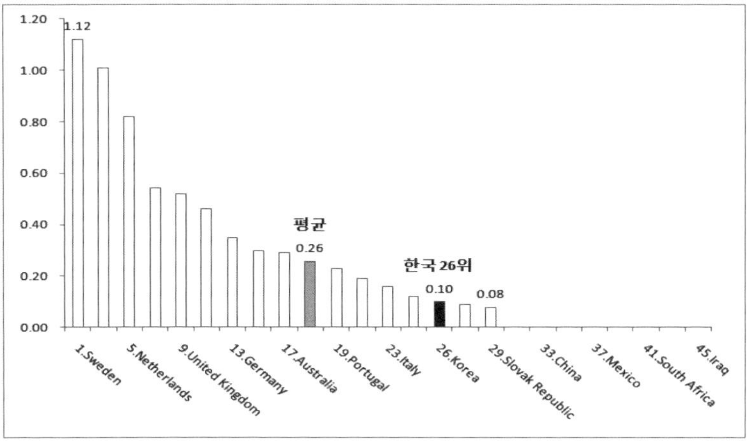

〈부표 F-45〉 공적개발원조 순위와 지표값-1990년과 2009년

순위	국가명	1990년 지표값	순위	국가명	2009년 지표값
1	Norway	1.17	1	Sweden	1.12
2	Denmark	0.94	2	Norway	1.06
3	Netherlands	0.92	3	Luxembourg	1.01
4	Sweden	0.91	4	Denmark	0.88
5	Finland	0.65	5	Netherlands	0.82
6	France	0.60	6	Belgium	0.55
7	Belgium	0.46	7	Finland	0.54
8	Canada	0.44	8	Ireland	0.54
9	Germany	0.42	9	United Kingdom	0.52
10	Australia	0.34	10	Switzerland	0.47
11	Switzerland	0.32	11	France	0.46
12	Italy	0.31	12	Spain	0.46
13	Japan	0.31	13	Germany	0.35
14	United Kingdom	0.27	14	Iceland	0.33
15	Portugal	0.24	15	Austria	0.30

16	New Zealand	0.23	16	Canada	0.30
	평균	0.21	17	Australia	0.29
17	Luxembourg	0.21	18	New Zealand	0.29
18	United States	0.21		평균	0.26
19	Spain	0.20	19	Portugal	0.23
20	Ireland	0.16	20	United States	0.20
21	Austria	0.11	21	Greece	0.19
22	Korea	0.02	22	Japan	0.18
23	Argentina	0.00	23	Italy	0.16
24	Brazil	0.00	24	Czech Republic	0.12
25	Chile	0.00	25	Turkey	0.12
26	China	0.00	26	Korea	0.10
27	Czech Republic	0.00	27	Hungary	0.09
28	Greece	0.00	28	Poland	0.08
29	Hungary	0.00	29	Slovak Republic	0.08
30	Iceland	0.00	30	Argentina	0.00
31	India	0.00	31	Brazil	0.00
32	Indonesia	0.00	32	Chile	0.00
33	Malaysia	0.00	33	China	0.00
34	Mexico	0.00	34	India	0.00
35	Poland	0.00	35	Indonesia	0.00
36	Russia	0.00	36	Malaysia	0.00
37	Saudi Arabia	0.00	37	Mexico	0.00
38	Singapore	0.00	38	Russia	0.00
39	Slovak Republic	0.00	39	Saudi Arabia	0.00
40	South Africa	0.00	40	Singapore	0.00
41	Thailand	0.00	41	South Africa	0.00
42	Turkey	0.00	42	Thailand	0.00
43	Viet Nam	0.00	43	Viet Nam	0.00
44	Iran	0.00	44	Iran	0.00
45	Iraq	0.00	45	Iraq	0.00
46	Egypt	0.00	46	Egypt	0.00

[국제사회 기여 - 국제협력 - 평화유지활동16)]

〈부표 F-46〉 2000년 평화유지활동 지수 순위와 지표값

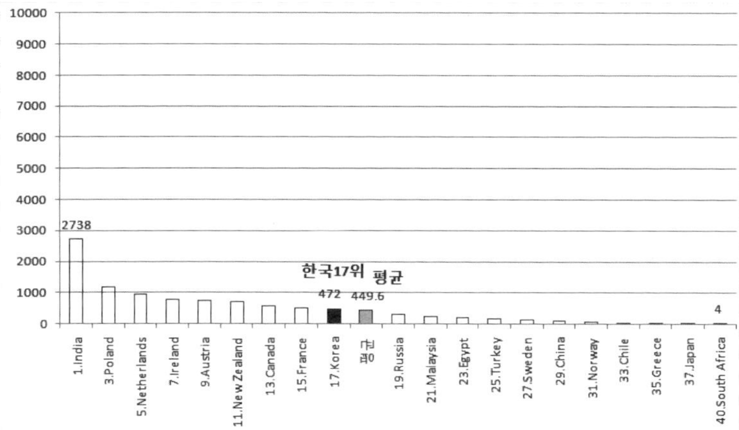

〈부표 F-47〉 2009년 평화유지활동 지수 순위와 지표값

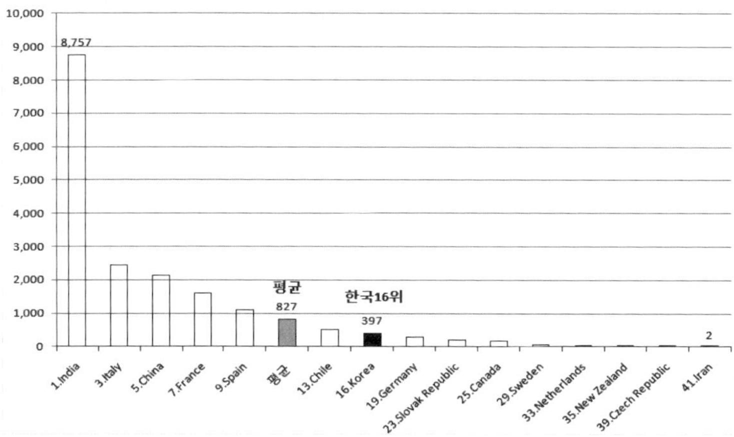

16) 지표값이 클수록 평화유지활동 수준이 우수함.

〈부표 F-48〉 평화유지활동 순위와 지표값–2000년과 2009년

순위	국가명	2000년 지표값	순위	국가명	2009년 지표값
1	India	2738	1	India	8,757
2	Australia	1629	2	Egypt	5155
3	Poland	1192	3	Italy	2,451
4	Portugal	990	4	South Africa	2178
5	Netherlands	946	5	China	2,136
6	United States	885	6	Indonesia	1,657
7	Ireland	782	7	France	1,610
8	Thailand	765	8	Brazil	1,344
9	Austria	731	9	Spain	1092
10	Finland	723	10	Malaysia	1067
11	New Zealand	723	11	Argentina	861
12	United Kingdom	594		평균	827.05
13	Canada	568	12	Turkey	752
14	Argentina	522	13	Chile	525
15	France	498	14	Ireland	464
16	Germany	481	15	Austria	451
17	Korea	472	16	Korea	397
	평균	449.6	17	Russia	365
18	Denmark	306	18	Portugal	350
19	Russia	290	19	Germany	288
20	Italy	276	20	United Kingdom	282
21	Malaysia	225	21	Belgium	267
22	Spain	195	22	Norway	214
23	Egypt	189	23	Slovak Republic	198
24	Slovak Republic	161	24	Denmark	175
25	Turkey	155	25	Canada	170
26	Hungary	154	26	Finland	101
27	Sweden	152	27	Hungary	94
28	Singapore	104	28	United States	75
29	China	98	29	Sweden	60
30	Brazil	95	30	Australia	58

31	Norway	75	31	Greece	55
32	Indonesia	49	32	Thailand	45
33	Chile	47	33	Netherlands	40
34	Czech Republic	44	34	Japan	39
35	Greece	40	35	New Zealand	38
36	Switzerland	34	36	Poland	36
37	Japan	30	37	Switzerland	25
38	Belgium	17	38	Singapore	23
39	Iceland	5	39	Czech Republic	10
40	South Africa	4	40	Iceland	2
-	Luxembourg	-	41	Iran	2
-	Mexico	-	-	Luxembourg	-
-	Saudi Arabia	-	-	Mexico	-
-	Viet Nam	-	-	Saudi Arabia	-
-	Iran	-	-	Viet Nam	-
-	Iraq	-	-	Iraq	-

부표 G 국가별 사회통합 요소 표준화 지수

〈부표 G-1〉 국가별 사회통합 요소 표준화 지수

국가	사회체제신뢰			포용성			행복		
	순위	평균	SD	순위	평균	SD	순위	평균	SD
Ghana	5	0.52	0.99	29	-0.39	0.86	26	-0.07	1.21
Georgia	30	-0.44	0.90	32	-0.66	1.10	34	-0.78	1.01
South Africa	7	0.38	0.94	14	0.37	0.52	7	0.27	1.14
Norway	8	0.23	0.57	2	0.66	0.40	4	0.42	0.73
Korea	17	-0.08	0.74	35	-0.77	1.19	28	-0.28	0.86
Germany	29	-0.40	0.75	10	0.44	0.64	27	-0.22	0.98
Romania	32	-0.49	0.83	20	0.01	0.97	33	-0.60	1.05
Malaysia	4	0.56	0.85	31	-0.64	0.84	17	0.08	0.73
Mali	6	0.44	1.05	27	-0.34	1.00	23	-0.02	1.10
Moldova	36	-0.70	0.77	26	-0.29	0.89	37	-0.98	1.07
United States	24	-0.26	0.72	11	0.42	0.61	13	0.17	0.86
Vietnam	1	1.81	0.69	33	-0.68	1.39	14	0.16	0.74
Burkina Faso	15	0.06	1.17	19	0.14	0.84	31	-0.52	1.07
Bulgaria	28	-0.40	0.97	21	0.01	0.95	35	-0.82	1.09
Brazil	22	-0.25	0.92	7	0.50	0.65	8	0.24	0.90
Cyprus	12	0.09	1.04	23	-0.08	0.95	10	0.20	1.00
Serbia	37	-0.78	0.97	25	-0.28	1.13	32	-0.59	1.02
Slovenia	34	-0.58	0.77	18	0.17	1.01	24	-0.03	0.86
Sweden	11	0.09	0.60	1	0.70	0.34	1	0.45	0.77
Switzerland	13	0.07	0.64	8	0.50	0.77	3	0.43	0.83

Spain	20	-0.22	0.78	4	0.55	0.52	21	0.03	0.68
Ethiopia	35	-0.64	1.27	16	0.24	0.77	36	-0.93	1.03
Australia	23	-0.25	0.67	5	0.54	0.55	12	0.18	0.87
Uruguay	21	-0.24	0.91	6	0.51	0.64	15	0.13	0.93
Ukraine	27	-0.35	0.93	22	-0.08	0.93	29	-0.43	0.92
Italy	25	-0.29	0.71	13	0.37	0.74	25	-0.07	0.84
India	2	0.91	1.00	37	-0.89	1.11	19	0.06	1.10
Indonesia	10	0.12	0.86	36	-0.78	0.96	22	0.03	0.82
Zambia	18	-0.14	0.98	30	-0.43	0.98	30	-0.50	0.83
China	3	0.89	0.82	24	-0.24	0.85	16	0.08	0.95
Chile	26	-0.30	0.93	12	0.38	0.78	18	0.07	0.97
Canada	16	-0.02	0.76	3	0.60	0.47	2	0.43	0.83
Thailand	19	-0.21	0.83	28	-0.37	1.08	11	0.20	0.80
Turkey	14	0.06	0.95	34	-0.74	1.21	9	0.21	1.13
Trinidad And Tabago	33	-0.53	0.91	9	0.45	0.37	6	0.30	1.04
Poland	31	-0.48	0.76	17	0.20	0.85	20	0.04	0.84
Finland	9	0.22	0.70	15	0.25	1.02	5	0.32	0.83

주: 표준화 지수는 전체 응답자를 대상으로 z-값.

| 참고문헌 |

강병서. 2005. SPSS를 활용한 다변량 통계학. 서울: 한경사.

강수택. 2004. "근대, 탈근대, 사회적 연대". 한국사회학. 38(5): 1-29.

강신욱. 2006. "사회적 배제 개념의 정책적 적용을 위한 이론적 검토". 동향과 전망. 66: 9-31.

구정우. 2007. "세계사회와 인권: 국가인권기구의 설립, 1978-2004". 한국사회학. 41(3): 287-322.

김미숙 · 김상욱 · 강신욱 · 정영호 · 김안나 · 조명래 · 이주연 · 하태정. 2012. 사회 통합 중장기 전략개발 연구. 사회통합위원회 · 한국보건사회연구원.

김상준. 2007. "완전한 시민적 정체와 세계시민사회: 칸트에서의 병립, 롤스에서의 단계". 경제와 사회. 2007년 가을호: 282-366.

김세원 · 박길성 · 이승훈 · 이우진 · 김주성 · 정용덕 · 오병선 · 안상훈 · 허병기 · 김태기 · 윤영철. 2011. 페어소사이어티: 기회가 균등한 사회. 한국경제신문.

김승현. 2008. "사회적 자본의 구성요소와 상관관계에 관한 연구". 한국정치학회보. 42(2): 67-88.

김우식. 2002. "구조적 신화 읽기: 연결망 구조와 규칙위반 행위의 조응방식". 한국사회학. 36(6): 57-82.

김태종 · 박종민 · 박정후 · 양정호 · 장원호 · 한준. 2006. 사회적 자본 확충을 위한 기본 조사 및 정책 연구. KDI 국제정책대학원.

김호기. 2007. "사회갈등과 거버넌스". 현대사회와 문화. 25: 97-121.

노대명 · 이태진 · 원일. 2009. 사회통합정책의 효율적 추진체계 구축 및 운영방안에 대한 연구. 한국보건사회연구원.

노대명 · 이현주 · 강신욱 · 강은정 · 전지현 · 이은혜. 2009. 사회통합을 위한 과제 및 추진전략. 한국보건사회연구원.

문진영. 2004. “사회적 배제의 국가간 비교연구–프랑스, 영국, 스웨덴을 중심으로”. 한국사회복지학. 56(3): 253-277.

문진영. 2008. 사회권의 개념 및 성격. 2008년 제2회 빈곤포럼자료. 한국보건사회연구원.

박길성. 2008. “한국사회의 갈등지형과 경향”. 한국사회. 9(10): 5-30.

박명호 · 오완근 · 이영섭 · 한상범 · 장용석 · 강상인 · 박찬열 · 정명은 · 박나라. 2010. 경제사회 발전 트렌드 분석: 한국 경제 · 사회 선진화의 조건(II). 경제 · 인문사회연구회.

박영미. 2009. “조직성격유형과 사회자본과의 관계에 대한 경험적 연구”. 한국행정학보. 43(1): 121-144.

박종민 · 김왕식. 2006. “한국에서 사회신뢰의 생성: 시민사회와 국가제도의 역할”. 한국정치학회보. 40(2): 149-169.

박준. 2013. 한국 사회갈등의 현주소. 전국경제인연합회 제2차 국민대통합 심포지엄 발표자료. 전국경제인연합회.

박통희. 2010. “대인신뢰에 대한 가치관과 단체참여의 영향: 어떤 가치관과 단체참여가 사회적 자본을 배태시키나?”. 한국행정학보. 44(1): 67-97.

박희봉 · 이희창. 2010. “사회자본이 국가경쟁력에 미치는 영향: 한 · 중 · 일 3국민의 시민의식 분석”. 한국정책과학학회보. 14(4): 1-29.

사회통합위원회. 2012. 2012년 사회통합위원회 연례보고서. 사회통합위원회.

서문기. 2004. “한국의 사회갈등 구조 연구: 갈등해결 시스템을 모색하며”. 한국사회학. 38(6): 195-218.

서문기. 2013. 한국사회의 계층갈등: 진단과 과제. 한국정책학회 기획세미나 발표자료.

성경륭. 2001a. “세계화의 딜레마: 세계주의와 국지주의의 갈등”. 한국사회학. 35(2): 29-57.

성경륭. 2001b. "IMF 관리체제 이후 시기를 위한 준비: 국가발전과 사회통합의 신모델 탐색". 한국행정연구. 10(2): 260-290.
손승희. 2008. "민국시기 국가주의파의 국가와 문화". 동양사학연구. 102: 85-125.
손철성. 2007. "자유주의와 공동체주의의 주요 논쟁점에 대한 검토". 동서사상. 3: 17-32.
신광철・정범구・김경재. 2010. "조직구성원의 사회적 자본: 네트워크 및 '관시' 관점에서의 개념적 정의". 인적자원개발연구. 13(2): 67-89.
윤인진. 2008. "공익의식과 사회갈등". 한국사회. 9(1): 119-152.
윤인진・이진복. 2006. "소수자의 사회적 배제와 사회통합의 과제: 북한이주민 경험을 중심으로". 한국사회. 7(1): 41-92.
윤진호 외 편역. 2004. 선진국의 빈부격차와 차별시정을 위한 국가행동계획 사례연구. 서울: 서울사회경제연구소.
은재호. 2013. 한국 갈등관리시스템 발전방안: 해외 사례의 교훈과 적용. 제2차 국민대통합 심포지엄 발표자료.
이남복. 2009. "체계이론과 사회통합". 한국사회학회 2009 전기사회학대회 발표논문집: 779-790.
이승신・백병성. 2011. "공정성 측면에서 본 우체국서비스의 소비자권리구제". 국정관리연구. 6(2): 119-142
이종수. 2008. "공동체와 마을만들기". 한국사회와 공동체. 이종수 편. 서울: 다산출판사.
이진숙. 2005. "사회통합과 외국인 가족복지정책: 독일 사민당 정부 하에서의 정책변화를 중심으로". 한국사회복지학. 57(2): 231-252.
장용석. 2012. "융합사회의 새로운 가치: 공감과 행복". 한국의 오늘과 내일을 말하다. 류상영・박철희・강원택・서문기 편. 동아시아재단.
장용석. 2013. 국민통합 진단과 과제 제3장: 한국의 사회 갈등 현주소와 국민통합을 위한 중장기 정책과제. 국민대통합정책연구협의회 이슈보고서 Vol 1.
장용석 외. 2015. "국민통합정책의 진단과 대안: 2012년 사회통합위원회

정책을 중심으로". 정부역량과 정부의 질 향상을 위한 정책사례연구. 이은국 편. 서울: 연세대학교 대학출판문화원.

장용석 · 정장훈 · 조문석. 2009. "한국의 사회적 자본과 갈등: 사회적 자본의 다면적 속성에 대한 재조명". 조사연구. 10(2): 45-69.

장용석 · 박명호 · 강상인 · 오완근 · 이영섭 · 한상범 · 박찬열 · 정명은 · 박나라. 2010. 한국 경제 · 사회 선진화의 조건(II): 통합사회지표. 경제 · 인문사회연구회.

장용석 · 박명호 · 오완근. 2011a. "지표를 통한 한국의 사회 통합 분석: 국제사회와의 비교를 중심으로". 국제 · 지역연구. 20(4): 1-38.

장용석 · 이영섭 · 박명호 · 오완근 · 한상범 · 김보경 · 신선 · 조희진. 2011b. 한국 경제 · 사회 선진화의 조건(III): 공정사회지표. 경제 · 인문사회연구회.

장용석 · 조문석 · 정장훈 · 정명은. 2012. "사회 통합의 다원적 가치와 영향요인에 대한 탐색적 연구: 국가주의, 개인주의, 공동체주의, 세계시민주의를 중심으로". 한국사회학. 46(5): 289-322.

장용석 · 조희진. 2013. "공공-민간 경영 패러다임의 융합적 전환: 변화의 추세와 조직의 대응". 인사조직연구. 21(3): 69-104.

정일준. 2008. "한국갈등사회의 경험적 연구와 전망: 공공사회학의 시각". 한국사회. 9(1): 153-186.

주재선. 2008. 2008 여성 통계연보. 한국여성정책연구원.

청와대. 2014. 박근혜 대통령 신년 구상 발표 및 기자회견 질의응답. 청와대 뉴스 2014년 1월 6일자 보도자료.

최종렬. 2004. "신뢰와 호혜성의 통합의 관점에서 바라본 사회자본: 사회자본 개념의 이념형적 구성". 한국사회학. 38(6): 97-132.

최현실. 2009. "다문화가정 증가에 따른 한국 사회통합 정책 연구: 중국과 싱가포르의 상호성 원리의 한국 사회에 적용가능성". 한국민족문화. 35: 343-375.

한국일보. 2013. 빈곤층은 그대로인데 기초수급자는 매년 감소. 2013년 12월 16일자.

한준・김위정・장미혜・장용석・김연화・홍성인. 2011. 공정사회 구축을 위한 사회적 자본 확충 방안. 특임장관실 연구보고서.

홍태영. 2002. "'사회인 것'의 탄생과 뒤르카임의 '신'자유주의". 한국정치학회보. 36(4): 7-25.

황호영・최영균・김영구. 2005. "개인간 신뢰와 조직몰입/조직시민행동에서 개인주의・집단주의 효과". 인적자원개발연구. 7(1): 123-152.

Anderson, B. R. O. 1991. Imagined Communities: Reflections on the Origin and Spread of Nationalism. London: Verso.

Avdeyeva, O. 2007. "When Do States Comply with International Treaties? Policies on Violence against Women in Post-Communist Countries." International Studies Quarterly 51(4): 877-900.

Barrett, D. & D. J. Frank, 1999. "Population Control for National Development: From World Discourse to National Policies." In Boli, John and Thomas, George, M (ed.), Constructing World Culture: International Nongovernmental Organizations Since 1875, 198-221, Stanford, CA: Stanford University Press.

Bernard, P. 1999. "La cohésion sociale: critique dialetique d'un quasi-concept." Lien Social et Politiques-RIAC 41: 47-60. (Published in English in Ottawa by Canadian Policy Research Networks, as Discussion Paper No. F109).

Bourdieu, P. 1986. The Forms of Capital. In J, G, Richardson (ed.), Handbook of Theory and Research for the Sociology of Education. New York: Greenwood.

Bradshaw, J. & Others. 2000. The Relationship between Poverty and Social Exclusion in Britain, Paper Presented for the 26th General Conference of the International Association for research in Income and Wealth. Poland.

Burchardt, T., J. Le Grand. & D. Piachaud (BLP). 1999. "Social Exclusion in Britain 1991-1995." Social Policy and Administration, 33(3): 227-244.

Coleman, J. 1988. "Social capital in the creation of human capital." American Journal of Sociology 94: 95-120.

Coser, L. A. 1967. Continuities in the Study of Social Conflict. New York: Free Press.

Council of Europe. 2005. Concerted Development of Social Cohesion Indicators: Methodological Guide.

Deustch, M. 1973. The resolution of conflict: Constructive and destructive processes. New Haven, CT: Yale University Press.

Durkheim, E. 1997. The Division of Labour in Society. New York: Free Press.

EFILWC. 2004. Perceptions of Social Integration and Exclusion in an Enlarged Europe. EU Commission.

European Commission. 2006. Portfolio of Overarching Indicators and Streamlined Social Inclusion, Pensions and Health Portfolio. Brussels.

European Union Commission. 2007. Fourth Report on Economic and Social Cohesion. Brussels.

European Union Social Protection Committee. 2001. Report on Indicators in the Fields of Poverty and Social Exclusion. Brussels.

European Union. 2004. Joint Report on Social Inclusion.

Frank, D. J. 1997. "Science, Nature, and Globalization of the Environ- ment, 1870-1990." Social Forces 76(2): 409-435.

Frank, D. J., A. Hironaka & E. Schofer. 2000. "The Nation-State and The Natural Environment over the Twentieth Century." American Sociological Review 65(1): 96-116.

Fukuyama, F. 1995. Trust: the Social Virtues and the Creation of Prosperity. New York: The Free Press.

Gellner, E. 1983. Nations and Nationalism. Ithaka: Cornell University Press.

Giddens, A. 1981. A Contemporary Critique of Historical Materialism. London: Macmillan.

Giddens, A. 1984. The Nation State and Violence. Berkeley: University of California Press.

Granovetter, M. S. 1973. "The Strength of Weak Ties." American Journal of Sociology 78(6): 1360-1380.

Gregory D. Z., N. W. Dahlem, S. G. Zimet & G. K. Farley. 1988.

"The Multidimensional Scale of Perceived Social Support." Journal of Personality Assessment, 52: 30-41.

Haas, E. B. 1986. "What is Nationalism and Why Should We Study It?." International Organization 40(3): 707-744.

Hafner-Burton, E. M. & K. Tsutsui. 2005. "Human Rights in a Globali- zing World: The Paradox of Empty Promises." American Journal of Sociology 110(5): 1373-1411.

Held, D. 1989. Political Theory and the Modern State: Essays on State, Power, and Democracy. Stanford: Stanford University Press.

Hobsbaum, E. 1975. The Age of Capital: 1848-1875. London: Orion.

Jang. Y. S. 2000. "The Worldwide Founding of Ministries of Science and Technology, 1950-1990." Sociological Perspectives 43(2): 247- 270.

Jenson, J. 1998. Mapping Social Cohesion. The State of Canadian Research. Ottawa: Canadian Policy Research Networks, CPRN Study No. F/03.

Katz, D. 1964. "The Motivational Basis of Organizational Behavior." Behavioral Science 9: 131-146.

Khondker, H. 2004. "지구촌 시대의 사회적 자본과 신뢰: 싱가포르의 사례". 신뢰: 지구촌 시대의 사회적 자본. 이온죽 편. 서울: 집문당.

Kim, Y. S., Y. S. Jang & H. Hwang. 2002. "Structural Expansion and the Cost of Global Isomorphism: A Cross-national Study of Minis- terial Structure, 1950-1990." International Sociology 17(4): 481-503.

Krasner, S. D. 1999. Sovereignty: Organized Hypocrisy. Princeton: Prince- ton University Press.

Kriesberg, L. 2003. Constrctive Conflicts: From Escalation to Resolution. 2d ed. Lanham, Md.: Rowman and Littlefield.

Luthans, F. 1992. Organisational behavior. New York: McGraw-Hill.

March, J. G. & H. A. Simon. 1958. Organizations. New York: Wiley.

Mayers, D. G., J. Berghman & R. Salaris. (eds.) 2001. Social Exclusion and European Policy. Edward Elgar Pub.

Meyer, J. W. & R. Jepperson. 2000. "The Actors of Modern Society:

The Cultural Construction of Social Agency." Sociological Theory 18(1): 100-120.

Meyer, J. W., J. Boli, G. M. Thomas & F. O. Ramirez. 1997. "World Society and the Nation-State." American Journal of Sociology 103(1): 144-181.

Meyer, J. W. 2000. "Globalization: Sources and Effects on National States and Societies." International Society 15(2): 235-250.

Meyerson, D., K. E. Weick & R. M. Karmer. 1996. Swift Trust and Temporary Group. in R. M. Kramer & T. R. Tyler (eds.). Trust in Organizations: Frontiers of Theory and Research. Thaousand Oaks: Sage Publications.

Misztal, B. 1996. Trust in Modern Societies: the Search for the Bases of Social Order. Cambridge, England: Polity Press.

Oberschall, A. 1978. "Theories of Social Conflict." Annual Review of Sociology 4(1): 291-315.

Osberg, L. & A. Sharpe. 2005. "How should we measure the "Economic" aspects of well-being?." Review of Income and Wealth. 51(2): 311-336.

OECD. 2006. OECD at a Glance 2006: OECD social indicators.

OECD. 2015. OECD Better Life Index.

Pierson, J. 2009. Tackling Social Exclusion. New York: Routledge.

Porter, M. & M. Kramer. 2011. "Creating Shared Value." Harvard Business Review 89(1/2): 62-77.

Putnam, R. 1993. "The Prosperous Community: Social Capital and Public Life." The American Prospect 13: 35-42.

Ramirez, F. O., Y. Soysal & S. Shanahan. 1997. "The Changing Logic of Political Citizenship: Cross-National Acquisition of Women's Suffrage Rights, 1890 to 1990." American Sociological Review 62(5): 735-745.

Robins, S. P. 1983. Organizational Behavior. Prentice Hall, Englewood Cliffs.

Robinson, P. & C. Oppenheim. 1998. Social Exclusion Indicators: A Submission to the Social Exclusion Unit. Institute for Public Policy Research: London.

Sassen, S. 1996. Losing Control? Sovereignty in an Age of Globalization. New York: Columbia University Press.

Schartz, S. H. 1990. "Individualism-collectivism: critique and proposed refinements." Journal of Cross-Cultural Psychology 21: 139-157.

Seers, D. 1983. The Political Economy of Nationalism. London: Oxford University Press.

Silver, H. 1994. "Social Exclusion and Social Solidarity: Three Paradigms." International Labour Review 133(5/6): 531-578.

Stolle, D. & T. Rochon. 1998. Are All Associations Alike? in Edwards and Foley. (eds.) Beyond Tocqueville: Civil Society and Social Capital in Comparative Perspectives. A Thematic Issue of the American Behavioral Scientist 41(5).

Strang, D. 1990. "From Dependency to Sovereignty: An Event History Analysis of Decolonization, 1870-1987." American Sociological Review 55(6): 846-860.

Thibaut, J. & L. Walker. 1975. Procedural Justice: A Psychological Analysis. Hillsdale, NJ: Erlbaum.

Triandis, H. C. 1995. Individualism and collectivism. Boulder, Colorado: Westview Press.

Wagner, J. A. III. & M. K. Moch. 1986. "Individualism-Collectivism: Concept and Measures." Group and Organization Studies 11: 208-303.

KBS. 2013. [이슈 & 뉴스] '공공 갈등' 손실 비용 246조 원… 해결책은?. 2013년 11월 18일자 뉴스.

세계가치관조사(http://www.worldvaluessurvey.org)

세계경제포럼(http://www.weforum.org)

세계은행(http://data.worldbank.org/indicator)

유럽연합(http://ec.europa.eu/social)

COW(http://www.correlatesofwar.org)

Freedom House(http://www.freedomhouse.org)

Heritage Foundation(http://www.heritage.org)

ILO(http://www.ilo.org)

OECD(http://stats.oecd.org)

UNODC(http://www.unodc.org)

UN PKO(http://www.un.org/en/peacekeepin)

장용석(張容碩) 연세대학교 사회학과 졸업
미국 스탠포드대학교(Stanford University) 졸업(사회학 석사)
미국 스탠포드대학교(Stanford University) 졸업(사회학 박사)
고려대학교 및 미국유타대학교(University of Urah) 사회학과 교수 역임
(현) 연세대학교 행정학과 교수

박명호(朴明浩) 서울대학교 수학과 졸업
프랑스 파리1대학교 졸업(경제학 학사)
프랑스 파리1대학교 졸업(경제학 석사)
프랑스 파리1대학교 졸업(경제학 박사)
(현) 한국외국어대학교 경제학과 교수

오완근(吳完根) 한국외국어대학교 경제학과 졸업
한국외국어대학교 일반대학원 경제학과 졸업(경제학 석사)
미국 Texas A&M University 졸업(경제학 박사)
(현) 한국외국어대학교 경제학과 교수

김보경(金寶暻) 연세대학교 국제관계학과, 신문방송학과 졸업
연세대학교 일반대학원 행정학과 졸업(행정학석사)
연세대학교 일반대학원 행정학과 졸업(행정학박사)
(현) 서울시립대학교 객원교수 / 연세대학교 공공문제연구소 전문연구원

조희진(趙熙眞) 이화여자대학교 행정학과 졸업
연세대학교 일반대학원 행정학과 졸업(행정학석사)
연세대학교 일반대학원 행정학과 졸업(행정학박사)
(현) 연세대학교 공공문제연구소 전문연구원 /
한국고등교육재단 사회적기업연구소 연구원

유미현(柳美鉉) 상명대학교 행정학과 졸업
연세대학교 일반대학원 행정학과 졸업(행정학석사)
연세대학교 행정학과 박사 수료

박찬열(朴贊烈) 한국외국어대학교 경제학과 졸업
한국외국어대학교 대학원 경제학과 졸업(경제학석사)
한국외국어대학교 대학원 경제학과 졸업(경제학박사)
(현) (주)PPS Company 연구기획팀장

아 | 산 | 재 | 단 | 연 | 구 | 총 | 서

1 전환기의 중국경제
김윤환 외 | 단국대 경제학과

2 폴란드 경제의 변천 개혁과 그 전망
김광수 | 숭실대 경제학과

3 재소한인
이광규 외 | 서울대 인류학과

4 소련산림과 임업
홍성천 외 | 경북대 임학과

5 아세안의 정치경제
김국진 외 | 외교안보연구원

6 태국의 사회변동과 경제발전
최석만 외 | 전남대 사회학과

7 중국의 사회경제 통계분석
신한풍 외 | 고려대 통계학과

8 중국의 정치와 경제
박두복 외 | 외교안보연구원

9 동유럽의 개혁과 시장경제의 도입
허만 외 | 부산대 사범대학

10 동유럽의 개혁운동
박영신 | 연세대 사회학과

11 현대 러시아 연구
기연수 외 | 한국외대 노어과

12 전략적 선택과 기업의 국제경쟁력
이장호 | 서강대 경영대학

13 협동사회의 정착과 정부의 역할
이종범 외 | 고려대 행정학과

14 한국 제조기업 생산성의 동적 분석
노부호 외 | 중앙대 경영대학

15 분배의 정의
변형윤 외 | 서울대 경제학과

16 도덕적 행동의 강화
이훈구 외 | 연세대 심리학과

17 관료부패와 통제
김해동 외 | 서울대 행정대학원

18 한국경제의 내실 있는 성장
정창영 외 | 연세대 경제학과

19 한국국민정신운동의 역사와 발전방향
박수명 외 | 부산대 사범대학

20 한국대학생의 가치성향과 상담효과
이영희 외 | 숙명여대 교육학과

21 가출청소년과 학교관리체제
안창규 외 | 부산대 교육학과

22 동북아 정세변화와 한·일관계
한승조 외 | 고려대 정치외교학과

23 언론과 부정부패
정대철 외 | 한양대 신문방송학과

24 한국의 고등학교 교육
이원호 외 | 부산대 교육학과

25 가족과 방송
김학수 외 | 서강대 신문방송학과

26 재정개혁의 전망과 재산세제의 개편과제
오연천 | 서울대 행정대학원

27 청소년을 위한 전자게임 프로그램의 규제 및 평가체계 개발
박혜원 외 | 울산대 가정관리학과

28 정신장애자 가족의 사회심리적 특성
이근후 외 | 이화여대 의과대학

29 가족의 관계역동성과 문제인식
이광규 외 | 서울대 인류학과

30 현대인과 한국전통음식
승정자 | 숙명여대 식품영양학과

31 기업의 초고속정보통신망활용
안중호 | 서울대 경영학과

32 지역발전을 위한 교육자치제의 개선방안
김남순 | 조선대 사범대학

33 전환기의 공무원 가치관
조경호 | 울산대 행정학과

34 지방자치와 사회복지의 과제
김영모 | 중앙대 사회복지학과

35 WTO체제하의 지방중소기업 지원정책
최명주 외 | 계명대 통상학부

36 현대한국의 시민운동
이효선 | 중앙대 사회학과

37 기업 세계화의 단계 및 정도의 측정
허영도 외 | 울산대 경영학과

38 가족복지를 위한 가족주치의 시범사업의 효과
이혜리 외 | 연세대 가정의학교실

39 한국대학생의 삶의 만족도
김재은 외 | 이화여대 교육심리학과

40 지역경제와 지역산업구조의 개편방향
정기화 외 | 전남대 경제학부

41 중국기업의 소유형태별 경영특성
노철화 외 | 부산대 무역학과

42 남북한의 인성·사상교육
한승조 외 | 고려대 정치외교학과

43 연계적 뇌기능 조언을 위한 의료용 멀티미디어 시스템의 설계
유선국 | 연세대 의용공학교실

44 다민족국가의 민족문제와 한인사회
최협 외 | 전남대 인류학과

45 저소득층지역 청소년 여가문화와 소집단 활성화
박문수 외 | 서강대 사회학과

46 삶의 질의 국제비교와 지역간 비교분석
이재기 외 | 울산대 경제학과

47 21세기 지역주민의 삶의 질
양종회 외 | 성균관대 사회학과

48 삶의 질에 대한 국가간 비교
조명한 외 | 서울대 심리학과

49 외국인 노동자의 노사관계와 사회적 적응
석현호 외 | 성균관대 사회학과

50 한국의 사법제도와 발전 모델
정종섭 | 건국대 법학과

51 고령화사회와 중상층 노인의 사회활동
조성남 외 | 이화여대 사회학과

52 한국의 서비스 시장 개방정책
한홍렬 | 한양대 경제학부

53 한국과 AFTA간의 교역증진 및 경제 협력방안
손일태 외 | 경희대 경제통상학부학

54 물류비 절감을 위한 무역업체의 정보화전략
이영수 외 | 경북대 경제통상학부

55 사회주의 체제전환과 사회정책
오정수 외 | 충남대 사회복지학과

56 남북통일 이후 농업생산체계 개편
홍성규 외 | 건국대 농업경제학과

57 국제화와 세계화
하영선 외 | 서울대 외교학과

58 IMF 개혁정책의 평가와 한국경제의 신(新) 패러다임
조동근 | 명지대 경제학과

59 구조개혁과 실업대책
박동운 | 단국대 경제무역학부

60 21세기 신노사관계
심윤종 외 | 성균관대 사회학과

61 학교에서의 집단 따돌림
이춘재 외 | 가톨릭대 심리학과

62 한국노인의 정신건강실태와 건강증진
조맹제 외 | 서울대 의과대학

63 혁명과 개혁 속의 중국 농민
김광억 | 서울대 인류학과

64 중국의 경제환경과 한국기업의 진출 전략
지용희 외 | 서강대 경영학과

65 김대중 대통령의 시스템 사고
김동환 | 중앙대 공공정책학부

66 실업과 가족해체
최일섭 외 | 서울대 사회복지학과

67 합리적 부채비율 조정방안
오상근 | 동아대 경제학과

68 한국 중산층의 생활문화
문숙재 외 | 이화여대 소비자 · 인간발달학과

69 계층간 갈등상태에서 최적소득세
김진욱 | 건국대 경상학부

70 글로벌 경쟁력 제고를 위한 기업전략과 조직구축
이만우 외 | 고려대 경영학과

71 의료보험과 국민연금의 관리효율화를 위한 통합방안
사공진 외 | 한양대 경제학부

72 정부개혁의 과제와 전략
박우서 외 | 연세대 행정학과

73 책임운영기관 제도에 관한 비교분석
김근세 | 가톨릭대 행정학과

74 새로운 패러다임하에서의 한국기업의 바람직한 지배구조
최운열 외 | 서강대 경영학과

75 현대 한국사회의 계층구조
양춘 외 | 고려대 사회학과

76 한국의 산업정책과 산업구조조정
강안수 | 숙명여대 경제학부

77 기업구조조정
김석진 | 경북대 경영학부

78 지식경영을 위한 인적자원 개발 및 관리체계
장영철 | 경희대 경영학부

79 뉴 비즈니스 모델
전성현 | 국민대 정보관리학부

80 중산층의 정체성과 소비문화
함인희 외 | 이화여대 사회학과

81 외국관광객 유치를 위한 마케팅 전략
박상규 | 강원대 경영학과

82 한국인의 세대별 문학의식
이동순 | 영남대 국문과

83 공공부문의 효율성 평가와 측정
김재홍 외 | 울산대 사회과학부

84 한국 청소년의 정치의식과 형성요인
김광웅 외 | 숙명여대 아동복지학과

85 한국 대학생의 정치의식
배한동 | 경북대 윤리교육과

86 산업의 정보화와 산업발전
이기동 | 계명대 통상학부

87 한국 제조업의 고용조정 분석
이종원 외 | 성균관대 경제학부

88 지식자산에 대한 경영전략적 평가모형 개발
배재학 외 | 울산대 컴퓨터 · 정보통신공학부

89 관광사업을 위한 한국적 이미지의 휴식복 개발
채금석 | 숙명여대 의류학과

90 한국 정치제도의 개혁
신정현 | 경희대 사회과학부

91 e비즈니스와 아웃소싱 전략
정승화 외 | 연세대 경영학과

92 집단 따돌림의 진단 및 치료방안
홍준표 | 중앙대 인간생활환경학과

93 16대 총선과 낙선운동
조기숙 | 이화여대 국제대학원

94 부동층 유권자 행태 분석
진영재 | 연세대 정치외교학과

95 사이버 공동체의 성공요인
이재관 | 숭실대 경영학부

96 온라인 소비자 행동의 이론과 실증
윤성준 | 경기대 경영학부

97 글로벌 시대 정약용 세계관의 가능성과 한계
차성환 | 한일장신대 역사사회학과

98 러시아의 체제전환 과정에서 나타난 국가의 역할과 그 전망
이상민 외 | 부산대 정치외교학과

99 남북한의 경제발전 수준과 산업구조 비교, 그리고 경제교류 협력방향
주성환 | 건국대 경제학과

100 집단따돌림과 교육해체
한준상 | 연세대 교육학과

101 공적연금제도의 효율성과 개선방안
유금록 | 군산대 행정복지학부

102 벤처기업-대기업의 성공적인 협력 모델
나중덕 | 경산대 경영학과

103 북한의 재외동포정책
조정남 외 | 고려대 정치외교학과

104 사이버 공동체 형성의 역동적 모형
장용호 | 서강대 신문방송학과

105 기업이론과 기업의 소유지배구조
김일태 외 | 전남대 경제학부

106 가축분뇨 자원화를 위한 공동이용조직에 대한 농가선호도 분석
유덕기 | 동국대 생명자원경제학과

107 개혁정책과 전문가 집단
이경원 외 | 제주대 행정학과

108 현대 한국사회의 이중가치체계
신수진 외 | 이화여대 가정관리학과

109 한국의 산업구조 변화와 기업집단 다각화 전략
김용학 외 | 연세대 사회학과

110 지식정보사회의 경제적 모형 설정 및 사례 연구
김범환 | 배제대 경영정보학부

111 변호사징계제도
오종근 | 한림대 법학부

112 인터넷 특허법
김순석 | 광주대 법학과

113 e-비즈니스 시대의 금융 및 재정정책의 새로운 패러다임
이종욱 | 서울여대 경제학과

114 청소년의 하위문화와 정체성
조성남 | 이화여대 사회학과

115 디지털금융시대의 금융구조변화와 정부규제 및 정책
이충열 | 고려대 경제학부

116 지식경영을 위한 기업의 조직설계방안
김경수 외 | 전남대 경영학과

117 전자금융의 발달과 경제정책의 새로운 패러다임
이명훈 | 명지대 경제학과

118 동아시아의 안보와 유엔체제
강성학 편저 | 고려대 정치외교학과

119 유료 치매노인 그룹홈의 개발과 관련 정책
최정신 외 | 가톨릭대 소비자·주거학과

120 소비자 지향적 문화산업 정책
홍영준 | 호남대 광고홍보학과

121 국제·국가·지방 환경규제의 연계
정준금 외 | 울산대 행정학과

122 현행 회사 합병·분할제도의 평가와 개선방안
옥무석 외 | 이화여대 법학과

123 배려지향적 도덕성과 정의지향적 도덕성
정옥분 외 | 고려대 사범대학

124 기업구조조정에 대한 채권금융기관 및 금융감독기관의 역할과 책임
이중기 | 한림대 법학과

125 실업대책으로서 한국의 법정기준근로시간 단축
박영범 | 한성대 경제학과

126 프랑스어의 비분리성 소유개념 표현
노유채 | 연세대 언어정보연구원

127 지방채의 효율적 관리방안
강태구 | 호원대 법행정학부

128 21세기 산업구조 변화와 과학기술정책
임채성 외 | 그리스도신학대 경영정보학부

129 인터넷 쇼핑몰 이용자의 불평행동
예종석 | 한양대 경영학부

130 한국기업의 성과급제도 현황, 효과 및 개선방안
김성수 | 서울대 경영학과

131 전자상거래와 소비자보호
서민교 외 | 경일대 인터넷국제통상학과

132 평생학습 사회에서의 인적자원개발을 위한 사회적 파트너십 구축
김영화 | 홍익대 교육학과

133 한국 공교육의 새로운 구상과 전략
권대봉 외 | 고려대 교육학과

134 한국의 정부개혁
김태룡 | 상지대 행정학과

135 지방정부 생산성 측정의 이론과 실제
이은국 외 | 연세대 행정학과

136 불가 시문학론
배규범 | 경희대 학술연구 교수

137 남북경제교류의 법적 문제
제성호 | 중앙대 법학과

138 경제위기와 청소년 발달
구인회 | 서울대 사회복지학과

139 생명과학기술의 응용과 기본권보호적 한계
정상기 외 | 한남대 법학과

140 경제발전과 정치환경의 한·일 비교분석
정갑영 외 | 연세대 동서문제연구원

141 한국 공교육의 진단
윤정일 외 | 서울대 교육학과

142 우리나라 지방자치 발전을 위한 자치단체장의 역할
정성호 외 | 경기대 사회과학부

143 의료보험제도의 개혁방안
권순원 | 덕성여대 경제학과

144 중등 도덕교육의 현실과 문제
손동현 외 | 성균관대 철학과

145 사이버공동체 발전론
이명식 | 상명대 경영학과

146 남북경협 확대에 대비한 북한 담보제도의 정비방안
박훤일 | 경희대 법과대학

147 한국 공무원 인사제도 개혁
김판석 | 연세대 행정학과

148 교사화법 교육
임칠성 외 | 전남대 국어교육과

149 세계화의 문화정치학
임혁백 외 | 고려대 정치외교학과

150 효과적인 e-SCM을 위한 의사결정 조정 시스템 모형
이원준 | 성균관대 경영학부

151 환경거버넌스
김종순 외 | 건국대 행정학과

152 자동차산업의 인적자원관리
이덕로 | 서원대 경영학부

153 한국과 영국 간 지식기반산업 비교
이명호 | 한국외대 경영학과

154 한국 벤처기업의 기술네트워킹 및 기술마케팅 전략
장영일 | 인제대 경영학부

155 회사변호사의 윤리
오승종 | 성균관대 법과대학

156 미디어교육론
이정춘 | 중앙대 신문방송학과

157 조선시대 서원과 양반
윤희면 | 전남대 역사교육과

158 환경문제와 철학
박찬국 | 서울대 철학과

159 노인보건복지 이론과 실제
김명 외 | 이화여대 보건교육학과

160 북한의 법체계
권재열 외 | 숭실대 법학과

161 생명공학기술의 안전성 확보에 관한 법적 고찰
이재협 | 경희대 법학부

162 청소년복지학
김성이 외 | 이화여대 사회복지학과

163 변화하는 세계, 변화하는 복지국가
조영훈 | 동의대 사회복지학과

164 의리의 윤리와 한국의 유교문화
김낙진 | 진주교대 도덕교육과

165 미국의 통상정책과 통상법
윤충원 | 전북대 무역학과

166 사회복지 프로그램 평가
김학주 | 경상대 사회복지학과

167 환경주의와 지속가능한 발전
정대연 | 제주대 사회학과

168 무역과 환경
김기흥 외 | 경기대 경제학부

169 산업계 유해폐기물의 위험과 관리
김금수 | 호서대 경상학부

170 백범 김구의 지적 계발과정 탐색
문용린 | 서울대 교육학과

171 태평양전쟁 발발 이후 일제의 인적 지배와 그리스도교계의 대응
윤선자 | 전남대 사학과

172 거버넌스 상황에서 갈등관리를 위한 대체적 분쟁해결제도
서순복 | 광주대 법정학부

173 시장경제의 유형과 민주주의
최배근 | 건국대 경상학부

174 일본고전소설 총론
김현정 | 국립한국전통문화학교

175 국어 교육을 위한 국어 문법론
이관규 | 홍익대 국어교육과

176 율곡의 군주론
전세영 | 부산교대 윤리교육과

177 동북아시아 환경협력
정서용 | 명지대 법학과

178 기후변화협약과 기후정책
신의순 외 | 연세대 경제학과

179 인터넷과 국제 학술정보 네트워크-하이퍼링크 분석
박한우 | 영남대 언론정보학과

180 국내 기업복지의 활성화 방안
최수찬 | 연세대 사회복지대학원

181 세계화와 인간안보
김우상 외 | 연세대 정치외교학과

182 세계문화유산 종묘 이야기
지두환 | 국민대 국사학과

183 한국 평생교육의 사회철학적 과제
곽삼근 | 이화여대 교육학과

184 강점모델
정순둘 | 이화여대 사회복지학과

185 글로벌시대의 계약법
박영복 | 한국외대 법과대학

186 배심제와 시민의 사법참여
안경환 | 서울대 법학과

187 동북아공동체
김재한 | 한림대 정치외교학과

188 정치 참여와 탈물질주의
김욱 | 배재대 정치외교학과

189 퍼지전문가회로망을 이용한 금융기관의 사이버 기업여신결정 지원시스템의 개발
권혁대 | 목원대 경영학과

190 환경정책과 환경법
송인성 | 전남대 지역개발학과

191 포스트모던 시대의 평생교육학
한숭희 | 서울대 교육학과

192 현대 한국인의 세대경험과 문화
박길성 외 | 고려대 사회학과

193 서구의 근로연계복지
김종일 | 건국대 사회복지학과

194 사회복지운동론
현외성 | 경남대 사회복지학과

195 외국의 역모기지 사례
유선종 | 건국대 부동산학과

196 옛이야기와 어린이문학
이지호 | 진주교대 국어교육학과

197 노인사회복지관광의 정책과제와 방안
김창수 | 경기대 관광학부

198 복지서비스의 민간위탁 시스템 분석
김순양 | 영남대 행정학부

199 새로운 빈곤층의 대두와 정부의 정책과제
김진욱 | 건국대 경제학과

200 문화행정론
김정수 | 한양대 행정학과

201 스칸디나비아 노인용 코하우징의 계획과 적용
최정신 외 | 가톨릭대 생활과학부

202 북한의 자연생태계
공우석 | 경희대 지리학과

203 통계로 이해하는 러시아
전홍찬 | 부산대 정치외교학과

204 사회복지법인의 경영과 회계
이동규 | 충남대 회계학과

205 의약분업 정책과정
차흥봉 | 한림대 사회복지학과

206 지역공동체와 평생교육
오혁진 | 동의대 평생교육학부

207 아동보호서비스의 실제
한미현 | 백석대 사회복지학부

208 그린마케팅
박재기 | 충남대 경영학부

209 아동권리와 아동복지
이혜원 | 성공회대 사회복지학과

210 국제 이주와 인도인 디아스포라
김경학 | 전남대 인류학과

211 질병과 의료의 사회학
조병희 | 서울대 보건대학원

212 북한이탈주민의 사회통합을 위한 지역복지실천의 모색
이기영 | 부산대 사회복지학과

213 치매노인케어론
조유향 | 초당대 간호학과

214 노인상담입문
서혜경 외 | 한림대 대학원 사회복지학과

215 '통일 이후 통일과정'으로서의 독일 통일영화
이준서 | 이화여대 독어독문학과

216 중국의 사회보장
오정수 | 충남대 사회복지학과

217 환경자원의 경제적 가치와 환경오염의 사회적 비용
김재홍 | 울산대 사회과학부

218 사회복지프로그램의 경제적 평가방법
박창제 외 | 상주대 사회복지학과

219 자유의지와 결정론
안건훈 | 강원대 철학과

220 심리학자들이 쓴 행복한 결혼의 심리학
채규만 외 | 성신여대 심리학과

221 현대 해석학 강의
양해림 | 충남대 철학과

222 한국인의 주거 빈곤과 공공주택
하성규 | 중앙대 도시 및 지역계획학과

223 IMF 경제위기와 한국 출산력의 변화
김두섭 | 한양대 사회학과

224 동아시아의 영토분쟁과 국제법
이석우 | 인하대 법학부

225 독일 복지국가와 사회복지서비스
정재훈 | 서울여대 사회사업학과

226 사회복지사를 위한 실용 비모수통계
엄명용 | 성균관대 사회복지학과

227 피해자학 연구
이윤호 | 동국대 경찰행정학과

228 광고언어창작론
박영준 외 | 부경대 국어국문학과

229 환경규제 패러다임의 전환
한철 | 한남대 법학과

230 고령사회의 노동환경변화와 고용 시스템의 문제점 및 법적 대응
고준기 | 국립군산대 법학과

231 세계화와 소득불평등
이성균 외 | 울산대 사회과학부

232 유비쿼터스 사회의 이해
안중호 외 | 서울대 경영학과

233 국제환경책임법론
박병도 | 건국대 법학과

234 한국의 선거와 민주주의
윤종빈 | 명지대 정치외교학과

235 한국 시민운동의 구조와 동학
조대엽 외 | 고려대 사회학과

236 또래관계
송영혜 | 대구대 재활심리학과

237 해외 한국기업과 현지인 노동자
석현호 외 | 에스콰이아학술문화재단

238 독일 국가복지에서 민간복지단체의 역할과 의미
차성환 외 | 한일장신대 사회복지학부

239 청정공학
조정호 | 동양대 생명화학공학과

240 한국전통연희론
심상교 | 부산교육대 국어교육학과

241 정신장애와 가족
서미경 | 경상대 사회복지학부

242 빈곤통계의 작성과 활용
김주환 | 동국대 정보통계학과

243 인터넷과 한국정치
강원택 | 숭실대 정치외교학과

244 북한의 시장경제이행
정영화 외 | 서경대 법학과

245 시스템사고로 본 지속가능한 도시
문태훈 | 중앙대 도시및지역계획학과

246 실버산업과 유비쿼터스 컴퓨팅
고일상 | 전남대 경영학부

247 재활상담과 사례관리
나운환 | 대구대 직업재활학과

248 영유아교육기관에서의 장애 이해 교육
유수옥 | 우석대 유아특수교육과

249 장애의 사회적 의미와 사회통합
박수경 | 대진대 사회복지학과

250 경제분석의 수리적 기초
조인성 | 공주대 경제통상학부

251 비영리부문의 비교연구
김승현 | 서울산업대 행정학과

252 고등교육경제학
반상진 | 전북대 교육학과

253 과학윤리교육의 이론과 방법
조희형 | 강원대 과학교육학부

254 결혼이민자가족의 이해
김오남 | 대불대 사회복지학과

255 동아시아 국가의 공공부조
신동면 | 경희대 사회과학부

256 특수아동 진단 및 평가
이나미 | 대불대 특수교육과

257 계약형 사회복지와 권리옹호시스템
이명현 | 경북대 상주캠퍼스 사회복지학과

258 실내공기질 및 위해성 관리
양원호 | 대구가톨릭대 산업보건학과

259 충남 방언 문법
한영목 | 충남대 국어국문학과

260 교육권론
노기호 | 군산대 법학과

261 도시경관계획론
임승빈 | 서울대 조경 · 지역시스템공학부

262 교통의 새로운 패러다임
김형철 | 경원대 도시계획 · 조경학부

263 노인의 삶의 질 향상을 위한 주거환경디자인
천진희 | 상명대 디자인대학 실내디자인전공

264 사회복지와 문화
박병현 | 부산대 사회복지학과

265 장애인복지의 이론과 실제
이선우 | 인제대 사회복지학과

266 창의성 개발을 위한 디자인교육 콘텐츠
김선영 | 인천가톨릭대 조형예술대학 환경디자인학과

267 구성주의 사회복지 실천 기술론
고미영 | 서울신학대 사회복지학과

268 장애아교육학
김기흥 | 부산교육대 유아교육과

269 지역사회복지와 자원부문
한상진 외 | 울산대 사회학과

270 환경관리회계
육근효 | 부산외국어대 회계학부

271 인권 관점에서 보는 장애인복지
유동철 | 동의대 사회복지학과

272 정신증상
송지영 | 경희대 의과대학병원 신경정신과

273 사이버공간의 사회심리학
이성식 외 | 숭실대 정보사회학과

274 노인에 대한 사회적 돌봄과 돌봄 서비스의 질 보장
최희경 | 신라대 가족노인복지학과

275 아동 심리치료의 실제
신현균 | 전남대 심리학과

276 사회복지와 위험관리
노충래 | 이화여대 사회복지전문대학원

277 국제 탄소시장의 이해
양승룡 | 고려대 식품자원경제학과

278 타자의 초상
신문수 | 서울대 영어교육과

279 한국정치와 환경정치
나정원 | 강원대 정치외교학과

280 북한이주민
윤인진 | 고려대 사회학과

281 음주의 사회경제적 비용
정우진 외 | 연세대 보건대학원

282 지방정치와 동북아 도시거버넌스
박재욱 | 신라대 행정학과

283 노숙인 복지론
남기철 | 동덕여대 사회복지학과

284 유럽통합과정과 지역협력
이규영 | 서강대 국제대학원

285 사회복지재정 연구
지은구 | 계명대 사회과학대학 사회복지학과

286 지역사회 교육개혁을 위한 시민사회 조직의 참여
김영화 | 홍익대 교육학과

287 복지사회를 대비한 국민연금의 구조개혁
박영석 외 | 서강대 경영학부

288 한미 FTA 지재권 협상에 따른 의약품 분야 사회후생 변화
오근엽 | 충남대 무역학과

289 산업입지, 환경 그리고 지역경제
이기동 외 | 계명대 국제통상학과

290 감성지능 개발을 통한 삶의 질 향상
김경수 외 | 전남대 경영학부

291 교육복지론
이용교 외 | 광주대 사회복지학부

292 인간과 행복에 대한 철학적 성찰
박찬국 | 서울대 철학과

293 유럽연합의 사회통합 사례와 교훈
이무성 | 명지대 정치외교학과

294 민영화와 사회후생
이상호 | 전남대 경제학부

295 북한의 교육학 체계 연구
최영표 외 | 동신대 교육대학원

296 한국 지속가능발전의 구조와 변동
정대연 | 제주대 사회학과

297 우리나라의 공익 연계 마케팅에 관한 연구
임승희 | 전주대 경영학부

298 시각장애인복지론
김영일 | 조선대 특수교육과

299 그린에너지와 환경촉매
정석진 | 경희대 화학공학과

300 취약학교 초등학생을 위한 온라인 보건 교육 프로그램
박경옥 | 이화여대 보건관리학과

301 신탁제도를 통한 고령자의 보호와 지원
최수정 | 서강대 법학전문대학원

302 사회적 약자계층에 대한 실태분석 및 정책방안
이은우 외 | 울산대 경제학과

303 한류 문화와 동북아 공동체
최혜실 | 경희대 국어국문학과

304 노동유연화와 해고보호법
권혁 | 부산대 법학전문대학원

305 사회복지 위험관리의 이해
박미은 | 한남대 사회복지학과

306 의료기관의 회계와 세무
노준화 | 충남대 경영학부

307 여성인적자원의 전문성 확보를 위한 경력개발
백지연 | 이화여대 국제사무학과

308 정신병리
강선경 | 서강대 신학대학원

309 바다의 반란 적조
윤양호 | 전남대 해양기술학부

310 한국 장애인 복지 발달사
이성규 | 서울시립대 사회복지학과

311 서양예술 속의 동양 탐색
진상범 | 전북대 독어독문학과

312 한국인의 도덕성 발달 진단
문용린 | 서울대 교육학과

313 영국정치와 국가복지
고세훈 | 고려대 공공행정학부

314 인간학적 사유를 여는 중도·중복장애 교육학
이숙정 | 단국대 특수교육과

315 개별화 교육과정
이소현 | 이화여대 특수교육과

316 인간의 근전저 선품
권석만 | 서울대 심리학과

317 지방자치와 지역여성의 전망
이혜숙 | 경상대 사회학과

318 한국 현대 노년소설 연구
전흥남 | 한려대 교양학부

319 정보격차 해소를 위한 창의적 정보교육 프로그램
이영준 외 | 한국교원대 컴퓨터교육과

320 한국 가족과 젠더
손승영 | 동덕여대 교양학부

321 한국의 복지혼합
김진욱 | 서강대 신학대학원

322 사회자본과 자원봉사
김태룡 외 | 상지대 행정학과

323 농촌교육복지연구
박삼철 | 단국대 교양학부

324 사회정체성 평가 차원에 대한 국제비교조사
이명진 | 고려대 사회학과

325 캐나다 복지국가 연구
조영훈 | 동의대 사회복지학과

326 한국의 소수자운동과 인권정책
전영평 외 | 서울대 행정대학원

327 한국과 미국의 보육서비스 전달체계와 품질 비교분석
김근세 외 | 성균관대 국정관리대학원

328 한국사회의 소득불평등과 국민 의료이용
이용재 | 호서대 사회복지학과

329 정보시대의 인간안보
조화순 | 연세대 정치외교학과

330 가족의 사회경제적 특성과 아동발달
김광혁 | 전주대 사회복지학과

331 초 · 중 · 고등학생의 학업소진 진행과정 및 경로분석
이상민 | 고려대 교육학과

332 다문화사회의 사법통역
이지은 | 이화여대 통역번역대학원

333 동아시아 지역주의
유현석 | 경희대 정치외교학과

334 환경친화적 공공시설관리와 지역공동체의 삶의 질
이소영 | 중앙대 실내디자인 · 주거환경학과

335 의료보험의 법정책
김나경 | 성신여대 법과대학

336 양극화 시대 가족해체와 청소년의 적응에 관한 한국과 미국의 비교 연구
오승환 외 | 울산대 사회복지학과

337 기업의 사회적 책임과 지역경제사회발전 연구
허영도 외 | 울산대 경영학부

338 노인의 삶의 질 향상을 위한 온라인 소셜 네트워크 구축 방안
김진우 | 연세대 경영학과

339 청소년 생활역량
윤명희 외 | 동의대 평생교육학과

340 외국인 배우자의 다양성과 국제결혼의 안정성
김두섭 | 한양대 사회학과

341 정보인권의 규범구체화
이민영 | 가톨릭대 법학과

342 한국 사회복지실천의 고유성
최성재 외 | 서울대 사회복지학과

343 스웨덴의 환경책임 실천모형
최희경 | 경북대 행정학부

344 자율운동과 주거공동체
윤수종 | 전남대 사회학과

345 한국인의 공공봉사동기
김상묵 | 서울과학기술대 행정학과

346 한국 이혼가정 아동의 성장
김혜숙 | 경인교육대 교육학과

347 동양 사상과 노인 복지
홍승표 외 | 계명대 사회학과

348 노동과 사회보장의 연계
오문완 | 울산대 법학과

349 학습장애 위험군 아동의 조기선별을 위한 읽기검사 표준화 연구
김애화 외 | 단국대 특수교육학과

350 신 · 재생에너지에 기초한 녹색성장과 사회통합
김인호 | 이화여대 법학전문대학원

351 문화교류역량과 다문화 경영이 기업 경영성과에 미치는 영향
임병학 외 | 부산외대 경영학부

352 빈곤영유아의 발달과 적응
정익중 외 | 이화여대 사회복지학과

353 민사법질서와 인권
양천수 | 영남대 법학전문대학원

354 성년후견제도와 사회복지제도의 연계
신권철 | 서울시립대 법학전문대학원

355 한국 다문화사회의 이방인
김순양 | 영남대 행정학과

356 현대 시민사회와 소비자계약법
이병준 | 한국외대 법학전문대학원

357 개인의 사회적 정보보호를 위한 공공 정보서비스 개선 연구
장항배 | 상명대 경영학과

358 여성교육투자에 대한 교육경제학적 탐색
백일우 외 | 연세대 교육학부

359 사회적 기업과 지속가능한 지역발전
임업 외 | 연세대 도시공학과

360 다문화가정 구성원에 대한 투트랙 한국어 교육방안 연구
박시균 | 군산대 국어국문학과

361 아시아의 빈곤과 한국기업의 역할
한인수 | 충남대 경영학부

362 유치원 · 초등학교 연계 환경교육
박희숙 | 공주대 유아교육학과

363 비정규 고용과 사회정책
구인회 외 | 서울대 사회복지학과

364 사생활의 자유에 관한 비교법적 연구
이창현 | 서강대 법학전문대학원

365 다중융합 환경 기반의 미디어스킨을 활용한 문화콘텐츠 디자인 적용방안에 관한 연구
오문석 외 | 광운대 미디어영상학부

366 북한이탈주민 여성의 성인식 관련 기초조사
한인영 외 | 이화여대 사회복지학과

367 노인주택 파노라마
유선종 | 건국대 부동산학과

368 시설보호 청년의 적응
정선욱 | 덕성여대 사회복지학과

369 다수 집단과 소수 집단의 심리
김혜숙 | 아주대 심리학과

370 바이오 휴머니티
권택영 | 경희대 영어학부

371 프랑스 다문화교육의 이해
이경수 | 상명대 불어교육과

372 한 · 중 서비스산업의 비교분석과 교역 확대 방안
김상호 | 리츠메이칸 아시아태평양대 국제경영학부

373 현대의학에 있어서 생명의 시간과 인간의 존엄
김학태 | 한국외대 법학전문대학원

374 0~3세 영유아의 영상물 과몰입 실태조사 및 정신건강증진 프로그램 개발과 적용
이경숙 | 한신대 재활학과

375 복지국가의 조세와 정치
양재진 외 | 연세대 행정학과

376 청소년기 자살행위 실태와 관련 요인
박선희 | 경희대 간호과학대학

377 기술혁신에 따른 지역 간 정보격차
최정혜 외 | 연세대 경영대학

378 한국 사회의 이중구조와 생애주기적 불평등
안상훈 편 | 서울대 사회복지학과

379 소비자의 친환경행동에 영향을 미치는 사회적·경제적 가치에 대한 고찰
송재기 | 텍사스테크대 경영학과

380 어머니 양육행동 관련 변인들과 유아 사회정서행동 간의 구조모형 분석
심숙영 | 숙명여대 원격대학원

381 조선족 여성, 동남아시아 여성 그리고 새터민의 적응 유형 분석 및 삶의 질 향상 방안 모색
정태연 | 중앙대 심리학과

382 세계의 연금, 한국의 연금
허만형 | 중앙대 공공인재학부

383 노인요양원과 문화 변화
최재성 | 연세대 사회복지학과

384 시민사회와 국제개발협력
손혁상 | 경희대 공공대학원

385 복지국가의 변화와 빈곤정책
김윤태 | 고려대 사회학과

386 다문화가정의 미디어 이용과 사회적 자본의 관계
진창현 | 경기대 경영학과

387 사회진출 대졸 초년생의 탄력성 변화 양상
이상민 | 고려대 교육학과

388 사회자본과 경제발전 그리고 정부의 질
도수관 | 대구가톨릭대 행정학과

389 망명과 귀환이주
서장원 | 고려대 독일문화학과

390 근거기반실천과 사회복지
김유진 | 경북대 사회복지학부

391 인터넷상 정보 유통에 대한 새로운 저작권 규율 방향 모색
박준석 | 서울대 법학전문대학원

392 한국 사회의 인종차별적 담화구조
이창수 | 한국외대 통역번역대학원

393 사회복지사의 사회복지 가치 지향
김용석 | 가톨릭대 사회복지학과

394 개인정보의 국제적 유통에 따른 법적 문제와 대책
박훤일 | 경희대 법학전문대학원

395 정신장애인의 인권
서미경 | 경상대 사회복지학과

396 취약계층 비만청소년들의 체중관리를 위한 건강증진 프로그램의 효과
김영호 | 서울과학기술대 스포츠과학과

397 한국 전통의 돈의 문학사, 나눔의 문화사
서신혜 | 한양대 창의·융합교육원

398 와이파이 공간과 모바일 정보 격차
이건학 | 서울대 사회과학대학

399 도시정비사업의 법적 쟁점과 해설
성중탁 | 경북대 법학전문대학원

400 사회서비스 제공기관의 조직요인과 성과
신창환 | 경북대 사회복지학부

401 도시 사운드스케이프 디자인
전진용 외 | 한양대 건축공학부

402 지방의회 의원윤리연구
김택 | 중원대 경찰행정학과

403 발달장애인 자립생활 증진을 위한 역량탐색 및 주거로서의 해결과제
김라경 | 광주교육대 교육학과

404 외국인고용제도개선과 인권
김상호 외 | 경상대 법과대학

405 사회복지연구에서 질적방법과 분석
김인숙 | 가톨릭대 사회복지학과

406 현대미술에서의 예술적 성장과 창의적 인재양성
백경미 | 울산과학기술원 기초과정부

407 현대인의 삶과 문화예술교육
곽삼근 | 이화여대 교육학과

408 문화적 배경과 체화된 인지
민동원 | 단국대 경영학부

409 아동 섭식행동평가 척도 표준화 및 섭식문제 현황 조사
정경미 | 연세대 심리학과

410 잊혀질 권리: 이상과 실현
문재완 | 한국외대 법학전문대학원

411 인권의 지역화: 일상생활의 인권 증진을 위하여
김중섭 | 경상대 사회학과

412 다문화 시대 이주민의 한국어 의사소통
민병곤 외 | 서울대 국어교육과

413 다문화 시대의 문화교육 커리큘럼
윤여탁 외 | 서울대 국어교육과

414 다문화 시대의 통일교육
박성춘 외 | 서울대 윤리교육과

415 다문화 시대 사회 통합을 위한 시민 교육
이진석 외 | 부산대 일반사회교육과

416 다문화 관련 법률 및 제도
박성혁 외 | 서울대 사회교육과

417 생태복원의 인문학적 상상력
김성도 외 | 고려대 언어학과

418 다국내 출생 다문화가정 청소년의 아픔과 분투: 사회적 차별로부터의 회복과 성장
서영석 | 연세대 교육학과

419 종교심리학의 이해: 죽음인식의 논의를 중심으로
김재영 | 서강대 종교학과

420 글로벌 시대의 사회통합: 세계적 추세와 한국의 위상
장용석 외 | 연세대 행정학과

아 | 산 | 재 | 단 | 연 | 구 | 보 | 고 | 서

1 한국인의 도덕성 연구
배해수 | 고려대 국문학과

2 산업화와 청소년 진로
이원호 | 울산대 교육학과

3 공동체의식과 시민운동
김영섭 | 한양대 행정학과

4 한국청년의 삶의 의미 충족도와 만족 적 태도
안정수 | 경희대 철학과

5 중국조선족의 사회발전과 한·중관계 의 위상
손장권 | 고려대 사회학과

6 해송림 "솔껍질깍지벌레"의 천적 및 주요 종의 생태
김규진 | 전남대 농생물학과

7 사회정의와 실천윤리
박종대 | 서강대 철학과

8 동구개혁의 영향
김달중 | 연세대 정치외교학과

9 한국청소년의 의식세계
김문조 | 고려대 사회학과

10 고강도 철근 콘크리트 구조의 실용화
정헌수 | 중앙대 건축학과

11 신기술의 연관형태 및 출현예측의 구조모형
권철신 | 성균관대 산업공학과

12 민간기업의 연구개발을 위한 조세정책
권영훈 | 한양대 경제학부

13 기술개발 활성화방안
송승구 | 울산대 화학공학부

14 부패의 현상과 진단
이문조 | 영남대 정치외교학부

15 연구투자의 지역적 편중화와 부산지역 의 기초과학연구 활성화방안
윤웅찬 | 부산대 화학과

16 GATT의 신구 덤핑방지협정과 그 대응 방안
전창원 | 동국대 무역학과

17 한국사회의 도덕성 제고를 위한 진단 과 처방
황경식 | 서울대 철학과

18 새로운 노사관계 방향
이진규 외 | 고려대 경영학과

19 21세기 동북아 정세예측과 한국의 전략적 대응방안
최평길 외 | 연세대 행정학과

20 소련의 한국에 대한 정책목표분석
신승권 | 한양대 정치외교학과

21 메모리 커패시터용 $Pb(Zr_xTi_{1-x})O_3$ 강유 전체 박막의 제작과 특성
장지근 외 | 단국대 전자공학과

22 러시아 국제법학의 전통
김용구 | 서울대 외교학과

23 유럽연합의 현황과 전망
김동현 외 | 성균관대 행정학과

24 중국의 정치동원
송영우 외 | 건국대 정치외교학과

25 산업적 활용을 위한 이동로보트 시스 템의 개발
박민용 외 | 연세대 전자공학과

26 중국조선족의 정치사회화과정과 동화 적 국민통합의 방향
전인영 외 | 이화여대 사회생활학과

27 공적부조의 이론과 실제
최일섭 외 | 서울대 사회복지학과

28 대외통상환경의 변화와 법제개편
서헌제 | 중앙대 법학과

29 기업금융의 국제화
최생림 | 한양대 경영학부

30 자동차부품공업의 노사관계
김호진 외 | 고려대 행정학과

31 산업화 과정에서의 한국가족의 실태와 전망
정창수 외 | 성균관대 사회학과

32 공무원 가치관 실태와 정립방안
배병룡 외 | 경상대 행정학과

33 해외귀국청소년의 국내적응연구
이장영 | 국민대 사회학과

34 초고속정보통신망에서 LAN서비스 제공방안
이재용 | 연세대 전자공학과

35 WTO체제의 정책적 대응
김병진 외 | 경희대 행정학과

36 유럽의 통합정치
최수경 외 | 충남대 정치외교학과

37 유기질폐기물을 이용한 고단백사료원인 조류의 생산공정
최정우 외 | 서강대 화학공학과

38 초고속정보통신망의 수용성과 정책방향
박영상 외 | 한양대 신문방송학과

39 중국의 강남사회와 한중교섭
조영록 외 | 동국대 사학과

40 세계화시대의 사회 · 문화의식
신행철 외 | 제주대 사회학과

41 국내 외국인 노동자의 문제와 대책
성규탁 외 | 연세대 사회복지학과

42 노인인력 활용정책과 프로그램
김정후 외 | 강원대 법과대학

43 한일간 학술교류 현황과 활성화방안
정홍익 외 | 서울대 행정대학원

44 계량모형에 의한 한일 경제관계의 이해
김명직 외 | 한양대 경제학부

45 직장인의 음주행태와 삶의 질
진기남 외 | 연세대 보건행정학과

46 유통정보 시스템의 구조와 설계
정용길 | 충남대 경영학과

47 남북통일 이후 사회통합을 위한 교육의 역할
안기성 외 | 고려대 교육학과

48 대중음악에 심취한 청소년들의 심리적 특성
김인경 외 | 연세대 인간행동연구소

49 멀티미디어 시스템을 활용한 교육환경의 개선방안
김한일 | 제주대 컴퓨터교육학과

50 탈냉전기 한일관계의 쟁점
최상룡 | 고려대 정치외교학과

51 자치시대 새로운 '삶의 질' 지표의 모색
김형기 외 | 경북대 경제통상학부

52 유럽통합의 역내외 협력과 갈등
이호재 외 | 고려대 정치외교학과

53 21세기를 대비한 신노사관계
김재원 | 한양대 경제학부

54 대학의 시간제학생 등록제
안규철 외 | 전남대 교육학과

55 21세기에 대비한 방송통신정책
한진만 외 | 강원대 신문방송학과

56 주민참여를 통한 혐오시설 관리운영방안
박균성 외 | 경희대 법학부

57 여성의 정치적 권리인식과 정치참여
전경옥 외 | 숙명여대 정치외교학과

58 한국인 위장질환과 식생활 · 환경요인 및 *H. pylori* 감염과의 관계
이양자 외 | 연세대 식품영양학과

59 학생과 시민의 자원봉사활동
윤정일 외 | 서울대 교육학과

60 동북아 환경문제와 지역환경협력의 모색
신연재 외 | 울산대 정치외교학과

61 노인 자원봉사활동을 통한 사회통합 프로그램 개발
김동배 | 연세대 사회복지학과

62 물류정보 시스템
김태현 | 연세대 경영학과

63 전자식 문서교환을 이용한 항공화물 운송체계
민재형 | 서강대 경영학과

64 청소년과 성
이근후 | 이화여대 의과대학

65 민족통합과 무궁화호 위성의 남북한 공동활용방안
방정배 | 성균관대 신문방송학과

66 채식주의가 20대 여성의 영양상태와 에스트로겐 대사에 미치는 영향
성미경 | 숙명여대 식품영양학과

67 가상정보공간을 통한 지역개발 활성화 전략
유재천 외 | 한림대 언론정보학부

68 조산아 관리현황 및 정책수립 방안
박상기 외 | 조선대 의과대학

69 남북한관의 의식조사와 통일교육 개선방안
김동규 외 | 고려대 북한학과

70 동양 전통 자연사상 탐구
장동순 | 충남대 환경공학과

71 초고속정보망의 시뮬레이터 구현
한기준 | 경북대 컴퓨터공학과

72 유통원가 시스템의 유효성
정다미 | 명지대 경영학과

73 국악과 문화관광의 만남
정익준 외 | 동아대 국제관광통상학부

74 기업의 지식경영 활용사례
김창은 | 명지대 산업공학과

75 선진국과 한국의 직업교육 · 훈련제도의 특성과 한계
정주연 | 고려대 경제학과

76 제주지역 성인 여성의 자원봉사활동
이상철 외 | 제주대 사회학과

77 M&A와 문화충돌 관리
박원우 | 서울대 경영학과

78 폐금속광산 인근 주민들의 중금속 오염실태
정종학 외 | 영남대 의학과

79 북한 농촌 · 농업실태와 인력자원개발 시스템을 통한 북한 농민의 구호방안
박성열 | 건국대 교육공학과

80 중소 소매점의 경쟁력과 소매성과
채명수 외 | 한국외대 무역학과

81 고령자를 위한 쾌적한 실내온도와 착의량의 설정
정운선 | 안동대 의류학과

82 지역문화 이벤트 PR
박종민 | 경희대 언론정보학부

83 인터넷 지역정보화의 실태와 전략
유평준 외 | 연세대 행정학과

84 여성 삶의 질 향상을 위한 사회교육 활성화 방안
김양희 | 중앙대 가족복지학과

85 벤처기업과 벤처금융
강대석 외 | 충남대 무역학과

86 구조조정기에 있어서 실업대책과 사회안전망 구축
박천익 | 대구대 경제학과

87 한국 유아의 조기교육
이명조 외 | 한국외대 교육대학원

88 남북한 경제공동체 형성전략
이상만 | 중앙대 경제학과

89 지방자치회계의 투명성과 주민의 알 권리
권찬태 외 | 경북대 경영학부

90 정치지도자의 정책리더십
이해영 | 경일대 행정학과

91 경제위기와 한국인의 복지의식
신광영 외 | 중앙대 사회학과

92 북한의 노동
김강식 | 한국항공대 경영학과

93 우리나라 중소기업의 정보기술 활용 현황과 경쟁력 강화를 위한 제안
정승호 | 부산외대 정보시스템학과

94 인간배아복제의 법적 · 윤리적 문제점과 그 해결방안
최병규 | 한경대 법학부

95 가치변화에 따른 투표행태
조찬래 외 | 충남대 정치외교학과

96 인터넷 경매에서의 계약체결과 소비자 보호
이기수 외 | 고려대 법과대학

97 세계화시대 남북한 통합의 방향과 과제
윤민재 | 서울대 사회발전연구소

98 글로벌 시대 지방정부의 문화마케팅 전략
박흥식 | 중앙대 행정학과

99 대졸여성실업의 실태분석 및 대학-노동 시장 간 효율적 연계방안
이은우 외 | 울산대 사회과학부

100 그린 투어리즘의 분석
이응진 | 대구대 관광학부

101 지방자치단체장의 부정부패
오일환 | 한양대 아태지역연구센터

102 산업화가 유교체제하 중국여성의 지위에 미친 영향
천성림 | 배재대 사회과학연구소

103 움직이는 말하기
유혜숙 외 | 나사렛대 교양학부

104 장애학생을 위한 특수교육공학의 활용
김용욱 | 대구대 중등특수교육과

105 지식기반사회의 평생교육 이해와 평생교육 프로그램 개발
박성열 | 건국대 교육공학과

106 N세대의 미술교육
김동철 | 대구교육대 미술교육학과

107 노후계획과 투자
권택호 | 여수대 국제통상학과

108 영화산업
양영철 | 경성대 연극영화학부

109 동유럽의 변혁과 언론의 역활
정대수 | 경남대 정치언론학부

110 환율, 임금, 물가가 국제경쟁력 및 수출입산업에 미치는 영향
하인봉 | 경북대 경제통상학부

111 일본기업의 기술혁신 전략
위정현 | 중앙대 상경학부

112 노후보장정책과 역저당연금제도
조덕호 외 | 대구대 행정학과

113 유비쿼터스 라이프와 미래 사회
김석수 | 한남대 멀티미디어공학과

114 죽음과 관련된 생명윤리적 문제들
구인회 | 가톨릭의과대 인문사회과학교실

115 경제적 세계화와 빈곤문제, 그리고 국가
김준현 | 한일장신대 인문사회과학부

116 한국의 세계불교유산
김종명 | 한국학중앙연구원 한국학대학원

117 복지레저서비스론
고태규 | 한림대 국제학부

118 자생적 철학체계로서 인간중심철학
선우현 | 청주교대 윤리교육과

119 전략적 통합과 한반도 평화체제
김승채 | 고려대 정책대학원

120 환경사법론
전경운 | 경희대 법학부

121 인터넷 자료를 통해 본 한국의 이혼 문화와 사회복지
성정현 외 | 협성대 사회복지학과

122 유럽연합의 사회정책에 관한 연구
문진영 | 서강대 신학대학원 사회복지학과

123 여성건강의 통합적 관점
김혜원 | 관동대 간호학과

124 복잡계 네트워크 과학
강병남 | 서울대 물리천문학부

125 경제적인 3세대 전원주택 개발
박근준 | 호서대 건축공학과

126 사회복지와 인적자원개발
이상일 | 인제대 국제경상학부